大 学 问

始 于 问 而 终 于 明

黑格尔的《精神现象学》

〔英〕罗伯特·斯特恩 著

丁三东 译

The Routledge Guidebook to

Hegel's
Phenomenology of Spirit

GUANGXI NORMAL UNIVERSITY PRESS
广西师范大学出版社
·桂林·

黑格尔的《精神现象学》
HEIGE'ER DE JINGSHEN XIANXIANGXUE

The Routledge Guidebook to Hegel's Phenomenology of Spirit
ISBN:9780415664455（hbk），97870415664462(pbk)

Copyright © 2013 by Robert Stern
Authorized translation from English language edition published by Routledge, part of Taylor & Francis Group LLC; All Rights Reserved.
本书原版由 Taylor & Francis 出版集团旗下,Routledge 出版公司出版，并经其授权翻译出版。版权所有，侵权必究。

Guangxi Normal University Press is authorized to publish and distribute exclusively the **Chinese (Simplified Characters)** language edition. This edition is authorized for sale throughout **Mainland of China**. No part of the publication may be reproduced or distributed by any means, or stored in a database or retrieval system, without the prior written permission of the publisher.
本书中文简体翻译版授权由广西师范大学出版社独家出版并仅限在中国大陆地区销售，未经出版者书面许可，不得以任何方式复制或发行本书的任何部分。

Copies of this book sold without a Taylor & Francis sticker on the cover are unauthorized and illegal.
本书贴有 Taylor & Francis 公司防伪标签，无标签者不得销售。
著作权合同登记号桂图登字：20-2022-043 号

图书在版编目（CIP）数据

黑格尔的《精神现象学》/（英）罗伯特·斯特恩著；丁三东译. ——
桂林：广西师范大学出版社，2022.8（2024.2 重印）
（劳特利奇哲学经典导读丛书）
书名原文: The Routledge Guidebook to Hegel's Phenomenology of Spirit
ISBN 978-7-5598-4968-7

Ⅰ．①黑… Ⅱ．①罗… ②丁… Ⅲ．①黑格尔(Hegel, Georg Wilhelm Friedrich 1770-1831)－现象学 Ⅳ．①B516.35②B089

中国版本图书馆 CIP 数据核字（2022）第 072787 号

广西师范大学出版社出版发行
（广西桂林市五里店路9号　邮政编码: 541004）
网址：http://www.bbtpress.com
出版人：黄轩庄
全国新华书店经销
广西民族印刷包装集团有限公司印刷
（南宁市高新区高新三路 1 号　邮政编码: 530007）
开本：889 mm × 1 194 mm　1/32
印张：13.375　　字数：310 千
2022 年 8 月第 1 版　　2024 年 2 月第 2 次印刷
印数：6 001~8 000 册　　定价：98.00 元

如发现印装质量问题，影响阅读，请与出版社发行部门联系调换。

出版说明

　　"劳特利奇哲学经典导读丛书"精选自劳特利奇出版社两个经典导读系列。其中《维特根斯坦的〈哲学研究〉》《海德格尔的〈存在与时间〉》《黑格尔的〈精神现象学〉》《笛卡尔的〈第一哲学的沉思〉》《克尔凯郭尔的〈恐惧与颤栗〉》等选自 Routledge Guides to the Great Books 系列，而《维特根斯坦与〈逻辑哲学论〉》《胡塞尔与〈笛卡尔式的沉思〉》《德里达的解构主义》《后期海德格尔》等著作出自稍早的 Routledge Philosophy Guidebook 系列。

　　本丛书书名并未做统一调整，均直译自原书书名，方便读者查找原文。

　　为统一体例、方便阅读，本丛书将原书尾注形式改为脚注，后索引页码也做出相应调整。

目 录

序言和致谢

"一个伟人诅咒后人必须要阐述他"（NA: 574）。这是黑格尔写的一句单独的格言，他写这句话的时候想到的究竟是他自己还是别人，这一点并不清楚。但毫无疑问，就黑格尔的情况来说，这种必要性依然成立。黑格尔作为一个大思想家，依旧对我们的时代发挥着巨大的影响；因此，为了理解我们自己，我们必须不断地努力忍受他的思想，努力重新理解它。

本书就致力于此，打算帮助那些初次阅读《精神现象学》，正在寻找道路走出这个迷宫的人来理解它。因此，我竭力使我的评论尽量清楚，贴近文本。当然，正如黑格尔或许预见到了的那样，围绕《精神现象学》产生了一个丰富的解释传统，特别是自1930年代以来（请见第八章）；但我考虑到篇幅和易理解性，没能在本书中具体地、批判性地反思其他的解释，不过我列出了参考文献和进一步阅读的书目。我也假定，我的读者主要是说英语的人，所以，我使用了容易找到的标准英译本，并在必要的时候对译文做了修改（有关的进一步详情，请见参考文献）。

我的这个研究计划得到了许多人的帮助。首先我想感谢提姆·克兰（Tim Crane）和乔·沃尔夫（Jo Wolff）邀请我承担这个研究（我也要感谢他们一直等着我，直到我可以开展这个研究）。我特别感激我在谢菲尔德大学的同事和研究生，他们加入了一个《精神现象学》读书小组，阅读我的评论手稿，以多种方式促使我的思考和写作变得清晰，其中列夫·维纳（Leif Wenar）、多米尼克·昆茨勒（Dominique Kuenzle）、马克·戴（Mark Day）和凯瑟琳·威尔金森（Kathryn Wilkinson）对我的帮助特别大（他们也是坚定的拥趸）。我也非常感谢修了我《精神现象学》课程的两个班级的学生，他们扮演了试验场的角色，以测试我的文本是否适合于它打算面向的读者。其他一些人也在不同的时候提供了很有帮助的评论和指导，包括格雷·布朗宁（Gary Browning）、马修·菲斯滕斯泰因（Matthew Festenstein）、特里·平卡德（Terry Pinkard）、尼古拉斯·沃克（Nicholas Walker）、罗伯特·沃克勒（Robert Wokler）以及海瑟·沃登（Heather Worden）。我要特别感谢为劳特利奇出版社审读我的手稿的人：弗雷德·拜泽尔（Fred Beiser）、斯蒂芬·霍尔盖特（Stephen Houlgate）、肯·韦斯特法尔（Ken Westphal）以及乔·沃尔夫（Jo Wolff）。他们都提出了不少建议和建设性的批评，使最后的成书改进不少（当然，我与他们在解释上的分歧并没有全部得到解决，他们不该为这里表达的观点承担责任）。最后，劳特利奇出版社也在编辑方面提供了相当大的支持，穆娜·科嘉莉（Muna Khogali）和托尼·布鲁斯（Tony Bruce）自始至终都非常高效，令人鼓舞。

黑格尔可能已经预料到了他的作品会激起的解释欲；他肯定

预料到了它的危险，他在《精神现象学》的"序言"里强调了，公允的解释可能会有多困难：

> 因此，关注于目的或结果，关注于对各种各样的思想家做出区分和评价，要比这类工作可能显得的更加容易。因为，这种活动并没有涉及真正的问题，而是永远在它之外；这种认识没有逗留于真正的问题并忘身于真正的问题，而是永远在把握某种新的东西；它依然在根本上沉浸于自己，而没有沉浸于真正的问题并投身于它。对一个具有本质和坚实价值的东西做出判断，这是非常容易的，去理解它，这要困难得多，把判断和理解结合进一个确定的描述，这是最困难的事情。

ix

（PS: §3, p.3）

黑格尔作为一位思想家，比绝大多数人都更多地饱受肤浅的批评，他认为其他人会发现，攻击他要比不辞辛劳地全面理解他更加容易，他的这个看法是正确的；并且，我基于我个人的经验可以作证，他认为"最困难的事情"是成功地作出本该如此的评论，即"把判断和理解结合进一个确定的描述"（而在我这本书里，还得在一个有限的篇幅里做到这些）。我要特别感谢我的家人（包括最新的成员），他们的帮助使这个艰难的工作变得容易了许多。

我和本书的出版社还要感谢牛津大学出版社，它友好地同意我们使用黑格尔《精神现象学》的米勒英译本（1977）。

中译本序言

　　黑格尔的《精神现象学》是一部不同寻常的著作。它出版于1807年，是黑格尔的第一部主要作品，黑格尔曾打算把它用作其"科学体系"的第一部分，该体系后来在他的《哲学百科全书》以及诸如《法哲学原理》等有关作品中得到了发展。因此，黑格尔曾打算把它用作一架"梯子"（PS: §26, p.14），把读者引入自己的哲学体系，引入"科学"的立场或理性的哲学探究。

　　但《精神现象学》也是一部困难的著作，尽管黑格尔坚持认为，哲学绝不应该是"秘传的"，只属于极少数人，而应该是"向所有人开放、每个人都可以进入的"（PS: §13, p.7）。许多读者都会记得第一次遭遇这个文本时的震撼——那种迷惑混乱的感觉，那种找不到头绪的感觉，那种欲辩又忘言的感觉。因此，大多数读者都需要某种帮助，以对付《精神现象学》——而这正是我的这本导读想要提供的。当然，对于像《精神现象学》这样一部复杂的文本，我的导读只是一种可能的解读，其他的评论采取了别的进路——不过我依然希望，我在此采取的进路对读者来说会是有用的。

虽然《精神现象学》可能显得是一大堆令人困惑的材料的堆积，其结构也极不清晰，但在我看来，它有一个确切的组织线索，这就是：展示一系列的困难，当我们不能够恰切地去构想，如何把个别性范畴与普遍性范畴关联起来的时候，就会出现这些困难。这或许看起来是个非常抽象的问题，但我认为，黑格尔在该著中的天才创见正是，展示了它是如何作为一系列问题——从关于个别东西与我们用以思考个别东西的普遍概念之间关系的形而上学问题，到关于自我关切的个人能动者与普遍道德律之间关系的伦理问题，到关于个体公民和国家普遍意志之间关系的社会问题——的基础性问题的。我尝试着在后文第一章第35—37页概括了所有这些问题，然后在整本书中勾勒了它们。在这些各式各样的情况下，黑格尔认为，我们总是倾向于认为，个别性与普遍性是相互对立的。例如，我们认为，我们个人的关切使我们与指向所有人的好的普遍道德原则不相一致，因而把后者视为约束了我们的自由，约束了我们要合理地去做的事情。为了解决这个问题，我们或许会走向另一个极端，转而主张，我们应当放弃我们的个人关切，遵从对所有人来说好的东西。然而，黑格尔认为，我们既不应当为了个体的东西而牺牲普遍的东西，也不应当为了普遍的东西而牺牲个体的东西——相反，我们必须要找到一个途径，在这两方面达成平衡，从而达成某种和谐。不过，我们要看出这是如何可能的，这可能相当困难：毫无疑问，我的关切可能与共同体的关切相冲突，而如果是这样的话，难道不是某一方压倒另一方吗？

在《精神现象学》里边，黑格尔提出了这些类型的问题，但我认为他并没有力图在该书中解决它们。这就使得《精神现象学》成为了进入他哲学体系的一架"梯子",而没有成为该体系之一部分——它带你遍历一系列问题,直到你准备好了进展到对它们的解决。这一解决发生在《哲学百科全书》之中,例如,在他对"伦理生活"(Sittlichkeit)的解释之中。尽管如此,《精神现象学》的经验是必需的,因为,除非你真的感觉到了黑格尔带你遍历的那些问题的力量,否则你将不会理解他的解决方案和它们的必要性,而只会受到诱惑,采取他在该著中批判了的那些更加有限的选项中的某一种。所以,要理解黑格尔的解决方案,你必须首先认识到它所针对的病症。因而,黑格尔把《精神现象学》刻画为一条"绝望之路"(PS: §78, p.49),因为,被展示出来的一个接一个的立场都是成问题的——直到该书的最后,我们准备好了过渡到黑格尔的《逻辑学》(它是《哲学百科全书》的第一部分)。

因此,这就是《精神现象学》是一个困难的文本的原因之一:它是一条否定之路(via negativa),它向你表明,各种各样的立场如何出错了,却没有给你提供一个肯定性的立场,因此,要看出讨论进展到了哪里,或者看出黑格尔想要捍卫的立场是什么,这可能是非常困难的。该书之所以困难的原因还有两个。

第一,为了表明一个立场是错误的,黑格尔不认为,他可以径直地告诉你,从他自己的立场看它为什么是错误的,因为那会假定他的立场是正确的——然而,这是需要得到确立的,而不是被独断地视为理所当然的。因此,他采取了"内在批判"的方法,就是说,努力表明那个立场自己本身就是成问题的,它破坏了它自己。但是,采取这个进路就意味着,不像绝大多数哲学文本,黑格尔不能够通过说他想要确立什么，继而反驳对手，以此来表明他的论证——他必须首先采取他的对手的立场，他反复考察它们的方式可能是非常令人困惑的，直到你习惯了他努力做的事情。

第二，黑格尔认为，要克服他所考察的那些二分法，这对我们来说是非常困难的，因为我们发现，我们很容易地就会根据明晰的对照和对立来思考，这样，为了达到他认为必要的解决方案，就必须对我们日常的思维方式采取某种暴力。黑格尔把这种日常的思维方式与"知性"联系起来，而把他提供的进路与"理性"联系起来，理性更能够看出，这些二分法如何可以得到克服，因为它更能够看出，对知性来说显得是相互矛盾的东西实际上并非如此。这一思想处于黑格尔的"辩证"进路的核心。但正如黑格尔在《精神现象学》"序言"中清楚地表明的，他预料到了，日常知性会发现很难把握这一思想，因为，这一思想似乎把各种概念的含义拉伸到了崩溃的边缘，违反了知性想要遵从的各式各样的规则：自然的意识因而被要求"以头行走"（PS: § 26, p.15），这对该书的许多读者来说都一定会是一场非常痛苦的、迷乱的体验。但黑格尔认为，如果我们要获得理性给予我们的馈赠，我们就必须经历这场体验。

因此，《精神现象学》是一个充满挑战的文本——可一旦我们理解了黑格尔的计划以及他想要达成的东西，它挑战我们的方式就会造就我们良好的哲学感。当然，这本书为什么如此困难，对此还存在其他一些或许无可辩解的原因。例如，那个时候流行的一般写作风格在我们今天看来可能充满了毫无必要的晦涩，而它又是一位非常年轻的人仓促写就的一个相对早期的文本，它是为共享着同样语言的狂热听众写就的，而不是为更广泛的读者群写就的。尽管如此，《精神现象学》的困难也是黑格尔的计划固有的——这个计划非常有趣，也非常重要，值得我们努力理解它。我希望，我对这个雄心勃勃的、迷人的文本的评论将有助于读者理解黑格尔的计划。

最后，我非常感谢丁三东不辞辛劳地翻译了这本书，感谢广西师范大学出版社出版了该书，使它能够与中国读者见面。当然，黑格尔与当代中国理智生活史有着复杂的关系，每一种文化都会以一种不同的方式走近他的思想。我期待来自中国读者的反馈，我的进路是否对他们有所帮助，他们自己又是怎么解释《精神现象学》的。我希望我的这本书对这些争论能做出些许贡献。

新版前言

    新版有三个主要变化。首先，我在第一章添加了一节内容，它是对《精神现象学》全书的一个简明概括，我希望它可以使读者迅速适应该书。其次，我在每章的最后都添加了对本章讨论的《精神现象学》相应章节的一个简明概括，我希望它们可以使读者跟上讨论的步伐。再次，我介绍了《精神现象学》的接受史以及该书的影响，以之作为新版的最后一章，我希望它可以帮助读者更好地理解该书被解释和运用的各种不同方式，以及该书在哲学领域的意义。我非常感谢劳特利奇出版社的三位顾问，他们启发我作了这些改写。

    另一个不那么实质性的变化是，新版在引用《精神现象学》时既标示了段落号，也标示了页码号。虽然该书的德语版本里边并没有这些段落号，但本书采用的米勒译本中却使用了它们；我相信，剑桥大学出版社即将出版的特里·平卡德新译本[1]和牛津大学出版社即将出版的尼古拉斯·沃尔克新译本[2]里也都会使用它们。因此，我希望这些段落号除了可以使读者更容易在米勒译本里找到相应的引文，还可以在新译本出版后使读者在新译本里找到相应的段落。

　　最后，我更新了参考文献。不管怎样，我忍住了诱惑，没有对旧版的文本本身做任何实质性的改变。

　　我非常感谢劳特利奇出版社把这本对《精神现象学》的导读纳入他们新的丛书出版计划[3]，这给了我一个做出上述更改的机会，我希望这些更改可以对新读者有帮助，也可以引起老读者的兴趣。

1　平卡德的《精神现象学》新英译本已于2018年由剑桥大学出版社出版，作为"剑桥黑格尔文集"之一。——译者注

2　斯特恩和学界不少人都以为，牛津大学出版社的《精神现象学》新英译本是由沃克尔承担的，但最终，该社差不多与剑桥大学出版社同时出版的新英译本乃是由迈克尔·英伍德（Michael Inwood）完成的，而英伍德的这个译本乃是在米勒英译本基础上的改善和推进。——译者注

3　斯特恩这本著作初版于2002年，作为"劳特利奇哲学导读系列"之一。2013年该书的新版被纳入"劳特利奇巨著导读系列"。——译者注

导　言

黑格尔1831年去世之后，立刻出现了两个学派，这就是我们所知的青年（或左翼）黑格尔派和老年（或右翼）黑格尔派，他们对黑格尔的政治哲学作出了截然相反的解读。左翼黑格尔派（例如费尔巴哈、马克思、恩格斯）在黑格尔那里看到了一种乌托邦式的自由、共同体愿景，看到了人类精神的胜利；而右翼黑格尔派则在黑格尔那里看到了对普鲁士国家的一种神权式辩护，看到了对绝对君主制现状的支持，还看到了一种寂静主义式的保守主义（a quietistic conservatism）。[1]从那时起，来自不同阵营的思想家们都把

1　寂静主义（quietism）是存在于许多宗教派别的一种学说，它的核心观点是，人的最完善状态是停止任何努力，采取一种心理上的自我弃绝，由此，神圣者才可以施行它的力量。在"寂静的"状态中，心灵自己不思不愿，当神圣者在它里面活动时，它也始终保持被动。这一学说在基督教传统中的最著名提倡者是17世纪的西班牙教士莫利诺斯（Miguel de Molinos），他被罗马教廷判为异端。这一学说在东方思想传统中的最典型表达莫过于印度的婆罗门教和佛教的有关学说。《庄子·大宗师》里所谈的"坐忘"也庶几近于此。——译者注

黑格尔看作盟友，但无论左派还是右派，黑格尔在另一方的眼里也都被视为敌人。[1]

黑格尔接受史的这个特征不只是存在于他的政治哲学，而是存在于他的全部哲学。因此，对有些人来说，他是对启蒙运动的浪漫主义批评者，是现代思想中反理性主义的资源，而对另一些人来说，他则是浪漫主义的反对者，对理性权威的捍卫者；同样地，对有些人来说，他是神哲学家，力求维护基督教的正统教义，而对另一些人来说，他则是彻底的无神论者，力图瓦解宗教信仰；对有些人来说，他是处于康德传统中的思想家，遵从着后者的理念论，而对另一些人来说，他则是康德最有影响的反对者，他用自己的新尝试取代了康德失败的哲学尝试。因此，黑格尔的接受史一点也不简单：他从各方面都得到了运用，也从各方面都受到了攻击，而对他的立场的评价在截然相反的两个方向上也都发生了转变。

黑格尔如何能够对反差如此鲜明的不同解释保持开放？是什么使得他的思想如此变化多端，他的朋友阵营和敌人阵营如此异质多样？为什么对黑格尔的支持如此易变，在一个时候得到一方的支持，在另一个时候得到另一方的支持？《精神现象学》以及黑格尔的其他所有作品都激起了这些值得回答的问题。

要寻找答案所在，一个显而易见的地方就是黑格尔著作本身

1　这句话的原文是"thinkers from across the political spectrum have viewed Hegel as an ally, while he is also taken as an enemy by others on both the left and the right." 无论左派还是右派，他们在论证自己的学说时，都把黑格尔引为盟友，对他的思想做出正面的阐释；而他们在批判对手的学说时，都把黑格尔视为对手的帮凶，对他的思想做出负面的阐释。——译者注

的性质，它们臭名昭著的文风。第一个可能的答案是，单纯由于文风上的笨拙，黑格尔使他的作品很难被理解，致使他的读者可以在其中看到任何他们想要找到的东西，使他的著作对各种挪用都异乎寻常地开放。的确，今天的人们阅读黑格尔可能极其困难，部分的原因仅仅在于文风：即便他能够写得清楚明白，甚至写得很好，他的文字也会非常密集、晦涩，充斥着专业术语、新词或旧词新意。不过，还有其他的原因。由于黑格尔的作品常常被用来测试一个人的思想，因此它们不大可能是不可理解的。更加实质性的文风困难不在于理解本身，而在于在其作品中更恰切地确定黑格尔自己的立场。因为，尤其是在《精神现象学》里边，黑格尔对他的读者采取了一个异乎寻常的、极其独特的姿态：作者是缄默的；讨论是"无标示的（unsignposted）"，如此一来，我们就无从得知我们要走向何方，或者黑格尔的最终目标是什么；别的哲学家、文本和历史事件都是被暗指而不是被明确地指出的；推进到各种立场的方式使它们看起来就是最终的立场了，但在随后的批评中它们又变成了暂时的立场。因此，即便黑格尔说得够清楚，我们也并不始终清楚，黑格尔是怀着怎样的心情说的，他说的东西在多大程度上反映了他的真实观点，因此，他所说的东西依然是难以琢磨的，对截然相反的解释都保持开放。黑格尔最终力求的是捍卫某种立场还是攻击它，他实际上站在哪边，要确定这一点，常常需要相当的解释敏感性（exegetical sensitivity）。

　　尽管如此，仅仅用文风和论说方法并不能完全地解释黑格尔的飘忽不定，因为，这些东西实际上只会对外行造成问题。大量的解释或许可以根据语境来做出；因为，如何对黑格尔进行归类，这在异乎寻常的程度上取决于用来衬托他的背景是什么，取决于把他与谁并列。因此，例如，对于那些把伏尔泰、狄德罗或休谟视为典型启蒙运动代表的人来说，黑格尔将显得是一个明显反启蒙运动的思想家，因为，他丝毫不认可这些人的无神论、世界主义或科学自然主义；然而，在更加德国化的语境中，在诸如雅可比、赫尔德或哈曼等启蒙运动批评者的衬托下，黑格尔所致力的启蒙理想就非常突出了。类似地，尽管与康德或早期费希特比起来，黑格尔显得是个保守主义的政治思想家，然而，在他那个时代其他思想家（例如卡尔·路德维希·冯·哈勒）的衬托下，黑格尔则可以被描述为一个自由主义者。因此，随着历史视角的转变，黑格尔的立场可以得到彻底的重新评价，从而，他的思想也可以用新的眼光来打量。

使得黑格尔很难被恰切归类的原因，除了要找到合适的历史语境这个因素外，还有第三个因素，这就是黑格尔思想自身的本性，它的辩证特性。我的意思是，正如我们将会看到的，黑格尔面对许多争议时，所寻求的并不是通过采纳一方或另一方的观点来解决这些争议，而是试图通过表明支撑着争议的二分法是错误的，以此来重铸问题，从而就有可能把双方的立场整合起来，以上是黑格尔哲学观点的核心特征。这意味着，他的立场很难根据传统的术语来归类：因为，尽管有些方面可能来自某个立场，但其他的方面却可能来自明显对立的立场，这样一来，争议双方都可能在他的作品中找到对他们各自观点的某种支持，他的作品很容易地就被做了截然相反的挪用。因此，例如，对于许多人来说，黑格尔被认定是一位基督教哲学家，相关的证据来自他对启蒙运动粗鄙无神论的敌视；然而，黑格尔对基督教的构想又是独特的，它试图通过以下做法来根除启蒙运动对宗教信仰的批评（这种批评包括，指责基督教的非理性主义，怀疑其历史的真实性，批评它的权威主义），即它把这种批评的诸多要素纳入对基督教学说的一个修订了的构想，从而，他的神学旨在与人本主义（humanism）[1]相容，而传统上神学与人本主义是截然相对的。因此，当人们试图把黑格尔的立场纳入传统的框架时，它总显得不稳定，因为，对立双方似乎都同样有权宣称他是己方的盟友。同样地，黑格尔由于下述做法，就使自己很容易受到一些人的攻击，这些人以比这里恰当的方式更加简单的方式使用着诸如"自由主义者""人本主义者"或"理性主义者"等范畴：他试图把其他要素纳入这些学说，这样，他就可能显得偏离了这些学说。因此，例如，许多人本主义者会把黑格尔对宗教的正面评论视为表明了他是一位基督教哲学家，从而他是在批判（repudiate）人本主义，然而事实上，黑格尔恰恰是在试图推翻这个对立，试图以不动摇任何一方的方式把基督教的要素和人本主义的要素结合起来；但是，这个做法使得他很容易受到那些没有认识到该问题上折中可能性的人的攻击。结果，由于黑格尔试图为所谓的"黑格尔中间项"（the Hegelian middle）寻找空间，他就使自己的立场很难以一种稳定的方式被归类，因为，当他竭力公允地对待对立双方的时候，双方都可能会对他进行索取，也都可能会对他进行攻击。

---

1 "Humanism"这个词在汉语世界有多种译法，例如"人道主义""人文主义""人本主义"。从构词上看，它是指以人（human）为核心、根本的系统学说（-ism），与之相对照的学说则是以神为核心、根本的神学。——译者注

接下来，我将通过以下做法来澄清"黑格尔中间项"的意思：我将表明，认为黑格尔在很多问题上都直截了当地采取了或者某一方或者另一方的观点，一般来说都是错误的；相反，我们应该把他看作是在通过显明对立双方构成了一个错误的二分法，通过显明最好的选择是对它们做某种调和，以此来力图瓦解这个对立。因此，虽然黑格尔在某些方面是启蒙运动的批评者，但把他视为一个反启蒙运动的人，这么看就过于简单化了；同样地，虽然他在现代性的观点中发现了一些根本的问题，但这并没有使他成为一个保守主义者；还有，尽管他试图超越一种粗鄙的无神论，但这并没有使他成为一位有神论者。在理解黑格尔的时候，挑战在于，公正地对待这种多方-片面性（many-sidedness）；因为，正如黑格尔坚持认为的，简化问题，返回到僵硬的对立面，这么做总是非常诱人的。然而，这么做的代价是，我们将大大缩减我们概念地图的空间，我们最终将会在对黑格尔的不同解读之间、在对问题本身的不同处理之间来回摇摆，而不能够公正地对待情况的真实复杂性。我相信，通过更加慎重地对待黑格尔观点的辩证本性，我们或许可以对他的思想最终达成一种更加稳定、更加持久的评价，对他雄心勃勃地想要实现的东西获得一种恰切的理解。

因此，在本书接下来的部分，我将力图探寻黑格尔在《精神现象学》里对一系列问题的辩证处理。在第一章，我把《精神现象学》置于黑格尔的生平和作品的语境之中，更具体地刻画了他的辩证方法，我还表明了，《精神现象学》的"序言"和"导论"如何可以用来揭示黑格尔该著作的整体意图。在随后的章节，我相继处理了《精神现象学》的每一章，全面考察了从"意识"直到"绝对认识"的种种讨论，考察了辩证思维是如何可能的，以及它最终可能会达成什么。在结论部分，我考察了该著引人入胜的接受史。

缩略语表

　　以下缩略语用来指黑格尔和康德的作品。关于所引作品的完整细节以及引用方法，请见本书的参考文献部分。

黑格尔作品

AW　'Aphorisms from Hegel's Wastebook'
　　　"黑格尔《杂记簿》中的格言"

BP　*The Berlin Phenomenology*
　　　《柏林精神现象学》

CJI　*The Critical Journal of Philosophy*, 'Introduction: On the Essence of Philosophical Criticism Generally, and its Relationship to the Present State of Philosophy'
　　　《哲学批判杂志》，"导言：论一般哲学批判的本质，以及它与当前哲学状况的关系"

DFS　*The Difference Between Fichte's and Schelling's System of Philosophy*
　　　《费希特与谢林哲学体系的差异》

EL　*Hegel's Logic: Part One of the Encyclopedia of the Philosophical Sciences*
　　　《逻辑学：哲学科学百科全书第一部分》

LPR *Lectures on the Philosophy of Religion*
《宗教哲学讲演录》

NA 'Notizen und Aphorismen 1818–31'
《1818—1831年笔记与格言》

NL *Natural Law: The Scientific Ways of Treating Natural Law, Its Place in Moral Philosophy, and Its Relation to the Positive Sciences of Law*
《自然法：处理自然法的科学方式，它在道德哲学中的位置，以及它与实定法科学的关系》

PH *The Philosophy of History*
《历史哲学》

PR *Elements of the Philosophy of Right*
《法哲学原理》

PS *Phenomenology of Spirit*
《精神现象学》

PW *Political Writings*
《黑格尔政治著作集》

RH *Reason in History: A General Introduction to the Philosophy of History*
《历史中的理性：历史哲学概论》

RSP 'The Relationship of Scepticismto Philosophy'
《怀疑论与哲学的关系》

SEL 'System of Ethical Life' (1802/3) and 'First Philosophy of Spirit' (Part III of the System of Speculative Philosophy 1803/4)
《"伦理体系"（1802/3）和"第一精神哲学"（1803/4思辨哲学体系第三部分）》

SL *Science of Logic*
《逻辑学》

康德作品

CPrR *The Critique of Practical Reason*
《实践理性批判》

CPR *The Critique of Pure Reason*
《纯粹理性批判》

GMM *Groundwork of the Metaphysics of Morals*
《道德形而上学奠基》

RP *What Real Progress Has Metaphysics Made in Germany Since the Time of Leibniz and Wolff?*
《自莱布尼茨和沃尔夫以来德国的形而上学取得了什么真正的进展?》

第一章

语境中的《精神现象学》

（"序言"和"导论"）

黑格尔与他的时代

人们常说，黑格尔（1770—1831）在一个不平凡的时代度过了平凡的一生。当然，与例如克尔凯郭尔或马克思比起来，他的生平要相对单调。然而，它的平凡可能被夸大了。他在年轻的时候毕竟的确有个私生子；他认识他那个时代许多杰出的智识之士，包括歌德、谢林以及荷尔德林；他的职业生涯前后高下悬殊，他在四十好几岁之前长期默默无闻，过了不到二十年，他在死前就已闻名全国，在国际上的名气也越来越大。人们之所以对黑格尔的生平没那么大兴趣，或许是因为他的性格不怎么讨人喜欢。人们（甚至他的某些崇拜者）通常认为，黑格尔这个人顽固、墨守成规、浮夸、野心勃勃。然而再一次地，我们得要谨慎地对待这些评价，因为他显然也具备一系列美德，包括忠诚、理智上正直、身处逆境不屈不挠、笨拙得可爱，以及在我们今天看到的肖像里，冷峻的外表下隐藏着的乐观、幽默和深情的能力。因此，尽管有些与他接触的人被他激怒、冒犯或是弄迷糊了，但他都能激起别人的热爱、尊崇和忠贞不渝的感情。他的生平和性格肯定要比人们通常设想的更加复杂、更加有趣。(关于这个话题的一个全面研究，请见 Pinkard 2000a。)

尽管如此，优先把黑格尔的作品与他所生活的时代联系起来加以考察，而不是把它们与他的生平和性格联系起来加以考察，这么做或许是正确的。因为，他的作品显然在更大程度上是为那个时代所塑造的，而不是为他的生平际遇或个性所塑造的。黑格尔深深地参与了他周围的政治和历史事件，他寻求用哲学的术语来回应它们。这就是密涅瓦的猫头鹰这个他的著名喻像的含义：智慧女神密涅瓦（或雅典娜[1]）的圣鸟在白天诸事发生之后的黄昏才起飞，因为，只有这时哲学才能够反思已经发生的事情，履行它作为"对世界的思想"的任务（PR: Preface, p.23[2]）。

现在，尽管强调黑格尔一生平凡无奇，这么做可能会误导人，然而，强调他的时代离奇非凡，这么做则不会误导人。实际上，那个时代在几个层面都非同寻常。首先，在历史和政治层面，黑格尔以及与他同代的其他思想家都见证了法国大革命，见证了恐怖时期

1　希腊神话和罗马神话中的诸神系统在不少地方有一种对应关系，具备同一种功能或技能的神在两个诸神系统里边有各自的名称。例如这里提到的智慧女神，在希腊神话里边被称作雅典娜，在罗马神话里边则被称作密涅瓦。又如众神之王在希腊神话里边被称作宙斯，在罗马神话里边则被称作朱庇特；众神之后在希腊神话里边被称作赫拉，在罗马神话里边则被称作朱诺；战神在希腊神话里边被称作阿瑞斯，在罗马神话里边则被称作马尔斯。——译者注

2　为便于读者查找英语文献，本书行文中的这类引注标示我都保留不译，请读者根据本书的缩略语表和参考文献自行对照。——译者注

（the Terror）[1] 的血腥后果，见证了拿破仑的浮沉，见证了1830年的七月革命，与此同时，他们也经历了神圣罗马帝国的消亡[2]，以及德国许多邦国政治和社会生活的重组，他们周围自由改革的潮流起起伏伏。发生在法国的一系列事件对这个时期的德国知识分子来说特别重要。黑格尔甚至还是一个学生的时候，就与其他人组织了一个秘密政治俱乐部，讨论1789年的法国大革命（由此产生了这样一个故事，他和其他人一起栽了棵"自由之树"，以纪念这个事件）。黑格尔宣称，他每年的7月14日都要喝上一杯，庆祝巴士底狱被攻占（在1820年的7月14日，卡尔斯巴德法案[3]通过了不到一年的时候，他给同伴们买了最好的香槟，跟他们一起痛饮庆祝，这个举动吓了同伴们一大跳）。因此，黑格尔在《精神现象学》中讨论自由和现代性时给了法国大革命一个突出的位置，他在其他讨论历史和社会哲学的作品中也采取了同样的做法，这些做法毫不令人惊奇。

　　其次，黑格尔生活在一个哲学上以及历史上和政治上的大动荡时期，在这个时期，思想的各种新的、激动人心的可能性似乎正

3

1　恐怖时期是一些史学研究者对法国大革命一个特定阶段的称呼，大致横跨从1793年到1794年7月推翻了罗伯斯庇尔的热月政变这段时期。——译者注

2　神圣罗马帝国是十世纪起兴起的，它以东法兰克王国为中心，地跨西欧和中欧，十六世纪以后被称为"日耳曼民族的神圣罗马帝国"。神圣罗马帝国由众多邦国组成，其中的奥地利大公国哈布斯堡王朝长期把持帝国皇位。1806年，拿破仑废除了神圣罗马皇帝称号，重组了原帝国众多邦国的关系，从而终结了这个帝国。——译者注

3　卡尔斯巴德法案是1819年8月德国多个邦国在卡尔斯巴德制定的一个法案，其内容包括严厉的新闻审查、监视和控制有民主倾向的大学教师和学生等。——译者注

在崭露头角，对这些可能性的构想正在竞相浮现。黑格尔是德国理念论[1]思潮中的一位主要人物，这个思潮大致开始于康德《纯粹理

1　如何翻译germanidealism/deutsche Idealismus，这是个非常棘手的问题。究其原因，一方面，idealism/Idealismus自柏拉图以来就是欧洲哲学最核心的术语之一，在不同的哲学家那里具有不同的含义；另一方面，当这个词前面加了国别限制，形成诸如British idealism（britischer Idealismus）、German idealism（deutscher Idealismus）等短语的时候，情况更加复杂。译者在此不打算展开详细的学术论说，而只是想简单地交代一下本书对germanidealism/deutsche Idealismus的翻译处理以及基本的理由。汉语前辈学者们在翻译马克思主义文献时一般把这个短语翻译成"德国唯心主义"，以和马克思主义的唯物主义相对照。这个译法在特定的语境里有其合理性，但忽视了该短语所指的哲学流派本身的基本立场和发展脉络。正是鉴于该哲学流派本身的哲学特征，本书把这个短语译为"德国理念论"，这么做的基本理由是，自康德开始的这个哲学流派有一些共同的基本立场：1.理性是一切的最终根据；2.理性根本上说来是一种产生纯粹概念的能力，有理性者就是凭借着这些概念而形成认知，展开实践的；3.哲学的最核心任务就是要探究理性的这种概念生成能力，以及它所产生的纯粹概念体系。在这个意义上，当译者提出"德国理念论"这个翻译处理的时候，实际上是把它作为了"德国理（性概）念论"的缩写，它标示了Ideen和Begriffe在广义的理性（Vernunft）那里的起源。译者不赞成最近几年在汉语学界开始流行的一种对此短语的翻译，即把它译为"德国观念论"。译者反对的理由是：从康德开始，就确立了直观和概念的区分，用通俗的话说就是，概念是无法被直观的，我们无法直接地把握到理性产生的那些纯粹概念，因而需要一门专门的学科来研究纯粹概念体系的问题。严格说来，"德国观念论"这个译名里边的"观"字偏离了该哲学流派的上述区分，所以为译者所反对。相比之下，把Britishidealism译为"英国观念论"，这个译法倒相对合理，因为，洛克、休谟等英国哲学家所讨论的idea最终是源于知觉、印象的，与汉语"观"字的经验意味相一致。上述两个短语的原文所包含的都是相同的idealism/Idealismus，但译者却主张作出不同的汉译处理，这或许在有些人看来是徒增困扰。的确，面对"同名异义"的情况该如何翻译，这一直是个翻译学的难题。是着眼于同名，采取统一的汉译处理，还是着眼于异义，对每一种含义采取不同的

性批判》第一版出版的1781年，[1]终结于黑格尔主义衰落的1840年代，有些人认为这个思潮在原创性和重要性上堪与古希腊哲学匹敌。德国理念论是由康德的"批判哲学"拉开大幕的，它试图把形而上学领到"科学的可靠道路"之上（CPR: Bxviii），试图平衡自然科学中的决定论和道德中的自由这两个相互抵触的视角。然而，康德的后继者们最终感觉，他实际上却使得哲学很容易受到怀疑主义的攻击，又不能克服自由和决定论、道德图景和科学图景、自主的主体和自然本身等诸多核心的二元主义。因此，他们力图寻求可以完成康德开启的事业的另一个哲学体系，并力图在相当的规模上把自然科学、艺术和历史，还有知识论、形而上学、伦理学、政治哲学和宗教哲学都囊括于内，以此来"超越康德"。（关于德国理念论作为一个思想运动的有益概述，请见Ameriks 2000a。）

再次，黑格尔生活在一个非凡的文化时期，它处于启蒙运动和浪漫主义的交汇处。因此，一方面，他完全意识到了启蒙运动的

（接上页）汉译处理？译者主张平衡策略，即把有差异的含义尽可能收敛、统一到一个译名之下，但在出现了重大差异的情况下，还是采取不同的翻译处理。正是出于这个策略，译者主张把洛克、休谟等英国哲学家有关ideas的理论统一于"英国观念论"这个译名之下，把康德、费希特、黑格尔等德国哲学家有关Ideen/Begriffe的理论统一于"德国理念论"这个译名之下。实际上，基于翻译的平衡策略，柏拉图、亚里士多德有关idea/eidos的讨论也可以收敛统一于"理念论"这个译名之下，就此而言，溥林把那托尔普的名著 *Platos Ideenlehre* 译为《柏拉图的理念学说》（商务印书馆，2018）是合理的。在本书中，需要对这个短语的汉语翻译作出特别说明的地方还有第四章的开头一节，在那里，黑格尔讨论了理性所采取的一种特别的立场——Idealismus，译者在那个部分的译文中将会就该语境下Idealismus的翻译问题作出进一步的译注说明。——译者注

新观念已经给诸科学、政治生活、伦理和宗教带来了多么深广的影响，完全意识到了各种批评势力对这些新思想的反应。另一方面，他也受到了与浪漫主义有关的诸多更晚近思想进展的影响，浪漫主义凭着对自然的有机主义构想、对历史的救赎式描述以及对艺术的力量的信仰，对于由启蒙运动及其批评者们的争议引发的一系列问题提供了一个独特的进路。黑格尔可以被视为这样一个人，他采纳了由诸如席勒、诺瓦利斯等浪漫主义者提出的许多关切，但又力图以某种方式为启蒙运动的基本思想（例如"理性"和"进步"）指明一个新的方向，而不是把它们抛弃不顾。因此，我们在黑格尔的作品中发现，他的时代的这两个主要思潮合流了。

考虑到这些背景性的事件和问题，毫不令人惊讶地，黑格尔的哲学具有一种平静时代（此时的理智之流和政治生活之流要和缓得多）的哲学不常见的深度和复杂性。正是在这个历史时期，现代思想的许多范式就要成形；而黑格尔则要开始做出他自己的贡献，用《精神现象学》的书写来塑造它们。

《精神现象学》在黑格尔生平和作品中的位置

　　《精神现象学》在 1807 年的出版标志着黑格尔"成熟"哲学的开始：他此前书写和出版的一切东西都被归为其早期或预备作品。《精神现象学》被作为黑格尔思想发展的分水岭，其理由有三。

　　第一，一般认为，黑格尔是通过这部作品而开始作为一位后康德德国理念论的独特人物崭露头角的，他在该著中开始偏离了这个时期的其他哲学家。在他早于《精神现象学》发表的那些作品中，黑格尔似乎满足于追随他更早熟的朋友和导师谢林（1775—1854）的指引。黑格尔与谢林的交往始于他们的学生时代，那时，他们二人以及荷尔德林（1770—1843）都就读于图宾根大学的天主教神学院，荷尔德林在很久以后最终被认为是德国最伟大的诗人之一，他在这个时期也影响了黑格尔。黑格尔不动声色的优点使他在图宾根的同学中间赢得了"老人家"的绰号，他的名声建立得也很慢，相比之下，谢林的崛起则要迅速得多：他的《先验理念论体系》 5

（1800）¹很快就被视为超越了费希特（1762—1814）的后批判哲学，谢林推进费希特哲学的方式与费希特推进康德批判哲学的方式同样激进。谢林和黑格尔在离开图宾根之后都命途暗淡，先后（黑格尔是在1793年，谢林是在1795年）都做了有钱人家的私人教师；不过，谢林在1798年23岁的时候就被任命为耶拿大学教授，并作为《先验理念论体系》以及其他一些作品的作者而成为知名人士；黑格尔则做私人教师一直到1801年，这一年，他父亲去世留下了一笔遗产，使他能够在谢林的邀请下追随后者去往耶拿。在那里，他以一篇关于自然哲学的论文获得了私人讲师（*Privatdozent*，大学无薪教师）的资格，这篇论文讨论的主题与谢林关注的话题关系密切；黑格尔在获得了执教许可证之后，开始与谢林一起开课。黑格尔以真名发表的第一个作品就写于那一年，该作品的标题"费希特与谢林哲学体系的差异"纯粹是描述性的，显得有点笨重。²在1802年，黑格尔与谢林携手编辑了一本哲学期刊，名为《哲学批判杂志》，在这本刊物上，他发表了自己的第二篇主要作品《信仰与知识》，他也为该刊第一卷撰写了一个长篇导论，题为"论一般

---

1 该书的汉译本为《先验唯心论体系》（梁志学、石泉译，商务印书馆，1976年）——译者注

2 黑格尔在伯尔尼尽管只是个私人教师，但他已经翻译并评注了让-雅克·卡特的一个哲学小册子，他在离开伯尔尼到法兰克福做私人教师之后的1798年匿名出版了这个译本和评注。

哲学批判的本质，尤其是它与当前哲学状况的关系"[1]。在这些论文里，黑格尔似乎把他自己定位为谢林的一个追随者，他把这位朋友的立场推崇为后康德哲学的最大希望。这一时期出现在《哲学批判杂志》的其他作品还有《怀疑论与哲学的关系》（1802）、《论处理自然法的科学方式》（1802—1803），它们的主题和论证都没有特别明显的谢林色彩，但它们自身也没有特别独特的地方。谢林在1803年离开了耶拿，先是去了维尔茨堡（Würzburg），后又在1806年去了慕尼黑；随着谢林的离开，黑格尔开始更加公开地批评他的这位朋友的立场，最终与它渐行渐远（关于这个问题的具体研究，请见 Lukács 1975: 423–48）。不管怎样，黑格尔在这个时期的名气还相当小，这使得他无法像谢林那样离开耶拿另谋高就，最终，在1807年3月，他被迫完全地离开了学术圈，做了班堡（Bamberg）一份报纸的编辑。就在这一年，他出版了《精神现象学》，他希望这本书可以确立起他本人作为一位思想家的地位，从而使他恢复学术生涯。（然而，正如平卡德［2000a: 403］指出的，较长的时间之后，人们才明确地认识到《精神现象学》的原创性，"在它出版了十年之后……【黑格尔】还在努力说服公众，他的哲学推进了谢林

6

1　斯特恩在这里对该作品标题的表述（*The Essence of Philosophical Criticism Generally, and Its Relationship to the Present State of Philosophy in Particular*）与缩略语表里的相应表述（*Introduction: On the Essence of Philosophical Criticism Generally, and Its Relationship to the Present State of Philosophy*）不太一样。实际上，这篇导论的原文题为"Über das Wesen der philosophischen Kritik überhaupt und ihr Verhältnis zum gegenwärtigen Zustand der Philosophie insbesondere"。斯特恩在这里的表述是自己对该题原文的确切翻译。而缩略语表里边的表述则是该导论出版了的英译译名。——译者注

的哲学，而不只是后者的另一个版本"。关于《精神现象学》最初是如何被接受的说明，请见平卡德该著第256—265页。）

　　然而，《精神现象学》代表了一个分水岭，这不仅因为，在黑格尔发表的作品中，我们在这部作品里边首次明确地辨识出了黑格尔与谢林之间的一些关键性区别；还因为，黑格尔正是在这部作品里才对他的前辈们关心的那些问题最终（在37岁的时候）开始自己独特的探究，才开始采取一种被辨识为"黑格尔式的"观点。因此，黑格尔在《精神现象学》里边针对各种问题所提出的观点是他在成熟时期出版的作品里始终捍卫的，而在《精神现象学》之前的作品中提出的那些观点则依然是不断变化的。因此，在这部作品与其后的那些作品之间存在着一种相当大程度的思想连续性：第一部作品是《逻辑学》，它分为三卷，分别出版于1812年、1813年和1816年。黑格尔在1808年离开班堡，去往纽伦堡担任一个高级中学的校长，这部作品就是在此期间写的。第二部作品是《哲学科学百科全书》，黑格尔于1817年被任命为海德堡大学教授之后出版了该著的一卷本第一版，而到1830年第三版的时候它已经被增订为三卷本了。第三部作品是黑格尔在1818年离开海德堡，担任柏林大学教授三年之后的1821年出版的《法哲学原理》。最后是黑格尔关于美学、宗教哲学、历史哲学以及哲学史的讲演录，它们是在黑格尔1831年去世之后，由他的学生们编辑出版的作品。而无论是他在1793—1801年的前耶拿时期作品（它们更加关注伦理和宗教问题，以及时政问题），还是他在1801—1806年的耶拿时期的发表作品（它们关注于对其他思想家的批评），都只可能被视为在《精神现象学》及其后的那些作品中得到了完全发展的哲学立场

7

的萌芽。黑格尔在耶拿和班堡的早期职业生涯中还在苦苦拼搏以求名望，而到最后在柏林的岁月里则已功成名就，那里的人们街谈巷议时的第一个问题就是，"黑格尔会怎么看？"（请见Pinkard2000a：612），而《精神现象学》正是黑格尔从无籍籍名走向誉满天下的这段理智历程的第一步。

《精神现象学》之所以被视为黑格尔第一部成熟时期作品的第三个原因是，它在黑格尔思想中被赋予了一个体系性的地位，他的早期作品中基本上是没有这种体系性的。黑格尔非常坚持体系建构的必要性，他宣称，"哲学的真理若离开了它们的相互支撑和有机统一，就是没有价值的，因而必须被视为没有根据的假设或个人的确信"（EL：§14, p.20）。[1]黑格尔哲学体系作为一个整体，包含了逻辑学、自然哲学和精神（Geist）[2]哲学这三个部分，它的第一个出版的版本是1817年的《哲学科学百科全书》，早前出版的《逻辑学》是对该体系第一部分的具体阐述，后来出版的《法哲学原理》则具体阐述了该体系第三部分中题为"客观精神"的这一篇所处

---

[1]   斯特恩在本书中采用的黑格尔《小逻辑》英译本为牛津大学出版社于1975年出版的第三版华莱士（W. Wallace）译本，而剑桥大学出版社已于2010年出版了布林克曼（Klaus Brinkmann）和达尔施托姆（Daniel O. Dahlstrom）的新译本，将之纳入"剑桥黑格尔文集"。华莱士英译本在不少地方采取意译的方法，删改了原句，因而在句法和字词上与德语原本的对应性较差。但鉴于本书作为研究文献的性质，译者还是根据斯特恩的英文引文来翻译黑格尔的文本片段。——译者注

[2]   英语里边没有Geist的同义词，它可以同等地被译为"精神（spirit）"或"心灵（mind）"，因为Geist这个词同时包含了这两个意思。我一般地将使用"精神"这个译名，这也是《精神现象学》米勒英译本的译法，我在本书使用的也是这个译本。

理的一些伦理和政治话题。但是，黑格尔在1801年到了耶拿之后，就已经开始尝试阐述一种严格缜密的哲学体系，因此，尽管该研究计划在这个时期并没有最终完成（他的思想在《哲学全书》的各个版本之间也还有不断的发展），但到开始写作《精神现象学》的时候，黑格尔已经在以一种体系性的方式来思考。因此，尽管《精神现象学》的发表要比《哲学全书》的出现早一些年头，但黑格尔在写作它的时候正致力于它之前的那些思考，因而它也受到了同样的关切和基本思想的塑造。（黑格尔在耶拿时期的讲座材料和未发表笔记中做出了一些早期的尝试，力图提出一种令人满意的哲学体系，今天我们可以在 *Jenaer Systementwürfe*［《耶拿体系草稿》］中看到它们，它们分别是1803—1804年、1804—1805年以及1805—1806年的三个体系，请参见JS I，JS II以及JS III。）

此外，《精神现象学》揭示了黑格尔的体系关切，这不仅因为，他在耶拿的时候已经以这种方式来思考；还因为，他在这个时期也感觉到了，无论他要完成的是什么体系，它都需要某种导论，而《精神现象学》就旨在充任这个角色。黑格尔最初计划的是，在1806年的复活节出版一个篇幅150页左右的体系导论，同时出版该体系第一部分"逻辑学"的单卷本；但这个出版计划永远都没有实现，相反，他迅速地完成了《精神现象学》，它成了一部篇幅大得多的独立作品。他最初给这部作品起的题目是"意识的经验的科学"[1]（它是为早前的计划［篇幅较小的体系导论］设想的题目），但在校样阶段，他把它改成了我们今天熟知的题目。然而，该书第一版的出版商觉得把两个题目都印出来要更加合适，因此，该版的题目就成了"科学体系　第一部分：精神现象学"，而在"序言"和"导论"之间还插了一个副标题，有些印本上的副标题是"意识的经验的科学"，有些印本上的副标题则是"精神现象学的科学"，这也是黑格尔的犹豫不决给出版商造成的混乱。黑格尔除了试图在该书的题目中标示出它在他的体系中的地位之外，在"序言"中也凸显了《精神现象学》作为一部必要的导论作品的角色，如果我们要以黑格尔得到了完全发展的哲学科学所要求的那种方式看待事物，我们就需要了解这部作品：

> 科学从它那个方面要求，自我意识应该把自己提升到这个以太，以能够——以及【现实地】——与科学一起生活，在科学之内生活。反过来，个体也有权要求，科学应该至少给他提供能够抵达这一立场的梯子，科学应该在他自身之内向他显明这一立场……当自然的意识把自己直接托付给科学的时候，它是在被它不知道是什么的力量驱使着尝试，这次

1　这里的"科学"是对德语的"Wissenschaft"这个术语的翻译。在德语里边，"Wissenschaft"（意为有组织的知识体系）和"Naturwissenschaft"（当这个词用于物理学、化学、生物学的时候，意为自然科学）之间存在着区别，而在英语里边这个区别常常被忽视，意识到这一点非常重要。因此，当黑格尔宣称，他的哲学构成了一门科学的时候，他仅仅是在宣称，它是体系性的，而不是在宣称，它与这些对自然世界的经验研究具有更加直接的可比性。

它试着用头来走路；意识被期望运用的那种迫使它采取这个异乎寻常的姿势来在它里边活动的强力，是一种它完全没有为之做好准备的、看起来完全没有必要的力量。不管科学就其自身而言是什么，当它与一个直接的自我意识发生关系时，它就把自己呈现为一种颠倒的姿态；或者说，由于这个自我意识在它自己的确定性中拥有其现实实存的原则，因而，科学对它就显得不是现实的，因为自我意识自己本身实存于科学之外……这部《精神现象学》所描述的就是**科学本身**或**知识**的这一生成过程。

（PS: §§26-27, pp.14-15）

《精神现象学》建构了一个"梯子"，它可以用来把我们带向黑格尔在耶拿时期所致力的那种哲学体系的立场，可以用来把我们带向在后来的《哲学全书》中得到了阐述的那种哲学体系的立场，因此，这部作品有权利被视为对我们恰切地理解黑格尔成熟的体系性作品来说至关重要的一部作品，而他此前发表的作品都不具有这个地位。

然而，尽管所有人都承认，《精神现象学》就其原创性、深度和复杂性及其体系意义来说，都标志着黑格尔哲学生涯中的一个转折点，但黑格尔自己的有些评论使得一些人警告说，我们不应该指望把《精神现象学》毫无保留地置入他的最终哲学图景（有些人继而主张，黑格尔最后的哲学图景引入了一些糟糕的元素，早前的《精神现象学》里边幸好没有它们；另一些人则继而把《精神现象学》贬低为对黑格尔最终立场的一个误导人的指南）。出现这种争议的原因有几个。第一，尽管黑格尔在《精神现象学》以及它的各种标题和副标题里都明确地强调了该书的体系重要性，但他后来在介绍这个体系的时候，似乎对该书的角色做了低调处理（例如，他在评论自己计划中的，然而至死都没有完成的《精神现象学》第二版时说，它不会再被称为科学体系的"第一部分"。请参见SL: 29）。第二，《哲学全书》的第三部分《精神哲学》包含了很长的一个部分[1]，在其中《精神现象学》开头几个部分（"意识"三章、"自我意识"章以及"理性"章的一部分）的内容差不多以同样的形式再次出现了，这或许表明,《精神现象学》现在或许已经失去了它作为一部自足的、独立的作品的地位。第三，令有些评论者感到困惑不解的是，如果黑格尔是打算用《精神现象学》作为《哲学全书》的导论的话，那他本该用《逻辑学》§§26-78节的"绪论"

1　指《精神哲学》第一篇"主观精神"里的"B.精神现象学"，这一篇的另两个部分是"A.人类学""C.心理学"。——译者

来充当这个角色。[1]

　　在这些学术问题（它们很难得到确凿的回答，请参见Forster
1998: 547-55, Stewart 2008）的背后，存在着一个更深的、更有意
义的关切，这就是，《精神现象学》的写作非常仓促，这使它不可
避免地具有了一种考虑不周、未加统一的性质（特别是围绕着书名

10

---

1 《哲学全书》第三版除了序言之外，总的结构如下：

全书导论

　　（§§1-18）

第一部分：逻辑学

　　绪论（§§19-83）

　　第一篇：关于存在的学说（§§84-111）

　　第二篇：关于本质的学说（§§112-159）

　　第三篇：关于概念的学说（§§160-244）

第二部分：自然哲学

　　导论（§§245-252）

　　第一篇：力学（§§253-271）

　　第二篇：物理学（§§272-336）

　　第三篇：有机物理学（§§337-376）

第三部分：精神哲学

　　导论（§§377-386）

　　第一篇：主观精神（§§387-482）

　　第二篇：客观精神（§§483-552）

　　第三篇：绝对精神（§§553-577）

逻辑学"绪论"中的§§26-78讨论了"思想对客观性的三种态度"。在有些评
论者看来，这部分的内容实际上可以充当《哲学全书》体系的导论。不过在译
者看来，这部分的内容更多的是在逻辑学的论域内论说纯粹概念的奠基性地位，
尚不构成整个体系的导论。相比之下，全书导论§§1-18的内容论域则要更加宽
泛。——译者注

页、"序言"和目录的那些令人困惑的地方），该性质使得此书失去了作为对黑格尔立场的稳固陈述的地位。在这方面，《精神现象学》的创作故事乃是一个哲学的传奇。黑格尔被迫非常仓促地完成了这本书，因为他的朋友弗里德里希·伊曼努尔·尼特哈默尔已经做了担保，如果他到1806年10月18日还不能够完成手稿的话，尼特哈默尔就得补偿出版商的损失。而就在黑格尔全力以赴达成这个承诺的时候，拿破仑的军队也包围了耶拿，黑格尔把一部分手稿交给一个邮差，这个人穿越了法国人的战线才赶到班堡的出版商那里。黑格尔虽然在耶拿战争的前夜完成了手稿（除了"序言"），但他没敢寄出最后一部分文稿，因而也就错过了约定的截止日期（尽管耽搁的责任不在于他，而在于那场战争）。考虑到写作这部作品时非同寻常的情形，如下这个问题就很自然地浮现出来：这部作品在多大程度上能够被看作是为我们提供了对黑格尔立场的一个连贯的、规划恰当的说明？黑格尔自己似乎至少承认了，《精神现象学》需要进行修订，因此他已经计划了该书的第二版，就在去世之前，他已经开始着手准备这个工作——在生命的最后阶段，他依然觉得有必要出版《精神现象学》的第二版，这个事实本身或许就暗示了，对他来说，《精神现象学》从来都没有丧失它作为在其体系中扮演了独一无二角色的一部重要作品的地位。黑格尔在1807年1月16日写给尼特哈默尔的一封信里表达了他对这部作品的不满意，这封信是他在通读了清样之后写的："我常常衷心希望自己可以清除船上到处都是的碎石，使这艘船更加迅捷。在很快就将到来的第二版里边——如果上帝保佑的话！——一切都会变得更好。"（HL：119-20）考虑到黑格尔自己显而易见的不安，如下观点（它以不同程度的复杂性和学术上的精微性得到了表述）总是可以得到某种支持:《精神现象学》不能被视为一个统一的、组织恰切的作品，因此，它也不该被视为对黑格尔最终观点的一个可信的陈述。（请参见 Haym 1857: 243 里边的著名评论，"《精神现象学》是一部由历史学带来了困扰和错乱的心理学作品，也是一部由心理学带来了毁灭的历史学作品"。关于对这个话题很有帮助的简要讨论，以及当前学界的更多参考文献，请见 Pippin 1993: 53-56。）

毫无疑问，对于任何一种对《精神现象学》的解读来说，最大的挑战或许就是要显明，如何能够把它理解为一部连贯的、组织良好的作品，如何能够把其中的那些杂七杂八的论题整合进一个令人满意的、统一的哲学构想。我承认，《精神现象学》不是完美无瑕的（正如我们已经看到的，黑格尔自己也承认了这一点），但我还是主张，它在目标和方法上依然具有一种潜在的统一性，一旦我们澄清了它的整体性进路，就可以揭示出这种统一性。我希望，随着我们遍历全书，一旦我们把握了黑格尔如何把《精神现象学》理解为他体系的导论，把握了他期望那个体系作为一个整体所要达成的东西，这种统一性可以变得更加清楚。

黑格尔的体系

"在应该是科学的一切东西之中，理性都必须被唤起，反思都必须被运用。对于理性地看待世界的人来说，世界反过来也会看起来是合乎理性的；两者处于一种交互的关系（a reciprocal relationship）之中。"[1]（ILPWH: 29/RH: 13；译文有改动）黑格尔在讨论历史哲学的课堂上作出的这些评论可以被视为黑格尔哲学整体的一个题记（epigraph），它大体上告诉了我们黑格尔哲学的志向，以及他希望如何达成这个志向。

正如这个评论所表明的，黑格尔的目标是，通过使我们以正确的方式看待世界，来帮助我们看出世界是合乎理性的；因为，黑格尔坚持认为，世界是合乎理性的，人类探究的目标就是"把这种合理性带向意识"，也就是说意识到这种合理性，从而对实在达

---

1 所谓"交互关系"的意思是，看待世界的方式与世界呈现出来的样子存在一种对应性，看待世界的方式⇄世界呈现出来的样子。这样，一方面，看待世界的方式就规定了世界呈现出来的样子；另一方面，也可以从世界呈现出来的样子反过来推导（反思）其所根据的看待世界的方式是什么。——译者注

成一种完全充分的理解。(请参见 PS: §7, pp.4-5，在那里黑格尔把哲学说成是"通过把意识带离混乱，返回一种基于思想【和】概念的简单性的秩序……打开实体紧锁的本质，把这种本质提升到自我意识"。也请参见 PR: Preface, p.12,"自然在自身中是合乎理性的，……在它里边呈现的正是这种现实的理性，知识必须概念地探究和把握这种理性——它不是表面上可见的形态或偶然性，而是自然的永恒和谐，不过，这种永恒和谐被构想为自然里边固有的本质的规律"。)当黑格尔宣称世界在这方面是合乎理性的时候，他表达的意思有很多，但主要的意思是，这样我们才能够在世界之中获得深深的理论上和实践上的满足：对理性来说，在实在本身中没有什么东西是疑难的，是真的不可理解的、矛盾的或无法解释的，在实在之中没有什么东西是与我们的意图和关切内在地不相一致的。由于世界本身是以此方式而合乎理性的，因此，一旦我们能够发现这一点，世界也就以恰当的方式向我们显明了它自身，我们也就达到了绝对知识，绝对知识代表了满足的最高形式；在达到那一点之前，这个理性的洞见尚未被获得，在此范围内，黑格尔把我们的知识称为"有限的"或"有条件的"。

现在，正如黑格尔在这个评论里边也表明的，我们是否获得这一绝对知识的立场，这不仅仅依赖于世界以及它是合乎理性的这一事实；这也依赖于我们，依赖于我们如何看待世界。因此，如果我们不能够正确地观看世界，它对理性就不会显现为令人满足的；也就是说，世界将显现为包含着一系列不可理解的、矛盾的和异己的要素，这就可能会以某种方式把我们带入绝望。不过，黑格尔的计划也不是纯粹保守的或寂静主义式的计划，无论我们在世界之中看到了什么困难，都让我们与世界和解；相反，黑格尔的目标是，通过发现一种新的看待事物的方式来给我们一种解决那些困难的途径，他的目标是向我们显示，当这些困难被克服之后，世界内在固有的样子。（请参见 Hardimon 1994: 24-31）因此，黑格尔相信，哲学可以做出的最大贡献就是，通过为我们提供思考实在的诸多新方式，从而把我们带回这样一种感觉，即世界是一个合乎理性的地方，一个我们在其中可以真切地觉得"在家园之中"的地方，以此来帮助我们克服自己的绝望；因为，正如他在《法哲学原理》中所说的，"当'我'知道了世界的时候，'我'在世界之中就是在家园之中了，当'我'已经把握了它的时候，情况就更是如此了"（PR：§ 4Z, p.36）。（也请参见EL：§ 194Z, p.261，"知识的目的是排除与我们相对立的客观世界的陌生性，正如人们常说的那样，是要使我们在它之中感觉自己就在家园之中；而这仅仅意味着，把客观的世界引回概念——引回我们最内在的自我"。）

　　为了达成这一目标，正如黑格尔所说，"理性必须被唤起，反思必须被运用"；也就是说，哲学必须采取一种反思的立场，辨析和防范一些思想形式，这些思想形式使我们对世界采取一种理智的或实践的构想，该构想阻止了当我们恰切地看待世界时，它就会向我们显现出的合乎理性的样子。因此，哲学必须致力于显明，这些观点如何导致了某种可以被克服的曲解，从而使种种困惑可以得到解决，使我们可以重新以一种理性的方式来回顾世界，由此来纠正那些观点，导致了种种困惑、阻止我们看到世界中的理性的正是这些观点。如果哲学没有履行这个任务，那我们就可能要么会深信，世界本身不是合乎理性的，要么会深信，即便世界是合乎理性的，它也永远不可能向我们显现为那个样子，因而它永远也不可能是像我们这样的造物的"家园"。黑格尔把这两种选项都视为（简直是）绝望的建议。但是，除非哲学已经显明，我们能够达致一种视角，从这个视角看，世界对理性来说是完全令它满足的，否则，在此之前，这两个选项将始终不失为可选的立场。黑格尔论说到，只有到了那个时候，我们才克服了自己与世界的疏离，从而才获得了自由：

> 无知的人不是自由的，因为他遭遇到的是一个异己的世界，某种外在于他、遥不可及的东西，某种他所依赖的东西，他还没有把这个外来的世界变成为他自己的东西，因而他在这个世界里边还没有像在某种他自己的东西里边那样是在家园之中的。好奇的冲动，追求知识的压力，使知识从最低的层次提升到最高层次的哲学洞见，都是从取消这种不自由的状况、使世界在一个人的观念和思想中成为他自己的东西的努力中升起来的。

（LA: I, p.98）

因此，我们已经看到，黑格尔认为，我们有责任创造一种理智的和社会的环境，它可以使我们发现理智上和社会上异己的世界本身所是的样子，它对我们来说应该是一个"家园"。不过，鉴于这种情况，黑格尔认为这些异己的构想是如何产生的？黑格尔主张，这些错误的构想之所以产生，是因为我们倾向于以一种"片面的"或对立的方式来思考。我们相信，一个东西要么是有限的，要么是无限的，要么是一，要么是多，要么是自由的，要么是必然的，要么是凡人的，要么是神圣的，要么是自主的，要么是一个共同体的一员，等等。黑格尔论说到，问题在于，如果我们以这种方式对待事物，那么理性将会发现，它很难理解事物，因为，在那种情况下它将以一种把这些"环节"复杂的相互关系全部抽离的方式看待实在，而事实上，当理性要在世界中发现它本身，就必须把握到，世界里边并不存在真正的二分法。因此，举个例子，假设自由地行动就是以一种不受约束的方式行动或不固着于某种方式地行动，那么，我们就会面临一种显而易见的荒谬性，即只有采取随心所欲的选择才是自主的行动，只有在这种情况下，我们才能被说成是没有任何东西特别地规定了我们的活动。然而，如果我们于是就把自主的行动视为这种行动的话，我们就很难把自由视为特别值得拥有的、特别重要的东西（请参见EL: §§155-59, PS: §§362-69, pp.218-22）。这时，我们很可能会由于如下这个深深的困惑而感到犹豫，即我们再也不知到哪里去寻找理性所渴求的那种满足了。不过，对黑格尔来说，正是在这里，"理性必须被唤起，反思必须被运用"。也就是说，我们必须要问，我们的起点是否就是内在地成问题的？是否正是它——自由包含着不受约束这个假设——造成了我们其后的困难？因为，如果约束性的因素是一种我们可以"内在化"的东西，那么，约束和自由似乎就可以是相容的，它们不应该被对立起来。黑格尔论说道，如果我们想要消除这个困惑的话，那我们最初的二分法因而就必须要被打破，"由此我们可以得知，把自由和必然性视为相互排斥的，这个看法是一个多大的错误"（EL: §158Z, p.220）。黑格尔提出，只有到那个时候，我们才会重新把世界视为合乎理性的。[1]

黑格尔渴望通过克服割裂和二分来找到理智上和社会上的某种和谐感（割裂和二分看起来使得这种和谐感不再可能），在此渴望之中，黑格尔显然是在响应他的许多同代人——既包括他的密友圈里的人（例如谢林与荷尔德林），也包括超出了这个圈子的人——也具有的错位感（the sense of dislocation）。随着启蒙运动动摇了旧的确定性，但又没有用任何实质性的东西来填补它们的位置，这种错位就浮现了出来，人们在许多层面上都感受到了这种错位。因此，理性被视为导致了怀疑主义，科学被视为导致了机械唯物主义，社会改革被视为导致了流血革命，人本主义被视为导致了空洞的非道德主义和粗鄙的享乐主义，而个人主义则被视为导致了社会的破碎。因此，所有各方都觉得，需要找到一条出路，需要以一种不会导致这些不幸后果的方式"重新开始"。不过，正如我们

1 　请参见 Nozick 1981: 8-10:

　　　许多哲学问题都是理解一个东西是怎样的或可能是怎样的问题。我们是如何可能具有自由意志的，假设一切行为都是因果上被决定的？随机性看起来也不合适；所以，自由意志（究竟）是如何可能的？……考虑到芝诺的论说，运动的发生是如何可能的？一个东西在历经变化时如何可能从一个时刻到另一个时刻还是同样的？……这些问题的形式是：考虑到（或者，假设）某些其他的东西，一个东西是如何可能的？某些命题r1, …rn得到了假定或接受，或视为理所当然的，而这些命题和另一个命题p之间存在着张力；它们似乎排除了p成真的情况。让我们称ri为（p的）表面排除器（apparent excluder）。由于命题p也得到了接受，我们就面临这样一个问题：考虑到p的表面排除器，p是如何可能的？……发现p如何可能是真的（考虑到这些表面排除器），也就是发现事情是如何组合在一起的。我认为，这一哲学的理解——在表面上的张力和不相容性之中找到和谐——内在地是有价值的。

将会看到的，对黑格尔来说，至关重要的是，这个新的方向不应该涉及对理性、科学、社会改革等事物的简单拒斥。相反，黑格尔论说了，支撑着这些思想得以发展的方式的那些概念假设需要得到研究，我们需要显明，这些预设如何能够以一种不那么受限的、不那么片面的方式得到推进；他相信，只要做到了这一点，启蒙运动的那些思想就可以帮助我们在世界中找到满足，而不会把我们与世界分割开来，因为，只有在这个时候，我们才可以找到一个途径来调和理性的要求与宗教的要求，调和自由与社会秩序，调和科学自然主义与人的价值，等等。反启蒙运动的非理性主义者和保守主义者们质疑理性的批判能力，浪漫主义者们则转向艺术和审美经验，把它们作为治愈现代性疾病的良方，黑格尔与他们都不一样，他的立场是独特的，他继续赋予哲学如下这个崇高的任务，即恢复我们理智的和精神的好生活的感觉（our sense of intellectual and spiritual well-being），尽管这个哲学是以一种新的、非二元论的方式思考问题。正如黑格尔在1801年的《差异》一著中所说："统一的可能从人的生活中消失了，相互对立的命题失去了它们相互之间生动的联系和交互性（reciprocity），各自获得了独立，正是在这个时候，对哲学的需要兴起了。"（DFS: 91）

黑格尔坚持认为，我们必须学会如何打破那些基本概念（例如自由与必然、一与多等）之间的对立，正是由于这个主张，他的思想被刻画为辩证的思想。黑格尔自己很少使用这个术语，他对自己使用该词所指的意思唯一较深入的讨论出现在《小逻辑》的第六章[1]，题为"逻辑学的进一步规定和划分"。在这个不长的章节里，黑格尔区分了思想发展历程中的三个阶段，他称之为"（a）抽象的或知性的方面；（b）辩证的或否定的理性的方面；（c）思辨的或肯定的理性的方面"（EL：§79, p.113）。思想的第一个阶段——知性的阶段——被刻画为思想的这样一种能力，它把自己的概念视为明显分离的、（用黑格尔的话说）"有限的"东西；因此，它"停留在各个固定的规定性和它们彼此之间的差别上；它把每一个这样有局限的抽象东西都视为具有一种实质，都视为属于它自己的东西"（EL：§80, p.113；译文有改动）。黑格尔承认，我们将总是会发现，在我们寻求把世界规整为各不相同、各自独立的诸多方面的时候，以这种方式来思考事物充满了诱惑力，在一定程度上，这种思考方式可以带来巨大的理智上和实践上的好处。然而，知性的错误在于，它忘记了这些诸多方面是抽象的东西，忘记了这些抽象物的那个更加复杂的相互依赖性背景。思想认识到这个错误，就进入了第二个即辩证的阶段，这个阶段是"这些有限的规定内在的自我扬弃，以及它们向其对立面的转化"（EL：§81, p.115；译文有改动）："它的目的是考察事物本身的存在和运动，从而揭示知性的片面范畴的有限性。"（EL：§81Z, p.117）黑格尔论说到，怀疑主义正是在这里发现了它自然的位置，因为，当知性被迫发现它的概念划分使它无法理解的时候，它就可能会怀疑，我们永远都不能够把握到事情是什么样子（请参见 McGinn 1993, Valberg 1992: 1997–

1　这个章节标号是《小逻辑》英译本的做法，在黑格尔《哲学全书》里边的标号是§§79-82。——译者注

218）。然而，黑格尔坚持认为，辩证阶段的结论绝不只是单纯如此"否定的"；相反，这些结论导致了第三个也就是最后一个理性的阶段，这个阶段"把握了各个对立的规定的统一，把握了包含在它们的分解与过渡中的肯定"（EL: §82, p.119；译文有改动）。因此，当我们被迫以此方式重新思考我们的概念，以至于打破了知性的"抽象的'要么……要么'"（EL: §80Z, p.115）之后，我们将抵达一个新的概念立场，我们从这个立场出发可以发现，这些概念可以被整合起来，由此克服了辩证阶段的怀疑主义困扰。在黑格尔看来，没有这个概念上的过渡，我们就不可能连贯地看待世界；一旦我们辨识和超越了知性的概念二分法之后，我们就将能够以一种令理性满意的方式构想实在。因此，正如黑格尔所说，"理性的战斗是这样一种战斗，它奋力打破知性把一切事物都归约到的那种僵化"，"知性的形而上学是独断论的，因为它坚持的是孤立的、片面的真理"，相比之下，"思辨哲学的理念论则贯彻了总体性原则，它表明了，自己能够超出抽象思想的那些不充分的规定"（EL: §32Z, pp.52-53）。

因此，黑格尔在此的思想可以比作这样一种观点：当面对明显棘手的理智问题时，我们不应该试图"迎头"（head on）解答它们，采取某一种或与之对立的另一种立场，而应该后退，（用黑格尔的话说）"反思地"求助于我们自己，我们问，起初这个问题是怎么浮现出来的？一旦我们发现，那个问题根源于一系列片面的假设，那么，如果我们能够克服那种片面性，则该问题就将迎刃而解，我们也就可以避免陷入在一个并不令人满意的立场和它同样不令人满意的对立立场之间"摇摆不定"。（请参见AW: 2，译文有改动，"通过发现不该如此来提出哲学没能回答的这些问题，它们也就得到了回答"。）不过，黑格尔与更加晚近的一些哲学家还是有所不同，尽管他们与他一样也持有这种"治疗式的"进路（请参见 Wittgenstein 1968, Austin 1962），他不同于后者的地方在于，他采取这一进路，不是为了支持"日常语言"或我们的"前哲学观点"的优先性，以反对哲学的陷阱和妄想，以及哲学对我们关于事物的常识构想的"遗忘"。相反，对黑格尔来说，他的进路是与之相反的，因为，知性的观点构成了我们思想的自然起点，因此我们只有引入进一步的哲学反思，才能够洞穿它所导致的那些问题。黑格尔绝不认为，我们应该"不干涉"我们的常识或那些日常的前哲学的科学、政治、宗教信念，他主张，我们应该哲学地反思它们，如果我们想要做出"给予哲学以安宁的发现"（Wittgenstein 1968: §133）；因为，黑格尔认为，这些信念事实上渗透了诸多的哲学假设，它们本身是不牢固的。因此，尽管在某种意义上黑格尔把哲学的某些核心问题视为伪问题（因为它们是由我们看待世界的方式所导致的，而不是内在于世界本身的，所以，它们应该被"反思地"——而不是通过进一步的研究——消解掉），然而，黑格尔坚持认为，要处理这些问题，我们只有转向哲学，而不是离开哲学，因为，只有哲学——而不是"自然的意识"——才能够采取辩证的思维，而要克服"自然的意识"本身所导致的那些问题，就必须采取这种思维：

> 人在所有方面都陷入了有限，在这个情况下，他寻求更高的、更加实体性的、真理的领域，在这个领域里，有限事

物中的一切对立和矛盾都能够找到它们的最终解决，自由也能够得到它的完全满足。这是绝对真理的领域，而不是有限真理的领域。最高的真理，真理本身，乃是最高的对立与矛盾的解决。在其中，自由与必然、精神与自然、知识与对象、法则与冲动之间对立的有效性和力量都不存在了，一切形式的对立与矛盾都不再是对立与矛盾了。它们**作为**对立与矛盾的有效性和力量消失了。绝对的真理证明，自由本身作为与必然割裂的主观东西绝不是真理性的东西，同样地，把自由归为孤立自存的必然，这也不是真理性的东西。另一方面，日常的意识并不能够摆脱这种对立，日常的意识要么绝望地陷入矛盾，要么把它抛开另想它途。但哲学却深入这种自相矛盾的特征的核心，按照它们的根本性质去认识它们，也就是说，把它们的片面性看成不是绝对的，而是自我消解着的（self-dissolving），它把它们置入和谐与统一之中，和谐与统一就是真理。把握这一真理概念乃是哲学的任务。

（LA: I, pp.99–100）

因此，黑格尔认为，哲学的任务就是把日常的意识带离知性的对立思维，以克服使世界向我们显得不是完全地可理解的那种概念上的紧张【对立】。我们一旦做到了这一点，就会克服理智上和实践上的诸多困难——这些困难乃是由于我们没有理性地看待世界而导致的——至此，世界也会反过来向我们显得是合乎理性的。

现在，很显然，理性通过把我们从诸如自由与必然、一与多、有限与无限等概念之间表面上的对立摆脱出来，能够使我们感觉

19

"在世界之中就是在家园之中"，而对这一点的显明乃是一个庞大的、雄心勃勃的事业，它所致力的乃是消除由这些对立所导致的所有传统的"哲学问题"和困扰。正是这个事业构成了黑格尔《哲学全书》体系的基础，它以《小逻辑》开始。[1] 在《小逻辑》里边，黑格尔着手表明，思想的各种范畴是如何辩证地相互关联的，这样，一旦我们重新思考这些基本的概念，那些导致了我们困扰的概念对立就可以被消解。黑格尔提出，在这一方面，我们如何构想普遍、特殊、个别这三个范畴（他把它们称为"概念"的范畴）[2]，具有极端的重要性，因为，（他认为）只有当这些范畴之间的对立得到了克服，我们概念框架之间的对立才能够得到消解，才可以代之以一个更加统一、更加合理的世界图景。黑格尔注重这些范畴，特别注重普遍和个别之间的关系，因为他认为，它们对我们的思维方式来说是核心性的，因而是无处不在的。（请参见 PR：§ 258, p.276，"抽

1　对《逻辑学》的任何解读与对《精神现象学》的任何解读一样，都是有争议的。我在此的进路广义上属于所谓的对《逻辑学》的"范畴理论"解读思路，不过我的进路的形式比这个思路有时候采取的形式更加形而上学，因为我所说的范畴理论并非单纯先验的东西，仅仅涉及我们的概念框架，它们也是存在本身的范畴。关于对这些问题的一个很有帮助的简单刻画，请见 Wartenberg 1993: 123-24 和 Redding 2010: § 2。

2　"notion"或"concept"是对德语 Begriff 一词的英译。"concept"是更加自然的翻译，但也有人使用"notion"，后者部分地传达了这样一个事实，即黑格尔乃是把这个词用作一个术语。但这两个译法都没有把握到如下事实，即德语里边的这个名词与动词 begreifen 相关，后者本身又相关于 greifen，意为"把握（grasp）"或"包含（encompass）"，因此传达了普遍者、特殊者和个别者在 der Begriff 的总体性统一中相互包含的方式。

象地考虑，合理性一般在于普遍性和个别性的统一和相互渗透"。）在形而上学的层面，我们把理想东西的普遍性与现实东西的个别性对立起来，就导致了柏拉图主义者与唯名论者之间的争执；我们把本质的普遍性与实存的个别性对立起来，就导致了谓词实在论者与谓词唯名论者之间的争执[1]；我们把形式的普遍性与质料的个别性对立起来，就导致了概念实在论者与概念观念论者之间的争执[2]；我们把上帝的普遍性与人的个别性对立起来，就导致了神学家与人本主义者之间的争执。在知识论的层面，我们把思想的普遍性与直观的个别性对立起来，就导致了理性主义者与经验主义者之间的争执。而在道德和政治的层面，我们把作为普遍东西的共同体与作为个别东西的公民区别开来，就导致了共同体主义者与自由主义者之间的争执；我们把普遍的利益与个人的利益区别开来，就导致了利己主义者与利他主义者之间的争执；我们把公共福祉的普遍性与个人能

20

1　亚里士多德在《解释篇》里谈到，普遍的东西可以用来述谓事物。（17a39）例如，"卡里亚斯是人"，这里的"人"是普遍的东西，它在这个句子里作为谓词描述了主词所指的卡里亚斯这个事物。如何理解这种作为谓词的普遍东西？这在哲学史上是一个长期争论的话题。由此形成了两种针锋相对的基本立场，即谓词实在论和谓词唯名论，它们也是中世纪实在论和唯名论争执的一个方面。谓词实在论者主张，谓词是实的，主词和谓词在语言层面的述谓关系反映了两种实在之间的关系：而谓词唯名论者则主张，谓词只是语言性的，只是对主词所指的事物的谓述，因而主词和谓词之间的联系只是语言层面的联系。——译者注

2　概念观念论者主张，概念只是我们头脑中主观的东西，而概念实在论者则主张，概念乃是客观的、实实在在的东西。例如"老虎"这个概念，在概念观念论者看来，它只是我们理解世界时采取的主观分类标签，实际存在的只是一只只被我们贴上"老虎"标签的个别东西；而在概念实在论者看来，它是客观的自然种类概念，是实存的东西。——译者注

动者的特殊性区别开来，就导致了效用主义者和康德主义者之间的争执；我们把法律的普遍性与个人的自由区别开来，就导致了国家捍卫者与无政府主义者之间的争执；我们把法权和自然法的普遍性与地方传统和习俗的特殊性区别开来，就导致了普世主义者与社群主义者之间的争执，前者认为，所有社会都应该以同样的方式来治理，后者则认为，各种不尽相同的文化历史都应当得到尊重。[1]

因此，黑格尔主张，形而上学、知识论以及政治和宗教思想的诸多重要问题都与普遍、特殊、个别这三个范畴得到构想的方式有关，这样，除非这些范畴以一种正确的方式得到整合或"中介"，否则的话，就会导致显然不可克服的哲学困难。因此，当黑格尔谈到"知性"没能克服这些范畴之间的对立时，他可能指向的是我们世界观之中的整个一系列割裂，抽象与具体的割裂，理想与现实的割裂，一与多的割裂，必然与自由的割裂，国家与公民的割裂，道德法则与自我关切的割裂，普遍意志与特殊意志的割裂，理性与传统的割裂，神与人的割裂。黑格尔相信，普遍与个别的割裂存在于所有这些二分法之后；但与此同时，他也相信，我们无须把这些范畴弃之不顾，而是可以把事物视为结合着（combining）个别性与普遍性的，其中一个方面依赖于另一个方面（请参见 EL:

1　黑格尔是如何从他的启蒙教育的"普遍主义"和他在其中长大的符腾堡公国的文化的"特殊主义"之间的冲突出发，最终把普遍性和特殊性之间的张力视为有着核心性的哲学重要性的，对此的一个有益的概述，请见 Pinkard 1997 和 Pinkard 2000a: 198–99, 469–70, 478–79。

21

§ 164, pp.228–29, SL: 605）。[1] 由于黑格尔认为，这些范畴可以以此方式而得到整合，因而黑格尔在他的《逻辑学》里处理了其他一系列范畴（例如是与无，量与质，同一与差异，整体与部分，一与多，本质与现象，实体与属性，自由与必然），以表明这些范畴中依然残留着某种二分法。因此，只有（一旦）我们把握了普遍、特殊与个别这些范畴，对我们来说，真正辩证的思维才（就将）成为可能的东西；从而，也才（也就）能达成哲学反思的目标。

黑格尔在《逻辑学》里确立了思想的诸范畴，他相信，它们能够使我们"理性地看待这个世界"，在《哲学全书》接下来的两个部分中，黑格尔进而表明了，这使得世界反过来向我们显得是合乎理性的，这样，理性就可以在世界之中得到满足。在《自然哲学》里边，黑格尔从这方面考察了自然世界，他力图表明，当我们在我们对自然的理解中发现了概念上的困难（例如，在"超距作用"这个概念里边）时，这些困难可以通过一个更加辩证的进路而

1　请参见 Roberts 1988: 78:

　　黑格尔那里反复出现的主题是个别性和普遍性的对立与**统一**，它是例如否定和连续或者意识及其他者等概念的指南。个别东西是质料性的单独性，是这里和这时（hic et nunc）；普遍东西是概念、规则、规律、规划。对于"实在"来说，无论它是经验的实在、道德的实在还是政治的实在，个别东西和普遍东西这两方**都**必定各有其地位。一个事物不仅是种属的一个例子，也是一个单独的物质。一个人不仅是一个功能，他/她是一个有生命的、有血有肉的个人。一个政治领袖不仅是一个群体的代表，他/她也有着完全独一无二的性格，有着独一无二的恐惧和希望。不过，变化这个实在（the reality of change）超越了这两个方面，它是一个统一体，自由、实践和理性的统一体。

得到解决。正如黑格尔在讨论"热"的时候所说的：

> 这里的任务同整个自然哲学的任务是一样的；它仅仅在于，用思辨概念的思想关系来取代知性的范畴，并根据前者去把握和规定现象。

（EN: II, §305, p.88）

同样地，在《精神哲学》里边，黑格尔在人类学、精神现象学、心理学、伦理学、政治学、艺术、宗教和哲学的诸多层面考察了人类世界。在《精神哲学》里边，他的目标依然是展示，他的辩证方法的价值乃是建基于《逻辑学》的范畴研究。所有这些研究领域都假设了诸多的概念，我们要想避免我们思维中破坏性的片面性，就必须使这些概念成为辩证的，就此而言，黑格尔毫不怀疑那些范畴研究对所有这些研究领域的深远影响：

> 形而上学无非就是普遍的思维规定的范围，它好比是透亮的网，我们把一切事物都放在其中，这样才能对事物达成理解。每个有文化的意识都有自己的形而上学，有自己本能的思维方式。这是存在于我们之内的绝对力量，我们只有把它作为我们认识的对象，才能掌握它。哲学作为哲学，其拥有的范畴一般不同于普通意识所拥有的范畴。一切文化上的不同都可以被归结为范畴的差别。无论是科学中的革命，还是世界历史中的革命，都仅仅是由于以下原因才发生的：精

22

神为了理解和审视属于它自己的东西，为了以一种更真实、更深刻、更紧密、更统一的方式来拥有和把握它自己，改变了自己的范畴。

（EN: I, §246Z, p.202）

《精神现象学》的任务

我们已经以一种宽泛的方式考察了，黑格尔想要他的哲学体系达成什么目标，以及他希望如何达成这个目标：通过使我们辩证地思维，从而消除我们看待世界时的某些"盲点"，世界也会反过来呈现为一种合乎理性的样子，它会向我们展示出它合乎理性的结构。现在，问题来了：《精神现象学》在这个事业中承担了什么任务？这个任务是怎么来的呢？

正如我们已经看到的，黑格尔自己把《精神现象学》刻画为其体系的导论，现在可以更加清楚，为什么需要这样一个导论，它可能是如何推进的。黑格尔认为，为了使他的体系成功地表明，我们如何能够在世界中找到理性的满足，我们必须进入一个概念治疗（conceptual therapy）的过程（《哲学全书》就承担了这个功能）。但是他承认，这里存在着两个初步的困难。第一个困难是，我们可能会觉得，这个治疗是没必要的，这或者是因为，我们并没有看到该治疗所解决的那个问题，或者是因为，我们认为那个问题内在地就是无法解决的。第二个困难是，我们可能只是不知道如何作出这种辩证的修正，黑格尔相信，要追随《逻辑学》的过渡，这种辩证的修正是必需的。

因此，《精神现象学》作为黑格尔体系的导论，就有两个基本的任务，一个是动机性的（motivational），另一个是教育法的（pedagogic）。动机性的任务是要使我们明白，为什么我们需要对我们的范畴采取反思的审视，《逻辑学》则进行了这一审视。黑格尔指出，尽管我们无论什么时候都在使用范畴（例如是、原因与结果、力），但我们却通常没有认识到，我们以此方式所运用的那些范畴对我们如何在世界之中认知和行动有着至关重要的影响，因而我们也没有看到对它们进行批判性的反思这一做法的重要性：

> 每个人都拥有并使用着是这个完全抽象的范畴。太阳是在空中的，这些葡萄是熟的，诸如此类，举不胜举。或者，在教养的更高领域，我们拥有原因与结果、力与其显现等等的关系。我们所有的知识和思想都与这样的形而上学密切相关，被它支配；正是这张网把我们行动和努力中占据着我们的所有具体材料整合在一起。不过，这张网以及它的网结却深深地沉没于我们的日常意识之下，与我们的日常意识还隔着许多层东西。这些东西包含了我们已知的关切以及呈现于

我们心灵之前的对象，但那些普遍的网线却依然不为我们所知，并没有明确地成为我们反思的主题。

（ILHP: 27−28）

黑格尔认为，使我们转向逻辑学，从单纯使用范畴转向为它们提供正当的"就其本身而得到考察的荣光"（SL: 34）的最佳途径就是，通过表明当意识没有辩证地思维时会陷入什么错误，从而向我们生动地表明辩证地思维有多么重要。因此，正如我们将会看到的，《精神现象学》描绘了意识历经对世界（包括对它自己以及对其他意识）的各种思考的发展，在此发展历程中，意识面临各种显而易见的棘手困难，难以使世界成为一个"家园"，直到最后，它认识到，这些困难的根本原因是，它没有能够辩证地思维：到了这里，它就准备好转向《逻辑学》了，在《逻辑学》里，我们绝不只是单纯地表明为什么概念治疗很要紧，我们通过"使思想成为我们纯粹而简单的对象"（EL: §3, p.6），就在从事着那个治疗活动本身。因此，《精神现象学》描绘了意识的三种模式，最初，它无忧无虑地忽视了一切潜在的问题，因而被刻画为一种自信的"确定性"；接着，它面临一个问题，但它在自己可以支配的概念资源下并不能解决这个问题；继而，它屈从于绝望，把这个问题视为不可能得到解决的，就内在于世界之中，由此而把该问题真实化

24

（reify）[1]了。只有穷尽了所有这三种立场，意识才会愿意反思给它带来问题的那些特定假设；只有当所有这些假设都被表明是成问题的时候，意识才会愿意对思想的范畴进行一种影响深远的分析，黑格尔的思辨哲学所提出的就是进行这种分析：

一般说来，熟悉的东西正由于它是熟悉的东西，所以并

1　英语词reify（名词形式reification）最初大致出现于1846年左右，它是根据德语词verdinglichen（名词形式Verdinglichung）而逆生仿造的，由拉丁语词根rēs（其含义也就是该对应德语词里边的ding的含义，事物）加上英语后缀-ify（"……化"的意思，例如purify, beautify, amplify）。这里的意思是，意识由于采取了不恰当的范畴来理解事情，因而面临理解上的困难。实际上这个困难并不是在于事情，而是在于意识所采取的范畴。但意识此时并不明白这个情况，它以为困难是事情真实具有的。译者认为，其实困难的真实化可以有两种情况：第一种情况是，困难始终不在于事情，而在于理解事情时使用的范畴；即便意识以为困难真实地存在于事情之中，这也只是意识的"以为"，只是思想层面的困难。在这种情况下，通过"概念治疗"，困难可以得到消解。这里的情况就类似于我们做数学题的时候，采取了一种错误的思路，从而在解题的过程中碰到了无法解决的困难，或者我们甚至以为题目就是有问题的。但这里的情况其实是，"本来无一物，何处惹尘埃"。然而，还存在第二种困难真实化的情况，当我们采取了不恰当的范畴来理解事情的时候，这些范畴导致的困难就不仅仅是思想层面的，还是实存层面的，它们真实地存在了。例如，张三老觉得李四处处针对他，挖苦他。终于张三有一天爆发了，拿刀砍死了李四。这里，范畴造就了真实的问题，问题真实地发生了。此时，所谓的概念治疗就显得轻佻了。困难真实化的这第二种情况在实践哲学，特别是政治哲学领域里边尤其常见，例如"文化大革命"。译者感觉，本书作者主要地把黑格尔理解成了第一种情况。考虑到本书所研究的《精神现象学》的"意识分析"特质，作者的这个理解不无道理，但我们需要注意，黑格尔在法哲学、历史哲学、艺术、宗教里边讨论的是真实世界的逻辑，困难的真实化的第二种情况在那些地方得到了深刻的展示。——译者注

不是在认知上得到了理解的东西。在理解的时候，我们自欺或者欺人的最通常做法是，把一个东西假设为熟悉的，并由此而接受它；对于赞成者和反对者来说，这样的认识永远都没有任何推进，它也不知道为何会如此。主体与客体、上帝、自然、知性、感性等概念被未加批判地假定为理所当然地是熟悉的东西，被确定为有效的东西，它们被作为稳固的起点或终点。这些东西是固定不动的，而认识活动则在它们之间来来回回，这样，认识活动就只是在它们的表面运动……因此，当下的任务就在于……把确定的思想从它们的固定性中解放出来，从而把现实性赋予普遍性，并把精神生活赋予它。

（PS: §31 and §33, pp.18−20）

因而，黑格尔把他在《精神现象学》里边的进路刻画为"一种针对全部现象意识领域的怀疑主义"，它迫使意识质疑"一切所谓自然的观念、思想、意见……【质疑】这样一些观念，那着手检查真理的意识马上就对它们依然感到满意，受到它们的妨碍，因而它事实上就不能够开展那个它想要进行的活动"，以此"使得精神首次有能力检查什么是真理"（PS: §78, p.50）。

不过，日常意识可能会抵制思辨哲学的这个"任务"，这不仅因为，它发现没必要这么做（动机的问题）；还因为（正如黑格尔认识到的），它发现这个任务太过违反直觉、在理智上过于苛刻，随着它的概念确定性被颠覆，它被要求"以头行走"（教育法的问题）：

拒绝使用其熟悉的那些观念的心灵感觉，那个它曾经稳固地站立于其上、如同家园的基础被抽离了，当它被带入纯粹思想的领域时，它不知道自己处于世界的什么地方。

（EL: §3, p.7）

因此，黑格尔在此也赋予了《精神现象学》一个任务，即帮助意识逐渐地质疑那些概念上的确定性，从而走向一种立场，在此立场中，它可以发现抛弃这些观点意味着什么。因此，随着《精神现象学》的推进，意识的确把它"熟悉的那些观念"弃之不顾了，这样到了最后，它就为《逻辑学》里所实现的对那些观念的明确检查做好了准备。这是《精神现象学》的教育法功能：它帮助日常意识勇敢地面对如下事实：它再也不能够把那些表面上显而易见的知性区分视为理所当然的了，从而就使思辨哲学对它来说成为可能。

因此，《精神现象学》的讲述就存在两个视角，就此而言，它的风格非常独特：第一个视角是日常意识的视角，它经历了如下变化，从自信的"确定性"到绝望，而随着它修正了自己的立场，以一种不同的方式看待事物，它重新获得了确定性。第二个视角是，作为对这一意识的观察者的黑格尔（以及我们）的视角，黑格尔已经把握了思辨的立场，因此他能够以意识本身不能够具有的方式看出，意识犯了什么错误，以及它为什么会犯错。因此，黑格尔常常从对意识经验本身的单纯描述"退出来"，对实际上正在发生的事情做出评论，或者预料一下，意识最终会如何解决某个特殊的问题，而在描述中的那个时候，这些东西对意识本身来说并非显然的。因此，对于意识本身来说，《精神现象学》乃是一条否定之路（a *via negativa*），因为它用以回应一个失败立场的东西是另一个同样片面的立场，从而后者同样注定了会崩溃。不过，与此同时，我们（作为现象学的观察者）从对意识所犯错误的观察中也学到了很多东西，而当（到了《精神现象学》的最后）意识愿意采用我们的立场时，它自己也会学到这些教训。

因此，鉴于对《精神现象学》的上述构想，我们就可以理解，为什么《精神现象学》构成了《哲学全书》及其他有关作品里所陈述的哲学体系的导论，我们也可以理解，为什么《精神现象学》里边的材料在那个体系的《精神哲学》部分得到了重述：因为，在《精神现象学》里边，我们只是经历了由我们对范畴的非辩证使用所导致的一系列困难，而在那个体系中遵从《逻辑学》的《精神哲学》里边，我们则能够根据《逻辑学》的范畴讨论而更加明确地理解那些困难，从而能够以一种在《精神现象学》本身之中尚不可能的方式完全地诊断它们。

我以一种自然的方式把《精神现象学》与黑格尔体系的其他部分联系起来，特别是把它与《逻辑学》联系起来，我希望，随着我们的推进，对辩证法的强调的另一个好处可以变得清楚起来，这个好处就是，该做法将会允许我们把《精神现象学》本身作为一个统一的作品，而又无须为此歪曲文本。有个难题是，《精神现象学》同时在个人层面和社会层面（特别是在第六章"精神"中，例如，该章讨论了希腊世界和启蒙运动）讨论了意识，一些评论者把这视为成问题的（关于这个话题的参考文献和进一步讨论，请见 Pippin 1993: 55–56）。然而，在我看来，这里并不存在什么特别困扰人的东西。因为，正如黑格尔自己所强调的（请参见 EN: I, § 246Z, p.202），正如我们可以看到的，个人在思考世界的时候使用了诸多范畴，个人参与其中的那些文化和世界观，就它们也可以被刻画为包含了特定的范畴假设而言，也使用了诸多范畴（例如，黑格尔就说过，希腊人缺乏"人格"这个现代概念）。因此，从我的解读的角度看，《精神现象学》的讨论同时在个人和文化—历史两个层面展开，这基本上没什么令人惊讶的。在我看来，这解释了，为什么黑格尔在第六章觉得，他可以作出从"单纯意识的诸形态"到"世界的诸形态"的那个臭名昭著的推进（PS: §441, p.265）。许多评论者面临的另一个难题是，他们是通过把《精神现象学》视为聚焦于一个问题或论题来寻求该书的统一性的。例如，黑格尔在此提供了一种知识理论，旨在克服我们熟悉的怀疑主义、相对主义和主观主义等问题；然而这样一来，他们就不得不努力把该著中那些更加明显是伦理的或社会的部分整合进这个解读（请参见Pippin 1989: 154-63，在那本书中，他试图对主/奴这个部分做出一种知识论的解释，在我看来，把这个部分视为在讨论社会哲学的问题，这么解读要更加自然；还请参见Rockmore 1997，这本书在一开始就把知识论问题作为根本的问题，然而接下来，它却没能把这些问题落实到《精神现象学》的大多数文本之中）。不过，再一次地，我的研究进路不会出现这个问题。因为，根据我的研究进路，把《精神现象学》统一起来的乃是其诊断方法的一致性，这个方法被运用于若干不同的问题领域。一旦我们承认这一点，我们就无须寻找某一个关键性的论题，或是把《精神现象学》作为对哲学某一个领域的贡献（例如，对知识论，或者伦理学，或者宗教哲学等的贡献）。毋宁说，该著的统一性来自它的如下努力，它努力表明，一系列关切都普遍存在一个相似的困难，这些关切都显示了存在于我们思维中的同一种曲解（请参见Nagel 1986，他把调和主观立场与客观立场这个问题视为位于伦理学、政治哲学、知识论和形而上学中诸多根本论题之下的基础性问题）。因此，对于海姆提出的问题，即一部作品如何能够把对感性直觉的讨论、对"狄德罗的音乐家的疯狂的讨论[1]……【以及】对马拉和罗伯斯庇尔的狂热的讨论"囊括在一起，我们可以（或许平静无奇地）回答说，它们在不同的层面上、在不同的程度上都揭示了辩证的局限。

最后，我希望我的研究进路可以清楚地解释如下这个臭名昭著的难题，即如何解释黑格尔《精神现象学》里边从一种意识形式向下一种意识形式的过渡问题。某些解读要求这些过渡是极端严格的。例如，把《精神现象学》作为一种先验论证的那些解读就致力于如下观点，即每一种意识形式都是作为此前意识形式之可能性的必要条件而被引入的。（请参见Taylor 1972, Norman 1981: 121, Neuhouser 1986, Pippin 1989, Stewart 2000。我自己曾经追随泰勒论说了，黑格尔对"知觉"的处理包含着关于知觉经验的内容的某些有趣的先验主张。[请参见Stern 2000: 164-75; Stern forthcoming]不过，我现在怀疑，这个解释步骤能否适用于《精神现象学》整体。）另一些解读则把黑格尔视为在力图表明所有其他可能的世界观都包含着某种不连贯性，从而把他自己的立场确立为唯一连贯的，然而，这种解读需要黑格尔穷尽所有这些世界观，这样，每一个过渡都必须包含着从一种视角到下一种视角的最小可能改变。

1　黑格尔在《精神现象学》"精神"章"分裂的语言"这一小节援引并讨论了狄德罗《拉摩的侄儿》里边描述一位音乐家的话。——译者注

（请参见 Forster 1998: 186，"从一种意识形态 A 到另一种意识形态 B 的过渡的'必然性'正在于如下这个复杂的事实：A 形态被证明是隐含地自相矛盾的，而 B 形态则以某种方式保留了 A 形态的基本构想或概念，其保留方式对这些构想或概念有所修改，从而消除了那种自相矛盾，但与其他任何已知的意识形态对 A 形态基本构想或概念的含义的修改比起来，它的修改是最小的"。）这类解读的优势是，它们认真地对待了黑格尔在一些纲领性的评论里所说的事情，例如，"目标"以及从一种意识形式到随后的意识形式的"连续进程"一样，都是"必然地确定的"（PS: §80, p.51）。不过，这类解读的困难是，它们很难表明，在《精神现象学》的发展中可以找到它们所要求的那种严格性（例如，福斯特评论说，为了使文本适合于他提出的方法，可能需要"重构"文本，此时，他就含蓄地承认了这一点。请参见 Forster 1998: 187。也请参见 K. R. Westphal 1998b: 94-95）。面对这个困难，其他评论者走向了相反的极端，他们否定了在意识诸形态的发展次序中真的有什么基础性的方法。（请参见 Kaufmann 1965: 171，《精神现象学》肯定是非科学的 [*unwisenschaftlich*]：它杂乱无章，随意散漫，充满了各种离题，它不是理智良心之严格、谨慎和精确的丰碑，而是一部可以和一些伟大文学作品比肩的狂野的、大胆的、前所未有的著作"。）这种解读的优点是，它们没有试图论说，黑格尔是在坚持一个他并没有能达到的方法论理想；不过，另一方面，它们也使得黑格尔自己所要求的他的作品的体系性特质变得毫无意义，它们忽视了可以在其中找到的结构类型。

29

现在，根据我的研究进路，我们可以严肃地对待过渡问题，而又不对它们做出比实际文本所允许的现实解释更严格的解释。根据这个研究进路，意识的根本局限迫使意识面对某些困难，并以一种特别的方式处理这些困难，就此而言，"非实在的意识的那些形式"实际上存在一种"必然的进展和关联"（PS：§79, p.50）。因此，意识将发现自己卷入了一种特别的运动：它从一种立场出发，进而发现该立场导致了从那个立场出发无法解决的问题。意识因而陷入了绝望，因为它现在在世界之中找不到任何满足，以至于陷入迷惑和挫折。然而，黑格尔主张，那个意识不可能始终停留于这种不满足感，因为"思想烦恼于它的无思想性，它自己的不安搅扰着它的惰性"（PS：§80, p.51）；因此，它为了重获"在世界之中即在家园之中"的感觉，必定会推进到一种新的立场。因此，它将会质疑它起初采取的那种立场的某些假设，由此而采取一种新的视角。不过，它作为一种纯然"非实在的"（自然的、日常的、非思辨的）意识，是以一种片面的或非辩证的方式来做这个事情的，这样一来，它达致的就只是另一种（由于这种片面性而）同样不可行的立场；因此，它再次陷入绝望，于是它又开始以一种不完全的方式质疑这个新的立场的诸多假设，如此等等。因此，例如，意识在发现感性确定性是不充分的之后，推进到了知觉，后者不再认为对象仅仅是个别的东西，而是认为，它们是一束束的普遍属性；然而，它很难把握到对象作为一个个别东西的统一性，因此它把这些普遍的东西视为在一个基质中的实例化（instantiated in a substratum）；然而，它很难理解，基质与诸属性是如何关联的，因此它继续推进，把对象构想为相互关联的诸力的一个整体性结构的显现；然而，这导致了一种成问题的可感现象世界与超越了理论理解的超感官东西

30

的二元论；因此，意识拒斥了这个超越的东西，转而认为它可以通过行动来把握世界；如此等等。或者，举几个来自《精神现象学》中后来的例子：黑格尔论说了，希腊伦理生活的问题使意识质疑希腊人的视角，使它引入个体性和自由等新的概念，但这些概念本身又是片面地得到发展的，其发展方式导致了新的困难，"理性"章和"精神"章里边以各种方式凸显了这些困难。同样地，他论说了，现代意识已经不满足于一种独断的宗教信仰，它以一种有局限的方式超越了这种信仰，从而其引入的启蒙运动立场只是一种物质主义的、效用主义的立场。因此，在所有这些过渡里边，黑格尔都希望我们（作为现象学的观察者）看到，鉴于其辩证的局限，意识的推进是必然发生的；同样地，我们可以看到，这些局限意味着，一种立场在推进到另一个立场的时候，并不能真正摆脱前一个立场的问题，因为，它是以一种纯然片面的方式推进的。只有到了《精神现象学》的最后，当我们一直观察的"自然的"意识最终感到了对它自己的这种不满足，它才会愿意反思使它陷入这种僵局的那些范畴假设，从而最终理解了哲学的自我检查的必要性，要达致"绝对认识"，就需要这种哲学的自我检查。因此，在《精神现象学》的最后，意识可以发现，世界本身绝不是不合理性的或异己的，"看起来是在它之外发生的事情，看起来是一种与它作对的活动，实际上世界乃是它自己的所作所为"（PS: 21）；在那个时候，它就准备好了来检查范畴，我们在《逻辑学》里看到了这个工作，而《精神现象学》的预备性任务也就结束了。

文本概览

在我们具体考察黑格尔的整部作品之前，对文本及其基本结构做一个简要的概览，这或许是件有益的事情。

31   《精神现象学》的开头是一个"序言"以及其后的一个"导论"。"序言"对黑格尔的观点做了一些经典而深奥的概括，对他的方法论承诺作出了一些说明，向他的对手提出了一些辛辣的挑战，但它对读者来说算不上是一个指南，它更像是对读者勇气的一个测试。"导论"的推进则更加直接。在此，黑格尔考察了一个他非常关心的话题，他在别的地方把它概括为如下问题：如果他要进行的是一种体系性的研究，那么"科学必须从什么开始?"（SL: 67）他拒斥了从对我们认识能力的评估开始这个呼吁，因为他认为，这将不可避免地陷入对这些能力的无端怀疑。相反，他提议对意识关于世界（包括它自己）所提出的种种主张进行考察，看看它们有多稳固，抑或它们事实上会不会以一种辩证的方式陷入相反的观点。通过这个从头到尾的研究，我们将会越来越接近一个更加稳固的、不受制于这些压力的观点，从而达致一种形式的知识，我们有权将之作为绝对的知识。

　　这个过程要运作起来，我们就需要从我们可采用的最简单的观点开始，否则的话，我们就可能忽视意识的或世界观的某种可能的形式，该形式会反过来挑战我们最终的立场。黑格尔在讨论意识的第一章开头一节把这个简单的观点刻画为"感性确定性"，在这一章里边，他聚焦于意识对我们周围的事物——而不是对作为主体的我们自己——作出的种种解释。感性确定性是基本的，因为它活动的时候把对象简单地描述为仅仅是个别的事物，因此，它的知识只包含直接的经验，而没有使用任何概念。然而，黑格尔论说了，这样一来，感性确定性在事实上对对象唯一能够具有的观点就是，把它作为抽象的普遍东西，结果，感性确定性的立场就颠覆了自己，它被迫采取一种更加复杂的立场，在此立场中，普遍的东西现在被用作属性来刻画个别的东西。于是，这就导致了一种黑格尔称之为"知觉"的立场。然而，在把握个别的东西与它们的属性之间的关系时出现了诸多问题，这就导致了意识在对这些对象的实体/属性观点（把对象视为支撑着许多属性的基质"一"）与集束观点（bundle views）（把对象视为一个"也"，或者这样一些属性的集合）之间来回摇摆。于是，意识就达致了普遍的力和规律的思想，从而朝着科学的世界图景迈出了重要的一步；不过，在这个阶段，这个图景出现了一个裂隙，作为我们经验到的、包含着个别事物的世界与不同层面的个别事物在其中被溶解为诸力之流变的科学模型之间的裂隙。

　　意识在理解那把它包含于其中的世界时面临这些困惑，现在，它转而考虑它自己，于是从意识推进到了自我意识。在此，黑格尔

32

再次以一种简单的立场开始，这种立场把自我作为有着独特重要性的个体，因此，它把它的自由视为在于这种个体性的无限运用。与此同时，它又被迫承认，世界里边还包含着其他的主体，而不只是对象，因为，它只有在这样的主体中才能找到一个途径来以某种方式运用它的权威，这种方式所包含的不只是无尽的破坏过程——因为，其他的主体在这个过程中可以屈从它的意志而又不必被彻底地否定。于是，这就导致了主体之间的生死斗争，当一个主体屈从于另一个主体时，这一斗争就在奴隶与主人的关系中达成了暂时的解决。然而，黑格尔论说到，主人的立场事实上并不令人满意，因为主人现在是在一个他看来毫无价值的主体身上运用他的权威，他的权威是空洞的、没有意义的。与此同时，黑格尔论提出，通过为了主人而在劳动中与世界打交道，通过克服外部实在的他者性而又不毁灭它，奴隶由此就设法感受到了，它如何能够以一种不同的方式与外部实在相关联；它发现，它所劳作的那些对象可以最终体现出它的计划，可以被制作成它的思想的载体。

然后，黑格尔推进到了一种理性主义，他把它等同于斯多葛主义（他将许多立场与历史上的观点联系起来，这是第一个，尽管他作出联系的方式常常是松散的、暗指的，因而是令人难以琢磨的）。这既可以被（消极地）视为主人和奴隶双方在失败之后回退到自己的自由的理智这个内在的避难所，以找寻一种更加有实效的自由，也可以被（积极地）视为奴隶的以下认识的结果，它认识到，它在理解世界的时候能够超越它的个别性，找到一种更加持久的满足。这个张力接着就导致了怀疑主义，因为，向内回退切断了意识与它正试图理解的那个世界的联系，由此它继而努力地忍受单纯的"现象"。在"自我意识"章的最后一节，这转变为一种分裂，一方面是我们这些有限的、个别的人，另一方面是一种更高形式的普遍性，它被视为不变的神圣存在者，与我们生活于其中的世界的偶然性和特殊性毫无联系，我们只能通过努力克服我们个人的肉体本性，并通过祭司们的中介，来毫无希望地克服这个分裂。

这个张力消融于另一种理性主义的复兴之中，它不再在超越的东西里边寻求满足，而是通过理性的力量重新在它周围的世界之中寻求满足。因此，这就构成了下一章的主题。这一章的开头是对理念论的批判，理念论试图把事物视为心灵的产物，在这里，由于心灵包含着普遍的概念，因此，个别性就被说成是来自与此同时处于心灵之外的，因而不可知的"自在之物"（在康德那里）或"外在的刺激（external impetus）"（在费希特那里）。因此，意识转向一种更加现实的理性主义形式，它竭力发现自然中的合理性结构，个人也被视为属于这个结构的一部分。不过，黑格尔提出，意识在此很难找到任何这样的合理性秩序，自然世界的事物很难被归于各个种类，而我们自己的思想和活动也并不明显地遵从普遍的法则。由此，意识就被理论的合理性弄得灰心丧气，它转向一种更加实践的立场，首先，它把个别性置于优先于普遍性的地位，竭力寻找愉悦，遵从它自己的确信，追求它自己的德行。然而，这些立场都失败了，于是意识就转向了一种更加理性主义的、更加普遍主义的立场。首先，它努力遵从显然自明的道德规则，然后，（当这些规则被证明很难应用的时候）它运用康德伦理学的可普遍化检验，以确定它该如何行动。不过，黑格尔论说到，这样的形式化检验的结果是空洞的，因而，它们并不能够在一个伦理共同体的具体实践之外 34

为我们提供任何充分的道德指引；因此，他在讨论"精神"的下一章引入了这样的共同体。

黑格尔在离开康德式图景的这最后一章的开头讨论了古希腊的伦理共同体，在该共同体中，个人以一种直接的、毫不质疑的方式认同由他们社会的规范构成的普遍法则和习俗。他论说了，在这个社会里，普遍性和个别性这两方面相互补充，例如，城邦和家庭、人法和神法的关系都很和谐。不过，黑格尔使用《安提戈涅》的故事作为象征而表明了，这种和谐是如何破碎的，这就使我们回到了现代性的、更加二元论的观点。个人现在把它自己视为与自然对立的，因而是自我创造的；它不再认为，在它自己的个人利益和社会的普遍利益之间存在任何和谐；它反对宗教，其反对方式在审美的启蒙运动中达到了顶峰。根本上来说，个人在寻求的是自由，但这种自由处于一种不充分的形式，我们可以在法国大革命陷入的恐怖时期的无政府状态中发现这种形式，在这个时期里边，个人竭力体现普遍的或大众的意志，但他们看起来却不可避免地把它归约到了他们自己的特殊目的之上，结果，他们就不得不在持续革命的骚乱中被清算了。黑格尔论说了，同样地，现代伦理学的基础也存在一个类似的二元论图景，康德就是这种二元论图景的典型提出者，他割裂了理性的自我与欲望的自我，然后又企图通过灵魂不朽和上帝等实践的悬设——它们至少奠立了某种希望，即这种割裂或许可以在来世得到克服——来沟通这个割裂，但其沟通并没有成功。意识在转向不那么自我异化的良心立场后，依然不能够避免道德相对主义，于是，它就变成了一种空洞的寂静主义，由此任何行动似乎都是不值得做的，个别的东西沦为抽象的东西。

最后，黑格尔转而考虑"宗教"，我们已经看到，他在辩证法里边早先的许多地方都已经考虑了它。黑格尔的目标是，为一种可以避免他此前考察过的那些异常（pathologies）（例如，在不幸的意识里边，或者在安提戈涅的宗教生活里边）的宗教观奠定基础，这种宗教最终可以与哲学相容。因此，他努力表明，宗教思想如何从早先的自然宗教形式发展到希腊人对诸神越来越个别化、拟人化的构想，又如何发展到基督教，在基督教里边，上帝成为人，普遍的东西因而就在个别的东西里边被特殊化了，这种特殊化的方式只有哲学才能够完全地理解。说完这个，黑格尔就迈向了简短的、讨论"绝对认识"的结尾一章，它的绝大部分内容都是概括此前章节已经说过的东西，它也把我们指向了《逻辑学》，在该著中，作为《精神现象学》基础的那些辩证的范畴关系得到了完全的探究。

35

我以这种简略的形式进行陈述，我们或许可以很容易地看出，为什么评论者和批评者们对这部作品的结构感到困惑不已。不过，正如我希望下面这个表格可以带来的，一旦我们在读这本书的时候时时记着普遍性和个别性的辩证法，我们就可以发现，这个辩证法在多大程度上塑造了黑格尔提供的那些分析，后文我将更加详细地阐述它们。

意识	感性确定性	它把对象作为仅仅个别的东西，追求不包含概念的知识——但它最终陷入空洞的普遍性
	知觉	因此它把对象作为仅仅个别的东西加上普遍的属性（"一"），或者把它们作为一束束普遍的属性（"也"）——但它不能够把对象的个别性与属性的普遍性结合起来
	力和知性	因此它把对象作为基础性的普遍东西（诸如力和规律）的个别显现——但它的结局是对实在的一种双重构想
自我意识	欲望	它把自己构想为仅仅是个别的"我"或主体
	生死斗争	但这样一来，它就无法承认自己与其他主体共享了普遍性，这就导致了冲突
	主奴辩证法	一个主体赢得了冲突（主人），因为另一个主体让步了（奴隶）。不过，主人依然是欲望的个别性，而奴隶则在劳作中获得了从这种个别性抽离出来的能力
	斯多葛主义	主/奴关系无法令人满足的性质使得主体从个别性后退，转而在世界的合理秩序中寻找普遍性
	怀疑主义	但这个在其下作为基础的合理秩序是不能够得到的，只有现象的个别性
	不幸的意识	这就导致了永恒的、普遍的理性（上帝）与有限的、个别的造物（人）之间的割裂

36

理性	理念论	不幸的意识的二元主义被以下立场取代，即普遍的形式被视为来源于主体，而不是来自一个超验的他者；但个别性依然来自外部，个别性基于特殊经验的不可知的基础，这就导致了对我们认知的一种限制
	观察的理性	因此转向更加现实的立场，力图在自然中、在思想中、在支配着我们活动的东西中寻找普遍的形式；然而，这个合理的秩序是令人难以琢磨的
	主动的理性	因此不再在自然中寻求普遍的形式，转而遵从个别性，力图在一种个人主义的基础上生活：寻求愉悦，遵从个人内心的法则，以及个人的德行
	实践理性	但个人认识到，需要让更加普遍的法则和原则来支配它的活动，这就走向了康德伦理学。但这种普遍性被证明是空洞的
精神	伦理秩序	从现代人返回古希腊人，赋予道德生活更多的内容，古希腊人起初似乎平衡了普遍性和个别性；但随后《安提戈涅》揭示了他们的立场内在的不稳固性，在《安提戈涅》里边，双方发生了冲突
	文化	返回现代人，考察个人如何关联于普遍社会秩序，其顶点就是把恐怖时期分析为个人如下企图的结果，即个人本身企图代表人民的普遍意志
	道德	考察康德的道德诸悬设，它们试图沟通道德的普遍性与个人的经验性本性之间的鸿沟。于是，个人转向他自己的良心，把它作为道德向导，并从良心进展到个人的宽容，这就把我们带向了宗教

37

宗教	自然宗教	开头是作为普遍的自然力的神圣者这个概念，但神圣的东西逐渐变成具体的和个别的东西
	艺术宗教	诸神被视为越来越人化、个别化
	启示宗教	上帝体现在了个别的人（耶稣）之中，但也是普遍的精神（圣灵）
绝对认识		意识准备好了走向《逻辑学》：它已经经历了诸范畴的这个辩证法，现在可以转而对它们详加审查了

当然，对这个概括应该要作出许多复杂的说明和细微的区分（在上述表格里，我加了一些在黑格尔文本本身当中并没有出现的标题，也修改了一些章节的标题）。不过，介绍完了这个概述，我们现在就可以转到《精神现象学》的文本，来讨论"序言"和"导论"了。

"序言"和"导论"

　　黑格尔认为，日常的意识只有在遍历了《精神现象学》的磨砺性经验之后，才会愿意以及能够直面辩证思维的煎熬（"承担起……概念的艰苦努力"［PS：§58, p.35］），考虑到这一点，黑格尔的如下主张就毫不令人惊讶了，他认为，在我们具有了那种经验之前，告诉我们这样的思维包含着什么的任何努力都会徒劳无功：我们将不可避免地误解所要求的东西，我们将不能够把握我们被要求把握的东西。因此，《精神现象学》的"序言"和"导论"变得声名狼藉，它没能帮到它的读者，没有提前告诉他们关于最后结论的任何东西，因为，那些结论只有在该书的结尾——而不是在开头——才能够得到恰切的把握："真实的事情并不穷尽于把它宣称为目的，而是穷尽于它的展开，现实的整体也不是结果，而是结论连同其形成过程。"（PS：§3, p.2）因此，正如许多评论者所抱怨的，黑格尔似乎一开始就故意使得《精神现象学》的这些开场白很难被理解，除非读者已经看完了整本书，因此，这些开场白更适合于最后来读，而不是一上来就读；"序言"似乎特别适合这么处理，因此它的作用更像是全书的结尾（甚至是黑格尔整个体系的结尾），而不像是一个绪论。（正如黑格尔相当傲慢地评论的，"为了对事情获得一个大致的观念，哲学里边通常的捷径是阅读序言和书评"［AW: 4］。他似乎决心不给我们这个捷径。）

"序言"

然而，尽管"序言"对《精神现象学》的内容着墨不多，肯定也谈不上显而易见和完全明晰，但它依然与黑格尔的主题高度相关，这个主题就是，我们在构想世界的时候一定要让理性满足，进一步来说，哲学作为一门思辨科学可以帮助理性得到那种满足："只有真理的科学体系才是真理实存于其中的那种真实的形态。帮助哲学更接近于科学的形式，使哲学更接近于这样一个目标，当达到了这个目标的时候，哲学就可以放下'对认识的爱'这个头衔而成为现实的认识——这正是我自己想要做的事情。"（PS: §5, p.3）因此，"序言"的大部分篇幅都是在质疑他的一些同代人，（黑格尔相信）他们没有达成他想要做的事情，这或者是因为，他们认为这种满足只能通过放弃理性、拥抱信仰才能够达到，或者是因为，他们弄错了能够在其中找到真正理智满足的那种世界观的类型。[1]

他对上述第一类人发起了严厉的攻击，这些人争辩说，如果

---

1 黑格尔自己在1807年给各种期刊写的《精神现象学》宣传通告里边突出了"序言"的论战作用（请见 Forster 1998: 613）。

　　在"序言"里边，作者解释了他的一些观点，它们与在他看来是哲学在其当前立场中所需要的东西有关，也与当前损害着哲学尊严的那些哲学方案的妄自尊大和无意义有关，并且一般地也与哲学及哲学研究中根本性的东西有关。

意识要感觉到在世界之中就是在家园之中，那么它就必须寻求对神
圣者的直接意识，彻底地放弃思想；这些批评哲学的人（例如雅可
比［1743—1819］）抱怨，哲学通过过度的理性主义而瓦解了以前
的确定性，哲学现在必须为此作出补偿，它应该致力于提供"启示
（edification）而非洞见（insight）"（PS: §7, p.5）。黑格尔蔑视那种
在他看来仅仅是反哲学的神秘主义：

> "美""神圣""永恒""宗教"与"爱"都是诱饵，之所
> 以需要它们，乃是为了唤起吞饵的欲望；保持并继续拓展实
> 体的财富的，据说不是概念而是迷狂，不是事情自身冷静推
> 进的必然性，而是豪情的发酵膨胀。……这样的心灵沉湎于
> 【对神圣】实体的这种无法控制的发酵，他们以为自己只要蒙
> 蔽了自我意识并放弃了知性，他们就成了上帝的宠儿，上帝
> 就会在他们的睡梦中给予他们智慧；因此，他们在自己的睡
> 眠中事实上接受和产生出来的，无非是一些迷梦。
>
> （PS: §7 and §10, pp.5–6）

黑格尔宣称，幸好这样非理性主义的时期已经过去了，"我们
的时期是向着一个新时代的诞生和过渡的时期"（PS: §11, p.6）。
不过，他也提出，当这个新时代初次登场的时候，由于某种理智
上的不成熟，对理性的重新致力还有缺陷，因为这种新的思维方
式"正如一个新生的婴儿，还不具备完全的现实性；这一点从本
质上说是不能不考虑的。首先出场的只是它的直接性或者它的
概念……科学，精神世界的王冠，在其开端处还没有完成"（PS:

§ 12, p.7）。黑格尔说，这种不成熟性的结果将是如下声称，即理性的洞见据说是"少数个别人占有的一种秘传"，然而事实上（正如《精神现象学》想要表明的）"科学的可理解的形式是一条向一切人敞开的、一切人都可以同样地获得的道路"（PS：§ 13, p.7）。此外，在其发展的早期阶段，这个科学计划所采取的形态使它很容易成为批评者们攻击的靶子，因为它寻求用一种"单调的形式主义（monochromatic formalism）"来满足理性，哲学在此形式主义之中试图以少数简单的框架来确定各式各样令人困惑的现象，因而最终它宣称"一切是一"。黑格尔提出，我们不满足于这个结果，这是正当的，哲学要想成功，就必须为我们提供一种比这更加深入的理性洞见形式：

> 用"在绝对中一切同一"这一单个的洞见来对抗整个的组织缜密的知识（该知识至少寻求和要求如此这般地实现），乃是把它的绝对说成黑夜，就像人们通常所说的一切牛在其中都是黑的那个黑夜一样——这是被幼稚地归约为空泛的知识。
>
> （PS：§ 16, p.9）

不过，尽管黑格尔承认，当时有些批评者在攻击那个阶段的哲学科学时还是有点道理的，但他依然坚持认为，这是因为，哲学科学在那个阶段还没有得到恰切的发展，而进一步的哲学发展将表明，这样的攻击言之过早了：

在其早期阶段，科学在细节上尚未完备，在形式上也不完善，它很容易受到批评。但要说这样的批评打击到了科学的核心，就如同拒绝尊重它的【科学的】进一步发展的要求那样，都是很不公平的。

（PS: §14, p.8）

"序言"的这一节以及后文讨论同一个话题的章节（PS: §§50-51, pp.29-31）都明显旨在提醒读者以下事实，即黑格尔的立场不是针对谢林的同一哲学以及与之相关的自然哲学。毋宁说，黑格尔承认了谢林作为一个先驱的重要性，后者赋予了当时的哲学一种更新的理智乐观主义，也对理性给予了尊重，但尽管如此，黑格尔也坦率地希望提醒他的读者，谢林及其追随者们的作品并不能实现这样的乐观主义，因为，虽然谢林力图避免非理性主义，然而他的构想太过公式化、太空洞了，并不能使我们恰切地把握世界。黑格尔论说到，如果理性要找到满足，它就必须保留谢林简单地瓦解掉的那些区分，不过它的保留方式得要使得这些区分变成没有问题的区分：

比这样的字眼更多一些的东西，哪怕只是过渡到一个命题，也都包含了一个必须被收回的**向他者的生成**，或者是一个中介。但这个中介就是那遭到拒绝的东西，仿佛从这个中介里得出的东西一旦不只是说它绝不是绝对的东西，也完全不在绝对之中，而还具有更多的含义，那就放弃了绝对知识似的。……因此，当反思被排除在真理之外的时候，理性就

41

被错解了，它就没有被把握为绝对的一个肯定的环节。

（PS: §§20–21, pp.11–12）

黑格尔在此把谢林的错误诊断为基于如下这种错误的欲求，它欲求这样一种理智满足的形式，这种形式对日常的、有限的知性所面临的问题幸福地毫无觉察，这种理智满足的形式的模型是"上帝的生命和神圣的认识……【在其中】那种生命实际上就是无纷扰的同一性和与自己本身的统一性，对于这种同一性和统一性来说，他者性和异化以及对异化的克服，都不是严峻的问题"（PS: §19, p.10）。不过，黑格尔论说到，这是错误的看法，因为，如果神圣理智的满足不只是"干瘪乏味的"，那么这个理智就必须要能够解决这些问题。黑格尔主张，我们要让哲学能够成功地反对启示，让理性能够恰切地回应非理性主义者的批评，就必须要从谢林的同一哲学推进到他自己思辨体系的那种恰切地辩证的观点；黑格尔以这种方式紧紧抓住他的朋友和前同事的这个进步思想的火炬不放，打开了他们俩之间的这个永远都没有弥合的裂隙。

在"序言"的这个部分，黑格尔说出了一些著名的"黑话"，"一切都取决于，不仅把真实的东西把握和表述为实体，而且同样地把握和表述为主体"（PS: §17, p.10），"真实的东西是整体"（PS: §20, p.11）。正如黑格尔自己所指出的（PS: §17, pp.9–10），只有通过"对体系本身的展示"，他才能够恰切地证明这些主张，或者甚至使它们成为完全地可理解的东西；不过，它们来自他与谢林（或者，正如黑格尔自己始终坚持认为的，与谢林的那些不那么有能力的追随者们）的争论过程，这个事实使它们在某种程度上更容易得到解释。因为，正如我们已经看到的，很显然，令黑格尔对谢林的进路感到不安的是，它很容易走向一元主义，也就是"一切是一"这个观点（PS：§16, p.9）。因此，当黑格尔主张"真实的东西"不只是实体，而也是主体的时候，他可以被视为在拒斥这种一元主义的立场，因为这种立场瓦解了主体/对象的区分，而（在黑格尔看来）主体既能够把它自己与世界区分开来，又能够在世界中发现它自己：

> 实体作为主体是纯粹的**单纯的否定性**，正因为如此，它是单纯的东西分裂为二的过程，是树立对立面的双重化过程；而这种过程又再次是对这种漠不相干的差异及其对立【直接的简单性】的否定。唯有这种自己**重新恢复着的**同一性或在他在中的自身反思，才是那真实的东西。
>
> （PS：§18, p.10）

因此，当黑格尔宣称"真实的东西是整体"（PS：§20, p.11）时，他把自己与反对一元主义的整体主义联系了起来；因为，尽管他拒斥原子主义或激进二元主义，但他愉快地接受了"差异中的同一"，而（在他看来）谢林主义者把实在视为根本上自我同一的，缺乏差异。黑格尔称，精神是体现了与世界的这种差异中的同一关系的主体，它在它的"他者"中找到它自己，这样，它一方面并没有与世界切割开来（激进二元主义），也不是与世界不可区分的（一元主义）：

> 唯有精神的东西才是**现实的东西**；它是本质，或具有**自在存在**的东西；它是自己与自己相关、**自己规定自己**的东西，它是**他在**（other-being）和**自为存在**（being-for-self），在这种规定性中，或者说在它的自我外在性（self-externality）中，它依然停留于自身之中；换言之，它是自在自为的东西。

（PS: § 25, p.14）

（黑格尔在此把谢林与一元主义联系起来，宣称谢林的学说通过把主体浸没于实体，就使"理智直观……退回到了内在的简单性"［PS: § 17, p.10］，黑格尔的这个做法是否正确，学者们对此有些争议：请参见 Bowie 1993: 55–56。学者们也常常争论说，黑格尔自己也没有表明，"差异中的同一"这个学说如何可以避免不连贯性，或者，如何可以避免像他所批评的立场那样的一元主义结局：请参见 James 1909, Russell 1956: 21。）

接着，黑格尔以相当的篇幅考察了，为什么他的辩证观点不能够被意识直接地把握，因而，为什么我们不能够以谢林的体系所采取的那种方式——谢林"直接地从绝对知识开始，通过宣称毫不理会其他的立场而迅速地把它们给打发了"（PS: § 27, p.16）——"像枪膛里射出的子弹一样"直接地前进到辩证的观点。黑格尔在此清楚地展示了他的进路的治疗本性所独有的东西：意识只有在发现它自己理解世界的方式失败之后，才能够把握黑格尔看待事物的那种方式的意义：

> 但精神的生活不是害怕死亡、幸免于毁灭的生活，而是

承受死亡并在死亡中得以持存的生活。精神只有在彻底的支离破碎中找到它自己时才赢得它的真理。

（PS: §32, p.19）

因此，黑格尔把他自己的进路与历史和数学所采取的进路对照起来，这些研究的结果可以无须任何这样的"否定的东西的劳作"而就得到理解或辩护（PS: §19, p.10）：他论说到，这对他的治疗式研究的形式来说是一种错误的模型，在治疗式的研究中，"真理因而就也包含了否定的东西，包含了可以被称作虚假的东西，倘若这种东西可以被视为我们应该抽离掉的东西的话"（PS: §47, p.27）。因此，他否定了数学的方法适合于哲学，他在他的辩护中观察到：

> 如果这个说法听起来是夸大其词的或者是革命性的——我尽量不采用这样的语气——那么，应该指出的是，当前的观点本身已经把数学所遗赠的科学体制视为相当**过时的**——它的界说、分类、公理、一系列定理，它的证明、原理、演绎，以及从它们得出的结论。

（PS: §48, p.28）

（正如 Harris 1997: I, p.154, n. 31 所评论的，黑格尔所说"当前的观点"可能指的是康德和雅可比的观点，这个判断的根据是黑格尔在 SL: 816 里边的如下评论，即他们已经"推翻了"斯宾诺莎主义者所认为的哲学的方法应该更具几何色彩这个进路。）另一方面，

44

黑格尔警告说，在拒斥"科学的学究气和浮夸"时，我们也不应该被诱惑走向反理性主义的"预感和豪情的无方法，也不应该走向先知式的言说的那种任意武断，这两种言说方式都不仅蔑视科学的浮夸，还蔑视一切类型的科学过程"（PS：§49, p.29）。

因此，黑格尔宣称，他的方案处于两个极端之间：一个极端是"日常的常识的不充分性"（PS：§70, p.43）以及它的"形象思维的习惯"（PS：§58, p.35），另一个极端则是一种无法得到清晰阐明的纯粹秘传的、神秘的哲学（他称之为"其天赋已经被天才的懒惰和自负败坏了的那种理性的不平凡的普遍性［PS：§70, p.43］）；相反，黑格尔说，他的哲学是"已经成长为成熟形式的真理，这种真理能够成为一切自我意识到的理性的财产"（PS：§70, p.43）。因此，他批评非思辨的哲学仅仅着手于推翻常识，却没有把任何东西放到恰当的位置：这种哲学错误地"想象，以为确立起空洞的断言总比一种富有内容的洞见要走得更远"（PS：§59, p.36）。另一方面，他也强调了，真正的哲学思想将总是体现出一种对非哲学意识的挑战，"这使得它很难被理解"（PS：§60, p.36）。为了展示这一点，他集中讨论了用"上帝就是存在"或"现实的就是普遍的"这样的哲学命题来检验日常的主词—谓词形式的方式，在此，谓词并不是以通常的方式归属于主词的："哲学的命题，由于它是一个命题，就使人想起通常的主词—谓词关系和通常的对认识的态度。然而，哲学的内容摧毁了这种态度和意见。"（PS：§63, p.39）因此，尽管黑格尔并不怀疑大众"成熟到了可以接受【真理】的程度"（PS：§71, p.44），但他在"序言"中还是警告读者，既不要被误导而接受一种非黑格尔式的真理观，也不要指望可以轻松地把握到

真理：“真正的思想和科学的洞见只有通过概念的劳作才能获得。”（PS: §70, p.43）

"导论"

类似于"序言"，"导论"也有一种很明显的论战意图，它着手表明，为什么在黑格尔之前的哲学里边那些错误的开端之外需要一个新的研究进路。另一个类似于"序言"的地方是，"导论"也清楚地表明了，黑格尔认为的失败的后果是什么：除非哲学能够兑现它"在世界之中发现理性"这个承诺，否则的话，反哲学的力量将会取得胜利，这预示着一种向怀疑主义的非理性主义的回归，一种向自大（conceit）的回归，"这种自大为了返回它自己，洋洋自得于它自己的知性，懂得如何蔑视一切真理，它知道如何消解一切思想，它所发现的始终只是同一个贫乏的自我，而没有发现任何内容"（PS: §80, p.52）。不过，黑格尔在"序言"里的论战是有限的，他把这种非理性主义视为源自后康德主义者们持有的那种哲学立场的"不成熟性"和"空洞的形式主义"，相比之下，黑格尔在"导论"里则试图处理一个更加根本的挑战，这种挑战把这样的非理性主义视为无非是源自关于哲学研究方法的一种"自然的假设"（PS: §73, p.46）。黑格尔承认，一旦作出这种"自然的假设"，就会导致怀疑主义的非理性主义；因此他力图表明，这种预设事实上根本就不"自然"，相反我们应该把它视为一种无端的强加（an unwarranted imposition）。

黑格尔在"导论"的开头陈述了这个成问题的假设，即在我们着手寻找"世界中的理性"之前，我们必须先退回来，检查我们的理智是否有能力进行这种理解，这里的忧虑是，或许我们会发现自己是在从事一项无望的、绝不可能成功的任务。黑格尔在另一个地方引用了洛克的一段很有名的话（FK: 68-69），它提出了这个步骤，要求我们"考察一下我们自己的知性，检查我们自己的诸能力，看看它们适用于哪些事物"（Lock 1975: 47）；虽然黑格尔在此引用了洛克，但他完全也可以引用笛卡尔的如下这段话：

> 现在，为了防止我们对心灵的诸能力处于始终无法确定的状态，为了防止我们的精神劳作误入歧途、杂乱无章，我们应该在我们的一生中有那么一次，在着手获得关于特定事物的知识之前先去探究，人的理性能够获得的是哪种知识。
>
> （Descartes 1985: 30）

此外，黑格尔认为，康德的批判哲学计划也持有同样的观点，根据这个计划，我们在哲学中必须首先研究我们理智能力的范围（请参见FK: 69, EL: §10Z, p.14, EL: §41Z, p.66）；虽然洛克可能不是一个怀疑主义者和理念论者，但黑格尔认为，康德最终既是一个怀疑主义者，也是一个理念论者，并且，鉴于康德的洛克式起点，在某种程度上这是不可避免的。因为，一旦我们采取了这种研究进路，那我们就将不可避免地把我们的思想视为一种具有种种内嵌局限的"工具"或"中介"，以下思想也就自然地出现了，即我们的认知能力位于我们和实在之间；这样，世界作为"自在的"东西就是我们的视角所无法企及的东西，就是一个"顽疾"，我们无论如何努力地反思这种"工具"或"中介"的本性都无法治愈它（PS:

§73, pp.46-47）。康德主义者在此或许会寻求通过采取一种更加相对的真理构想来宽慰我们，他们主张，这为我们提供了一个充分的探究目标；但黑格尔对这种理智上的蒙骗表示了轻描淡写的蔑视，他主张，

> 我们终于看出，这种喋喋不休只会导致绝对真理和其他真理之间的一种模糊的区别，而"绝对""认识"诸如此类的词语都预设了某种依然有待查明的含义。

（PS：§75，p.48）

现在，为了驳斥这种向怀疑主义的非理性主义显然不可避免的滑落，黑格尔在此的目标是要提出，事实上没有任何东西会迫使我们采取如下这个"自然的假设"，即我们必须"首先来理解认识"（我们可以把这称为"批判的认识方法"）。采取这种假设的一个理由可能是，它是真正无预设的，因为它没有对我们探究世界的能力做出任何假设；然而，黑格尔主张，采取这种研究进路事实上并没有使得批判的认识方法成为无预设的东西，因为，它依然假设了某种东西，这就是，我们有能力成功地"退回来"探究我们的认识能力。因此，正如黑格尔在《逻辑学》里边提出的观点，如果有人主张，在我们可以开始探究"事物的真实存在"之前，必须先评估一下我们理智的限度，那么这大概就是在说，在我们可以开始探究我们理智的限度之前，必须先评估一下我们进行该探究的能力；因此，必须先评估一下我们达成那个事情的能力，如此无休无止，因为，"对认识的检查只能够由一种认识的活动来进行"。因此，批

判的认识理论家的目标是无意义的、荒谬的，他们企图不使用我们的认识能力来探究我们的认识能力，企图"在我们可以认识之前来认识"，"他们的荒谬一如学究的聪明打算，在学会游泳之前切勿冒险下水"（EL: §10, p.14）。面对这个困难，"自然的假设"的辩护者们或许反而会声称，他们的步骤是有理由的，因为否则的话，我们就不能够确定，我们的认识能力可以胜任获得知识这个工作；黑格尔在《逻辑学》里边提出，这就是康德的观点："康德说，我们在运用工具进行工作之前应该先熟悉工具，因为，如果工具不足以胜任那项工作，那我们所有的辛劳就都会被无谓地浪费掉"（同上）。黑格尔在《精神现象学》里边对这个观点的反对非常直截了当：为什么我们在开始我们的探究之前需要这种确保？为什么我们就不能直接开始，看看我们能走多远？因此，黑格尔提议，不要对我们的能力做任何类型的预先研究，"科学……自己着手工作……不信任这种不信任"（PS: §74, p.47）。

48　　　现在，记住以下这一点非常重要：黑格尔在此批评的靶子是关于批判的认识方法的一种观点，这种观点把该方法视为一种"自然的假设"，它声称，对我们认识能力的本性进行探究，这是任何负责任的哲学努力的一个显而易见的、符合常识的起点，这或者是因为确信，我们以这种方式可以防止所把握到的乃是"错误的乌云，而不是真理的青天"（PS: §73, p.46），或者是因为"害怕"，我们把什么东西当成了理所当然的（PS: §74, p.47）。我们很难看得出，黑格尔在此的论说会不利于出于其他动机而采取批判的认识方法的人，特别是这样一些人，他们基于我们在特定领域（例如，神学或形而上学）的探究表面上的失败而主张，有肯定性的证据表明我们的认识能力是有限的。鉴于我们认识限度的这个证据，于是，考察一下我们认识能力的状况，看看是什么造成了这些限度，从而我们就不要企图以一种会被证明为徒劳无果的或误导人的方式超出它们，这个做法似乎就是合情合理的。这么看来，批判的认识方法的动机就不仅是一种认识上的过度谨慎，它错置了次序，在寻求经验我们的能力之前就质疑它们，该方法的动机还是，它想要得到一个关于我们能力及其限度的合理清单。(因此，用黑格尔的类比来说，这种批判的理论家不像是想要不下水就学会游泳的人，而像是这样一个人，他已经快要被淹死了，于是爬上岸反思，他的游泳能力能够让他游到多远的地方。)或许黑格尔在此的论说看起来并没有真的以这种方式来处理批判的认识方法（尽管我们可以说，他在别的地方这么处理了，例如，当他攻击康德的"形而上学思维的问题表明，理性是有限度的"这个主张时：请参见EL：§§45-52, p.72-86）。

　　不过，在这个阶段，我们还不清楚，这种担忧在多大程度上是黑格尔的担忧。因为，黑格尔在此关注的是，关于哲学探究本身的一种"自然的假设"如何可能会导致怀疑主义的非理性主义，他关注的是如下这个主张，即恰切的方法论要求我们应该从批判的认识方法开始；他此时并不关心于排除如下的可能性，即一旦我们继续努力理解世界，我们可能就会发现自己遭遇到了一些棘手的问题，它们显而易见地表明，存在着一些特殊的、我们必须接受的认识局限。如果这个情况发生了（正如我们已经看到的，对于黑格尔来说，这是非常有可能的"如果"），那么，如同批判的认识理论家所提议的那样推进，就是合情合理的了。因此，尽管这个观点可

49

能会削弱他对康德以及其他可能的人的批判力度（如果我们可以表明，这些人也出于刚才提到的那些原因，而不是出于黑格尔所批评的那些原因，采纳了批判的认识方法的话），但这依然没有动摇他的核心哲学观点，这就是，几乎没有理由在一开始、在哲学探究之前就把批判的理论家的研究进路采纳为一种"自然的假设"；而只有当它是一个"自然的假设"时，它对怀疑主义的情形才是有价值的，因为只有这种情形下，它看起来才会表明，一旦我们开始寻求知识，对于我们知识能力的怀疑就会出现，这样，寻求认识实在，这在某种程度上就是自我挫败的（self-defeating）。因此，重要的是，黑格尔动摇了批判的认识方法作为一种"自然的假设"的地位，即便它的有些支持者（例如康德）可能是出于其他哲学上更加实质性的原因而采纳它的。

尽管如此，黑格尔论说到，如果我们把批判的理论家"自然的假设"的失败视为表明了我们可以确信自己的世界观是正确的，或者表明了我们可以用自己喜欢的任何预设来继续，那就想错了。困难在于，对世界的不同构想可能会作为有效的构想而打动不同的探究者，所以，除非我们可以表明，一种构想要优越于别的构想，否则的话，我们就不能够声称，这种构想有权被视为真的。然而，我们不应当指望，其他那些构想的支持者们无须任何论说就会承认失败（因为这将是独断的）；我们也不应该试图通过做出他们不接受的某些关于世界的假设来战胜其他那些构想（因为这将是乞题的）；因此，我们必须努力表明，其他那些构想根据它们自己的主张来说就是不充分的，因而是自我瓦解的，这样，到最后，如果/当我们抵达了一种并非以此方式的、不充分的构想时，我们就

50

抵达了以非独断的、非乞题的方式确立起自己的合法性的一种构想了。这就是人们所说的黑格尔的内在批评方法：黑格尔为了确立，他的构想最能够使我们感觉"在世界之中即在家园之中"，他首先着手表明，其他那些构想不能够克服从它们产生出来的那些问题和困惑，因而它们不能够宣称，它们给予了我们所需要的那种理性的满足。

因此，《精神现象学》作为黑格尔体系立场的一个预备，其任务就是要显明，每一种非辩证的观点都是如何包含着某种自相矛盾的；因此，随着日常的意识看出自己的构想是不充分的，它对日常的意识来说就是一条"绝望之路"（PS: §78, p.49）：

> 这条道路乃是对现象知识的非真理性的意识到了的洞见，对这条道路来说，最高的实在性是，那在真理中的东西仅仅是尚未实在化的概念。……意识在这条道路上所经历的那一系列形态，实际上乃是意识自身进向科学立场的详细**教化史**。
>
> （PS: §78, p.50）

黑格尔主张，由于意识的每一个不充分的阶段都"遭受了由它自己施加的暴力"（PS: §80, p.51），因此他可以通过表明，随着意识寻求解决它自己内在的那些问题，它会自动地走向他的立场，用一种非独断的、非乞题的方式说服意识接受他的立场。因此，我们在一开头无须假设关于世界的任何东西，也无须使用这样的假设来批评意识；相反，"意识自己给自己提供标准"，由此这种标准的充分性可以得到判定，"因而这种研究就是意识与它自己的一种比较"（PS:

§84, p.53）。因此，黑格尔提出了如下这个著名的说法，"由于意识所检验的乃是它自己的自我，因此我们需要做的就只是单纯地袖手旁观"（PS: §85, p.54）。意识将会自己看到，它对事物的看法在某种程度上是不连贯的，因此它将被迫相应地修改自己的观点，直到最终达致这样一种构想，在该构想中它可以发现如何摆脱这些问题，在此，"知识不再需要超越它自己，在此，知识发现了它自己，在此，概念符合于对象，对象也符合于概念"（PS: §80, p.51）。然而，尽管意识将会以此方式内在地前进，而无须我们从外部激发或推动它，但意识看待事物的新方式是如何关联于它之前的构想的，这种新的构想是怎么来的，这些对于意识来说并不是显而易见的。正如我们已经讨论过的，对于黑格尔来说，这种转变包含了对意识思考世界的方式的一种修正；然而，在《精神现象学》里边，尽管意识经历了这些转变，但它并没有意识到，这就是这些转变背后的驱动机制，因而在此，"新的对象的产生……把自己呈现给意识，意识不知道这是如何发生的，这在我们看来仿佛是暗自发生在意识背后的东西"（PS: §87, p.56）。对于意识来说呈现出来的情况是，它对世界的理解之所以发展，是因为世界已经以一种新的方式向它揭示了自己；但对我们这些现象学的观察者来说，很显然，之所以发生这种情况，仅仅是因为意识已经改变了它思考世界的方式，因此，这些认识上的变化并不是"由于偶然和外在性"发生的，而是"通过意识本身的一种颠转"发生的（PS: §87, p.55），意识通过质疑某些假设，并采取另一些假设，从一种构想转变到另一种构想。只有到了旅程的最后，意识才准备好了去理解，对它来说发生了什么事情，为什么会发生这些事情；这样，它就能够反思地、自觉地

51

思考范畴的转变了，正是这些范畴的转变使它从一个成问题的立场推进到下一个成问题的立场，直到抵达这样一个地点，"在此它摆脱了这样一种外观，即它总是受到某种异己的东西的困扰"（PS: §89, p.56），它终于可以感觉在世界之中就是在家园之中了。然而，在能够这样地返乡之前，我们必须追随黑格尔，让他（像但丁的维吉尔[1]那样）带领我们遍历灵魂之旅，"这样灵魂就可以为了精神的生活而纯化自己，通过对它自己的完整经验，最终觉察到它自在地真正是什么"（PS: §77, p.49）。

1　维吉尔（前70—前19）是古罗马著名诗人，著有《牧歌》《农事诗》《埃涅阿斯纪》等。意大利诗人但丁（1265—1321）在其著名作品《神曲》中以第一人称讲述了，自己在黑暗森林中遇危呼救，维吉尔的灵魂显现，带领他穿过地狱、炼狱，后来但丁暗恋的贝阿特丽切的灵魂继续带领他穿过天堂，最终脱险。——译者注

内容概要

"序言"

§§1-4（pp.1-3）"序言"的不充分性，恰切地从事一部哲学作品的困难。

§§5-6（pp.3-4）哲学如何是一门"科学"（Wissenschaft），从而是体系性的。

§§7-16（pp.4-9）当今时代正适于这门科学的恰切发展，此前这门科学都是不可能的，陷入了一种不充分的形式主义（谢林）。

§§17-23（pp.9-13）对黑格尔的某些核心学说的初步展示，这就是：真理或绝对不仅仅是实体，也是主体；它是一个发展着的整体。

§§24（pp.13-14）因此，知识必须是体系性的，以把握这个整体。

§§25（p.14）表达这些思想的一种方式是，绝对是精神。

§§26-37（pp.14-22）为了把握这些哲学学说，日常意识需要一个通向科学立场的梯子；这一知识的发展在本书中得到了勾勒，从而达到了概念思想的层次。

§§38-47（pp.22-28）这个发展需要克服在通向真理的途中的种种错误观点；不过，至少在哲学里边，要恰切地把握真理，就需要这个发展，在这一点上，哲学区别于历史与数学。

§§48-55（pp.28-34）在科学的方法中需要避免框架化的形式主义（shematizingformalism）。

§§56-59（pp.34-36）这门科学的方法在遵从其主题的运动时如何需要是思辨的。

§§60-66（pp.36-41）这种思辨的进路如何以一种辩证的方式看待主词与谓词、实体与属性之间的关系。

§§67-70（pp.41-43）哲学如何区别于并相关于其他思维方式（例如常识）。

§§71-72（pp.44-45）黑格尔希望该著能够被人们接受。

"导论"

§§73-75（pp.46-48）对知识的工具性观点（康德），为什么应该拒斥这一观点。

§§76-80（pp.48-52）但是，仅仅独断地宣布一种哲学立场是真的，因而是科学，这么做依然是不充分的；必须要表明其他的观点是不充分的，由此科学才会"显现"。

§§81-85（pp.52-53）标准的问题，如何使用内在批判方法来解决这个问题。

§§86-89（pp.55-57）因此，研究就涉及对意识随着它以一种体系性的方式发展时的各种经验的观察。

第二章

对象的辩证法

(A. 意识)

感性确定性

《精神现象学》的第一篇讨论了意识，其第一章讨论了"感性确定性：或者'这个'和'意谓'"。黑格尔打算让我们如何来构想感性确定性，对此评论者的意见广泛一致，他要我们把感性确定性构想为意识的一种形式，该形式认为，获得关于世界的知识的最佳途径就是直接地或直观地经验这个世界，而无须把概念运用于世界：黑格尔把这称作"无中介的"知识，而不是"有中介的"知识，它涉及的是"领会（*ap*prehension）"，而不是"把握（*com*prehension）[1]"（PS: § 90, p.58）。[2] 很显然，黑格尔认为，这是我

1　英语的apprehension和comprehension词缀不同。前者的拉丁语词缀实际上是"ad-"，意为"朝向"，在"领会"中，领会者除了朝向事物的姿态之外，再无任何主动性的活动。后者的拉丁语词缀"com"意为"一起、共同"，在"把握"中，除了其他因素，把握者也主动地运用自己的概念来把握事物。——译者注

2　这后一个评论涉及领会（apprehension）和把握（comprehension）之间区别，黑格尔事实上乃是在刻画我们对我们正在考察的那种意识形式的恰切态度，而不是在刻画感性确定性本身。

们思考心灵与世界如何相关的最初级、最基本的方式，这也是他为何从这里开始《精神现象学》的原因。与此同时，黑格尔也希望表明，感性确定性是如何通过利用一个看似很合理的承诺而具备它的吸引力的，但结果这个承诺却是非常成问题的，而一旦我们认识到了这一点，我们对感性确定性作为一种知识典范的依恋就会消失。

55

支撑着感性确定性的那个迷惑人的、看似合理的承诺是什么？对于这一点学者们意见不一。对有些解释者来说，感性确定性背后的动机是一种认知基础主义（epistemic foundationalism）的承诺，它把直接的、直观性的经验设定为给了我们一种不可动摇的与世界的勾连，知识就建立在这个勾连的基础之上；对另一些人来说，这个承诺是经验主义（empiricism），根据经验主义，直观性的知识优先于概念性的知识，因为经验性的概念是通过被系于在经验中被给予的对象而得到学习并获得其意义的；还有一些人则把这个承诺看作实在论，实在论认为，如果心灵要不扭曲或生造世界，那它就需要以一种消极的姿态接近世界，而不要概念的活动这个中介，因此，感性确定性所照面的这种直接经验就一定是基础性的。因此，有些评论者把黑格尔在本章中的主要靶子确定为认知基础主义（请参见deVries1988a: 305）；另一些评论者则把它确定为概念经验主义（请参见K. R. Westphal 2000: §5）；还有些评论者则把它确定为实在论（请参见Craig 1987: 205–19）。

现在，黑格尔在对感性确定性的初步刻画中，当然把所有这些态度都与感性确定性联系了起来，他说，感性确定性仅仅包含着"触及"事物，没有从事物中"略去任何东西"，就此而言，感性确定性声称自己是"最丰富的""最真实的"知识形式（PS: §91, p.58）。然而，可以论证的是，尽管感性确定性的观点实际上是基础主义的、经验主义的、实在论的，但这里还有一个更深的假设，它才是黑格尔更加根本的关注点。这个假设就是：由于感性确定性没有使用概念，因此它就把一个事物把握为一个个别的东西，它没有从这个东西独一无二的特异性或纯粹的特殊性抽象出来，感性确定性在这么做的时候，给了我们一种最重要的知识，关于作为具体的、单独的东西的事物的知识：由于这个原因，感性确定性把直接经验的一对一的关系置于比思想的一般性和抽象性更优越的地位，因此，它把领会视为比把握更加根本的东西。（在从费尔巴哈开始的黑格尔生存主义批评者们的作品中，我们可以看到沿着这些思路对感性确定性做出的解释：有关的讨论和进一步的参考文献，请参见 De Nys1978。）对"感性确定性"这一章的这个解读与上文提供的对《精神现象学》作为一个整体的解读是一致的，根据上文的解读，《精神现象学》带领我们遍历了一系列不充分的立场，揭示了我们对个别和普遍这两个范畴的处理是片面的。正如我们随着推进到"意识"篇接下来的章节（从"知觉"到"力与知性"）而将会看到的，黑格尔力图表明，意识对这两个范畴贫乏的构想使意识始终陷入困境，由此就显示了意识的思维中辩证的局限性。

56

黑格尔强调，对感性确定性而言，对象的个别性是存在论上根本的东西；正如他在本章结尾的地方所说，感性确定性认为，"外部对象可以被更确切地规定为现实的、绝对单独的、完全个人性的、个别的事物（actual, absolutely singular, wholly personal, individual things），每个这样的事物都绝对地不同于其他任何事物，这些对象的实存具有绝对的确定性和真理性"（PS: §110, p.66）。因此，这一章的目标就是展示，感性确定性的非概念知识观对感性确定性是如何显得很自然的，因为，感性确定性以此来构思个别性，把它构思为一个与普遍性和特殊性相分离的对象；通过表明这个构想如何是成问题的，意识由此就看到了这种知识观如何是错误的，看到它的认识范式是毫无根据的。

感性确定性采取了它的非概念知识观，因为它认为，它在认识作为个别东西的事物时只有不使用概念，才能抓住该事物独特的本质；因为（感性确定性认为）概念可以被用于许多不同的事物，因而不能够告诉我们有关作为个别东西的那个事物的任何情况。属于每个东西的这种独特的性质在传统上被称作"个体性（haecceitas）"[1]或"此性"（thisness）。个别的东西具有这种独特的性质，就此而言，它被断言不能被归约为任何可共享的性质，因而它被说成在存在论上先于任何这样可共享的性质，它以一种完全不同于任何别的东西的方式而是其所是；因此，它对感性确定性就显得可以被主体或我直接地抓住，而无须要求任何概念性的活动：

57　　　　　意识从自身方面说，在这种确定性里只是作为纯粹的"我"；或者说，在这里我只是作为纯粹的"这个"，而对象同样也只是纯粹的"这个"。我**这个**特殊的我之所以知道**这个**特

1　这个概念最初是由中世纪哲学家司各特（John Duns Scotus, 1266-1308）提出的。Haecceitas的拉丁词根haec意为"这个"，它不同于quidditas，后者的词根quid意为"所是（是什么）"。司各特认为，事物是一系列紧密联系的属性的集合，其他所有的属性都是质性的，规定了该事物的某种性质，但唯有个体性（haecceitas）是非质性的属性，它没有规定该事物的任何性质。——译者注

殊的事物，并不是因为，我作为意识在对它的认识中发展了我自己，或者以多种方式发展了关于它的思想；也不是因为，我所知道的这个事物按照一大堆相互区别开来的性状而在它自身中具有丰富的联系，或者以各种各样的方式而与别的事物相关联。感性确定性的真理与这两个方面都不相干：在此，无论是我还是事物都没有复杂的中介过程的含义，"我"没有"多种表象或多种思想"这个含义，"事物"也不表示"具有多种性质的东西"。相反，事物**存在**；而它之所以**存在**，仅仅因为它**存在**。它**存在**，这对感性认识说来就是本质性的要点，而这个纯粹的**存在**或这个单纯的无中介性就构成了感性确定性的真理。同样，这确定性作为**联系**就是**无中介的**纯粹联系：意识就是"**我**"，仅此而已，一个纯粹的"这个"；单独的意识知道纯粹的"这个"，或单称词项（the single item）。

（PS: §91, pp.58-59）

由于感性确定性认为，对象的存在是以此方式由它独特的个别性构成的，因而感性确定性也自然地认为，知识是需要是非概念的，这样的知识是"最丰富的""最真实的"：因为，（它认为）如果我们引入了概念，我们就引入了一般词项，这只能导致我们无法认识对象的单独性（请参见EL: §38, p.62，"经验主义……留给思想的力量只有抽象以及形式的普遍性和同一性"）。然而，黑格尔着力要表明的是，"结果，这个确定性证明自己是最抽象的、最贫乏的真理"（PS: §91, p.58）。

现在正如黑格尔所指出的，感性确定性立刻就面临一个困难，因为它很难看出，感性确定性如何能够声称，它觉察到它面前的对象仅仅是一个单独的个体，当它也觉察到它自己是一个具有如此对象经验的主体时：

> 在这里所出现的不可胜数的区别之中，我们到处都发现的关键性区别是，在感性确定性中纯存在立刻就分裂成了我们曾经称作的两个"这个"，一个是作为"我"的"这个"，另一个是作为对象的"这个"。

（PS: §92, p.59）

然而，在这个阶段，感性确定性声称，尽管意识觉察到它自己是一个主体，但对象是独立于它的，因而对象依然是一个可以被无中介地认识的自存的、单独的个体：

> 但对象**存在**：它是真实的东西，或者说它是本质。不论对象是否被认识，它都存在；它即使没有被认识也依然存在，而如果对象不存在，也就没有知识了。

（PS: §93, p.59）

在确立了感性确定性的基本观点之后，黑格尔现在开始探讨它的连贯性，他问，"在感性确定性本身之中，对象事实上是否就是感性确定性宣称它是的那种本质"（PS: §94, p.59）。

黑格尔反对感性确定性的关键策略是论证以下这一点，即感性确定性在经验中把握到的不是那个个别对象独有的东西，因而就此来说，领会（apprehension）并不优于构思（conception）[1]；所以，感性确定性不能够宣称，它把作为"这个"的个别事物看得比该事物分有的属性高，这个做法是合理的，这样一来，个别东西的认识论和形而上学优先性就由此而被瓦解了。黑格尔在论说的开头问，感性确定性，它对对象的经验告诉了我们关于对象的什么："于是，必须被询问的正是感性确定性：'这个是什么？'"（PS: §95, p.59）感性确定性回答说，对于它来说，对象仅仅是当下的（simply present）：它实存于这里—这时（请参见EL: §38Z, p.62, "从经验主义发出了这样的呼声：'不要信步于空洞的抽象思维，而要睁开你的眼睛，紧握存在于你面前的人和自然，享受当下的时刻。'……因此，这个本能抓住了当下，这里，这个……"）。不过，黑格尔继续论说道，"实存于这里—这时"远远不是对象独有的，因为，不同的时刻和地方都可能成为"这里和这时"，因而，不同的事物也可能"实存于这里—这时"；因此，感性确定性并没有获得关于对象的单独的个别性的知识，它所获得的只是关于属性的知识，而这属性可以属于许多个别的东西，因而是普遍的。

> 在这种单纯性（simplicity）里，【这时】与任何在它之中发生的东西都是不相干的；夜晚和白天并不是它的存在，但它也是白天和夜晚；它一点也不受自己的这个他在的影响。

---

1 conception这个词来自拉丁语conceptiō，意思就是本章（也是《精神现象学》该章）开头提到的"把握（comprehension）"。构思乃是在思想中发生的事情，是运用了概念而进行的活动，不同于感性确定性所理解的无概念中介的直接领会。——译者注

一个这样的通过否定而**存在**的单纯事物，既不是**这个**，也不是**那个**，一个非这个（not-This），它是**这个**还是**那个**，同样都是毫不相干的——我们把这样一个东西称作一个**普遍的东西**；因此，普遍的东西实际上乃是感性确定性的真实的【内容】。……"这个"的另一种形式"这里"也将是同样的情况。例如说，"这里"是一棵树。如果我转身，那么这个真理就消失了，就颠倒为它的反面："这里不是树，而是一所房子。""这里"本身没有消失；相反，它持续地存在于房子、树等的消失之中，并且，它是房子还是树，这些都是不相干的。因此，"这个"再次显示自己是一种**被中介了的单纯性**，或一种**普遍性**。……感性确定性在自己本身中证明了，它的对象的真理是普遍的东西。

（PS: §96, §98 and §99: pp.60-61）

因此，黑格尔向感性确定性提出了一个两难选择。第一个选项是，感性确定性可以坚持认为，关于对象的知识需要我们把握它独有的本质；但这样一来，它就必须承认，这样的知识是无法获得的，因为，如果我们仅仅停留于感性确定性，那我们关于对象所知道的东西没有一个是对象独有的。第二个选项是，感性确定性可以否定对象有任何这样独有的本质，在这种情况下，我们在寻求知识的时候就没有任何理由不运用概念，因而，我们就没有任何根据把感性确定性作为一个优先的认识论立场。黑格尔在这一章的结尾非常清楚地阐述了这个两难选择，在那里，他总结了自己反对的有些人的立场，这些人断言，"被视为**这个**或感性对象的外部事物的实在或存在对意识具有绝对的真理"（PS：§109, p.65）：

> 如果他们想要现实地说他们所意谓的"这"张纸，如果他们想要**说**它，那么这是不可能的，因为，所意谓的感性的**这个**是语言所**不能达到的**，语言属于意识，也就是说属于内在地普遍的东西。因此，在说出这个的现实尝试中，**这个**将会破碎；那些开始描述它的人将不能完成描述，而是将不得不把描述让给别人，而别人最后自己也将不得不承认，他们要说的是一个**不存在的**东西。因此，他们所意谓的诚然是这里的**这张纸**，这张纸完全不同于上面说的那张纸；但他们说的是"现实的事物""外部的或感性的对象""绝对地单独的东西"等；也就是说，他们关于这些事物所说出的仅仅是**普遍的东西**。因此，所谓不可言说的东西不是别的，它们只不过是不真实的、无理性的、仅仅被意谓【但没有被现实地表达】的东西。

（PS：§110, p.66）

不过，在得到这个结论之前，黑格尔允许感性确定性努力对它最初的困难作出反应，这个困难就是，感性确定性发现"这时"和"这里"不能构成它正在寻找的独有的个别化的本质，因为许多事物都可以是"这时"和"这里"。感性确定性的第一个反应是，努力使"这时"和"这里"成为这个个别东西的一个独有的特征，因为，这个个别东西是当下呈现于作为主体的我的经验中的唯一事物。不过，黑格尔的回应是，指出其他事物呈现在了其他主体的经验之中，所以在与一个主体的关系之中没有任何东西使对象本身个别化了：

> 我，**这个"我"**，看见树，并且断言**"这里"**是一棵树；但是另一个**"我"**看见房子，并认为**"这里"**不是一棵树，而是一所房子。两条真理都有同样的认证，即都有看见的直接性，两者都有关于各自认识的确定性和担保；但是，一个真理却消失在另一个真理之中。……**"我"**仅仅是像一般的**"这时""这里""这个"**一样普遍的东西。
>
> （PS: §§101-2, pp.61-62）

为了避免这个困难，感性确定性于是通过努力忽略任何其他这样的主体、时刻和地点的实存来断言它在这里、这时正在经验的对象独有的个别性：

> 我，**这个"我"**，于是断言，**"这里"**是一棵树，并且不转身，以免**这里**对我来说会变成**不是**一棵树；并且，我也不理睬另外一个**"我"**是否会把**这里**看成**不是**一棵树，或者我自己在另外一个时刻把**这里**看成不是树，把**现在**看成不是白天。相反，我是一个纯粹的直观【活动】。
>
> （PS: §104, pp.62-63）

不过，感性确定性此时的困境在于，如果它不承认其他地点、时刻、主体，以及对象的实存，它就只能够通过指（pointing）和说（saying）"这时""这里""我""这个"来赋予这些词一种实指性的含义（an ostensive designation）。然而，这个指的活动最多只能够指示一个严格的当下，它一旦被指出就不再是当下。如果感性确定性试图宣称，"这时"是多个时刻，因而延展得足够长，可以被指出来，同样地"这里"也是多个地点，如果它试图通过这个方式来避免上述困境，那么，它就已经被迫放弃了它的唯我论立场（solipsistic position），转而承认了，"这时"可以被应用于许多时刻，"这里"可以被应用于许多地点；这样，它就不可避免地承认了，"这时"和"这里"是普遍的，因而不能够提供它在寻求的那种特有的个别性（请见 PS: §§107-9, pp.64-65）。

因此，感性确定性最终没能使支撑着它的知识构想的那种存在论承诺（ontological commitment）成功：正如马尔库塞所指出的，"因而，感性经验本身表明了，它的真正的内容不是特殊的东西，而是普遍的东西"（Marcuse 1995: 106）。有时，有研究者断言，黑格尔在这里是在攻击"终究存在着个体"这个形而上学的观点（请参见 Löwith1971: 140，"黑格尔的答案是抽象的：所剩下的仅仅是'普遍的'东西，它与实存于这里和这时的任何东西都不相干"）；但这种看法似乎是错误的，因为黑格尔在批评的乃是这样一种观点，该观点认为，个别东西作为个别东西不能够被构想或被思考，而只能够被领会，因为，只有领会才超越了普遍的东西，达到了个别的东西。正如我们已经看到的，黑格尔的论证是，甚至领会也没有超越普遍的东西，因为，我们正是在领会中觉察到对象是一个"这个"，但"这个"并没有构成对象独有的特殊性，而是构成了它最抽象、最普遍的特性。因此，黑格尔总结道，假如我们不否定我们把握个别东西的能力，那么，对个别东西的知识就不能要求我们以感性确定性所设想的那种方式来超越普遍性。因此，黑格尔采取内在批判的方法指出了，这样的形而上学错误构想如何可能会导致极度歪曲的哲学后果。通过对这些错误构想的诊断，黑格尔希望，我们作为现象学观察者将不再受到诱惑而采取感性确定性这种片面的认识论。不过，正如讨论"知觉：或事物与假象"的下一章将要表明的，尽管意识本身可能已经学会了拒斥感性确定性，但它现在转而采取的立场将被证明同样是成问题的，因为，意识对感性确定性所面临的那些问题的反应是，试图以一种不充分的方式超越感性确定性，它对个别性和普遍性的构想依然是有局限的。

知　觉

意识已经看到，它根据某种独有的个别化的本质并不能连贯地思考个别性，现在，意识准备把个别东西构想为是由个别东西与其他个别东西共有的那些特性构成的，从而，它准备根据普遍性和个别性来思考。因此，黑格尔根据以下的东西来描述从"感性确定性"到随后的"知觉"章的过渡：

> 直接的确定性并没有取得真理，因为它的真理是普遍的东西，但确定性想要领会的是**这个**。另一方面，知觉把呈现出来的东西当作一个普遍的东西。……由于对象的原则，即普遍的东西，在其单纯性里边是一个**被中介了的**普遍东西，因此，对象必定在它自己身上把这一点表现为它的本性。它是通过把自己显示为**具有许多属性的事物**而做到这一点的。

不过，由于知觉依然处于感性经验的层次，因而，知觉认为个别东西是由之而构成的那些普遍东西乃是最简单种类的普遍东西，就是说，那些普遍的东西是感性的属性，例如白色的、立方形的、咸的等。正如黑格尔在本章结尾表明的，这样引入的对普遍性的有限构想事实上是不充分的："感性的个别存在【在感性确定性的层次】虽然在直接确定性的辩证运动中消失了，【在知觉的层次】成为普遍性，但它只是一种感性的普遍性。"（PS: § 130, p.77）这一章的目标因而就是指出，意识如果只根据这些有限的术语来构想普遍的东西，则会陷入困境，这些困境会使它失去对事物和属性的存在论信念，而它的这种对普遍性的构想恰恰建立在该信念之上，这些困难也导致了下一章对更加彻底的力的存在论的讨论，在下一章将会出现对普遍性的一种不同的构想。

不过，知觉的立场最初显得是令人满意的，显得是直截了当的，甚至显得是符合常识的：在此，意识把对象构想为感性属性的结合，因而把每个个别东西处理为诸普遍东西的一个集束（a bundle of universals），处理为一个"也"：

> 这个抽象的普遍媒介可以被简单地称为"物性（thinghood）"或"纯粹本质"，它无非就是**这里**和**这时**已被证明为它们自己所是的东西，即多的一个**单纯的集合**；但**多在其规定性中**本身就是单纯的普遍东西。这粒盐是一个单纯的**这里**，同时也是多方面的；它是白的并且**也**是咸的，**也**是立方体形状的，**也**有一定的重量等等。所有这些众多的属性都存在于同一个单独的、单纯的"**这里**"之中，因此它们在其中相互渗透；没有哪种属性具有不同于其他属性的另一个**这里**，而是每一种属性都存在于别的属性所在的同一个**这里**之

中。而且与此同时，并不是由于被不同的**这里**分离开来，它们才在这种相互渗透中互不影响。白色不影响或改变方形，而这两者又不影响或改变咸味，如此等等；相反，由于每一个属性本身都是单纯地自己与自己相联系，它们就并不干扰其他属性，而只是通过那漠不相关的**也**来与之相联系。因此，这个**也**就是那纯粹的普遍东西本身，或者是那个媒介，即那个把它们如此总括在一起的"物性"。

（PS: §113, p.68-69；译文有改动）

因此，知觉把每个个别的东西都处理为一些属性的某个集合在一个单独的空间领域中的共同例示（a co-instantiation of some collection of property-instances in a single spatial region），这样，（例如）这粒盐就被看成无非是共存于一个地方的白色、咸味等的例示。引入了传统所认为的作为一个"**也**"的对象"集束观"之后，黑格尔论说到，这种观点被证明是不稳固的，从而就产生了与之对立的一种观点，后一种观点把对象看作是一个"**一**"，也就是高于其属性的一个统一的实体或基质：

> 在已经浮现的这种关系里，最初被观察到并得到发展的只是肯定的普遍性这个特性；但一个更进一步的方面呈现了出来，它也必须得到考虑。这就是，如果这些众多有规定的属性是严格地互不相关的，如果它们完全只是自己与自己相联系的，那么，它们就不会是有规定的；因为，只有当它们相互**区别**的时候，并且当它们把它们自己**与**作为它们对立面

的别的属性联系起来的时候，它们才是有规定的。然而，由于这样一来这些属性就是相互对立的，因此它们就不能够在它们的媒介的那种单纯的统一性里共存了，而这种统一性对它们来说是与否定性同样本质性的；对这些属性所作的区别只要不是毫不相干的，而是排他性的，每个属性都否定了其他属性，那么它就会落在这个单纯的媒介之外；并且，这个媒介因此也不仅仅是一个"**也**"，不只是漠不相干的统一性，而且也是一个"**一**"，即一个**排除了其他东西的统一性**。"**一**"是**否定性的环节**；它本身仅仅是一种自相关联，它排斥了他者，而"**物性**"则由此被规定为一个**事物**。

（PS: §114, p.69）

不幸的是，这一段话相当晦涩难解。查尔斯·泰勒对之作出了一种有趣的解读（请见 Taylor 1972: 168—71）。他提出，黑格尔是在主张，我们只能通过把一种属性与其他属性进行对照，才能把属性思考为有规定的，而这种与其他属性相对照的属性概念要求我们认为，没有什么东西具有了一种属性，还可以具有另一种属性（"没有什么东西能够是红色的并且是绿色的"，"没有什么东西能够是方的并且是圆的"，等等）；然而，（泰勒提出）"的确，没有一个'特殊东西'或某个非常相似于'特殊东西'的概念，这样的说法将会是毫无意义的；因为，只有对于特殊的东西，只有对于可以承载属性的事物，我们才能说，它们不能够既是红的又是绿的"（同上：170）。因此，在泰勒看来，黑格尔从"也"推进到"一"，乃是要表明，"这里存在着一种相互依赖性，如果我们没有运用特殊的东西，我们在逻辑上就不可能具有属性概念"（同上：169）。

然而，这种解读的困境是，它弄错了黑格尔的论证由之开始的立场，因而并不是对该论证的解释。根据泰勒的看法，把事物处理为"也"的立场乃是在主张，"属性……在普遍的东西中相互并立【共存】，但没有在特殊的东西之中聚集在一起"（同上：169-170）。然而，根据我的解释，把对象构想为"**也**"，这没有否定它是一个特殊的东西，因为，我们根据集束观点依然可以把对象构想为（例如）"这粒盐"；正是这个特殊的对象被视为并不高于构成了它的那些得到例示的普遍东西。因此，我认为泰勒把黑格尔在此由之开始的立场错误地刻画成了一种完全没有"特殊东西"这个概念的立场：它恰恰在以一种特定的方式来构想特殊者（把它构想为得到例示的普遍东西的集束）。

那么，还有别的方式来理解黑格尔在此的立场吗？我们可以通过把我们正在考虑的这段文字与下面这段来自 F. H. 布拉德雷《现象与实在》（*Appearance and Reality*）的一段话做比较，阐明一种替代性的解读：

> 我们可以举个我们熟悉的一块糖的例子。这是一个事物，它具有多种属性，具有多种修饰它的形容词。例如，它是白的、硬的、甜的。我们说，这块糖是所有这些；但这个"是"究竟是什么意思？这看起来令人困惑不解。如果你举出一种性质本身，那么事物不是它的任何一种性质；如果"甜的"就等于"单纯甜的"，那么糖显然不会是甜的。此外，既然糖是甜的，它就不是白的或硬；因为这些属性全都是各不相

同的。此外，如果你分别地举出事物的所有属性，事物也不
可能是这些属性。糖显然不是单纯的白、单纯的硬、单纯的
甜；因为它的实在在某种程度上存在于它的统一性之中。不
过，另一方面，如果我们探究，事物里边除了它的各种性质
外还有什么，我们将再次陷入困惑。我们会发现，在这些性
质之外或之内都没有任何真正的统一性。

(Bradley 1930: 16)

布拉德雷在此并没有明确地提到黑格尔（虽然他的一块糖的
例子可能会让我们想起黑格尔的一粒盐的类似例子），他写的东西
也不是对《精神现象学》的评论。尽管如此，这两段文字之间还是
存在着一些有趣的相似之处，一方的论证可能也有助于我们理解另
一方的论证。

布拉德雷在此类似于黑格尔，从一种集束观点推进到一种基
质/属性观点。他先是采取了集束理论家的还原主义的观点，集束
理论家把个别事物等同于它的各种属性（"例如，它是白的、硬
的、甜的"）。接着他问，我们如何能够说它是如此的，因为这将
使这个单一的个别东西等同于三个不同的属性。他论说到，通过使
该事物仅仅等同于这些属性中的一个属性，这么做并不能回避上
述困难，因为，既然该事物除了具有某一种属性，还具有其他属
性，并且这些属性是各不相同的，那么该事物就不等同于任何属
性。通过使事物等同于所有属性的集合，这么做也不能回避上述困
难。因为，属性是多个，事物则是一个（"糖显然不是单纯的白、
单纯的硬、单纯的甜；因为它的实在在某种程度上存在于它的统一

性之中",这里布拉德雷说到"糖"的时候似乎依然是指个别的糖块,而不是指一类糖)。面对这个困局,布拉德雷继而引入了基质/属性观点,这种观点认为,事物的统一性是某种高于其诸多性质的东西:诸多属性并不等同于个别事物,现在它们被视为存在于该事物之中,因此,"是"现在可以被视为谓述之"是",而非等同之"是"。不过,布拉德雷接着提出了传统的异议,即我们现在还要处理如下这个令人困惑的观念,这就是作为一个"纯然特殊的"、缺乏任何属性的事物的观念(请参见 Hume 1978: 16,"没有人会断言,实体是一种颜色,或者是一种声音,或者是一种味道。……因此,我们除了关于特殊性质的一个集合的观念,没有任何关于实体的观念,当我们就实体进行讨论或推理时,我们也没有任何其他的含义")。

现在,根据布拉德雷的论证来解释我们一直在考虑的《精神现象学》的这段话,它可以不再那么神秘。(关于对布拉德雷论证的更进一步有帮助的讨论,请见 Baxter 1996。)因此,黑格尔可以被理解为是在提出,一旦我们意识到对象的属性是各不相同的——因为如果这些属性要是有规定的,它们就必定是各不相同的("因为,只有当它们相互**区别**的时候,并且当它们把它们自己**与**作为它们对立面的**别的属性联系**起来的时候,它们才是有规定的")——则在把对象视为一些属性的一个共同例示的集束观点(把事物视为一个"**也**"的集束观点)中就存在着某种令人不满的东西。因为这样一来,我们似乎就不能够把这个个别的东西等同于这些属性了,因为如果我们把它们等同起来,个别的东西就会是多而不是一了("然而,由于这样一来这些属性就是相互对立的,因此它们就不能够在它们的媒介的那种单纯的统一性里共存了，而这种统一性对它们来说是与否定性同样本质性的"）。于是，我们可以把作为一的事物与作为多的属性区别开来，这时我们就已经达到了基质/属性观点，达到了把普遍东西视为内在于个别事物中（而不是构成了个别事物）的谓词的观点。继而，黑格尔运用了一/多问题来使我们从集束观点走向基质/属性观点，这个方式布拉德雷也采取了。此外，正如我们很快就会看到的，黑格尔和布拉德雷都认为，基质/属性观点与集束观点一样成问题；但布拉德雷由此进而主张，这意味着我们永远也不能达到对实在的一种连贯的观点，而黑格尔则仅仅用这个困境表明，我们必须对普遍性作出一种比知觉在这里所采取的构想更加深入的构想。（关于布拉德雷的悲观主义与黑格尔的理性乐观主义之间的对比这个一般性问题的更多讨论，请见 Stern 1993b: 200−204; Stern 2009: 333−37。）

在考察黑格尔的讨论如何沿着这个思路发展之前，讨论一下如下这个问题倒是很有趣：黑格尔/布拉德雷瓦解集束观点的尝试成功了吗？对布拉德雷论证（因而也是对这种布拉德雷式解读下的黑格尔论证）的一个标准异议是，他没有区分同一之"是"和谓述之"是"（请参见 Blanshard 1984: 217−18）。但这个异议似乎走入了歧途，因为事实上，布拉德雷的论证看起来是打算把我们从集束观点所采取的同一之"是"带到基质/属性观点所采取的谓述之"是"（在布拉德雷的论证中，对"是"的这种理解方式与集束理论家把"是"理解为同一一样，都是无法令人满意的，因为，属性所谓述的那个事物成为一个神秘的、纯然特殊的东西）。另一种可能的异议是，到目前为止，黑格尔/布拉德雷的论证忽略了集束理论家的一个显而易见的回应，这就是，事物等同于它的相互处于某种联系之中的那些属性，在此，那种联系足以使多个属性成为一个单独的个别东西。现在，布拉德雷自己事实上考虑了这个选项，他处理它的方式主要是继续追问，诸关系以此方式能否使多成为一？还是说，多/一问题将总是一再出现（请见 Bradley 1930: 16-23）？不过，黑格尔没有考虑这个异议，也没有提供像布拉德雷那样的针对关系的一般性论证；但是，这事实上并不必然是一个问题。因为，我们应该记住，他此时考虑的普遍东西乃是普遍的属性（白、咸等），在这些属性之间没有任何关系，因而它们的多样性不能通过这种方式而得到克服（正如黑格尔自己所说，"白色不影响或改变方形，而这两者又不影响或改变咸味，如此等等；相反，由于每一个属性本身都是单纯地自己与自己相联系，它们就并不干扰其他属性，而只是通过那漠不相关的也来与它们相联系"［PS: §113, pp.68-69］）。

因此，黑格尔从关于对象的集束理论出发，使用一/多问题来表明，意识如何不能够停留于它一开始的那种对个别东西的还原主义构想，这样我们就达到了取而代之的基质/属性构想。现在，黑格尔着手表明，意识对这两种观点都不能够保持满足，他主张，"唯一要做的就是发展这里呈现的矛盾"（PS: §117, p.70）。黑格尔论说到，意识在这两种构想之间来回摇摆，它有时候把对象看作诸属性的一个集束，而这就瓦解了它的如下感觉，即对象是一个真正统一的个别东西，不同于别的个别东西，有时候则把对象看作高于其多样属性的一个统一体，而这就导致了无特征的基质（characterless substratum）这个观念，从而返回了感性确定性的"**这**

69

个"。知觉不能够确定，哪种构想正确地刻画了事物究竟是如何是的，哪种构想仅仅源于事物向我们显得是的样子对我们的欺骗性影响：

> 我所领会的对象把它自己呈现为纯粹的"**一**"；但我也在它之中觉察到了一种**普遍的**属性，这属性由此就超出了【对象的】单独性。因而，那对象的本质作为一个"**一**"的最初存在，就并不是它的真实的存在。但既然**对象**是真实的东西，那么这种不真实性就属于我；我的领会当时是不正确的。为了属性的**普遍性**之故，我必须把对象的本质毋宁当作一个整体性的**共同体**。现在，我进一步知觉到，属性是**有规定的**，是与另一种属性**相对立**的，并且是排除了它的。因此，当我把对象的本质规定为与别的属性的一个**共同体**或者把它规定为一个连续体时，我事实上并没有正确地领会到对象的本质；为了属性的**规定性**之故，我必须打破这个连续体，把对象的本质设定为排他的"**一**"。

（PS：§ 117, pp.70–71）

面对看待对象的这两种半斤八两的方式，知觉左右为难，一方面，它使对象独立于它的多样的属性，把后者作为次要的，因而它主张，"事物仅仅对我们的眼睛来说才是白的，它对我们的舌头来说也是咸的，对我们的触摸来说也是立方的，等等"（PS：§ 119, p.72），另一方面，它把这些属性赋予对象本身，给对象一个把自己与其他事物区别开来的方式，避免使对象的本质是没有规定的，因而在这种观点看来，"事物本身事实上因而就是白的，也是立方的，并且也是咸的等等"（PS: §121, p.73）。相应于看待对象的这两种观点，存在着关于主体所承担的角色的两种观点，主体要么把对象统一体打破为多样的属性，要么把多样性一起把握为一个统一体；用黑格尔的话说，

> 如果我们回顾一下意识以前所承担的东西以及现在所承担的东西，还有意识以前归于**事物**的东西和现在归于**事物**的东西，我们就会看到，意识交替地把它自己和**事物**当作这两个方面，既当作一个纯粹的、并非多的"**一**"，也当作一个把自己消解在诸多独立"质料"中的"**也**"。

（PS: §122, p.74）

在这个阶段，意识没能找到任何方式来确定，看待事物的这两种方式哪种是正确的，哪种是欺骗性的，现在，意识把统一性和多样性都归于对象本身，试图通过把多样的属性作为非本质性的东西而使这种观点前后一致；然而，由于使对象区别于任何别的对象的东西正是这些属性，因而意识被迫承认，这些属性对对象来说依然是必要的，这样，这里本质和非本质之间的区别就崩溃了："不过，这个区别依然只是名义上的；那毕竟是必要的非本质东西取消了自身。"（PS: §127, p.76）

因此，黑格尔对于这里是什么陷入了错误，提出了他的诊断，正如我们已经指出的，该诊断聚焦于知觉所使用的对普遍性和个别性这两个范畴的不充分构想：尽管知觉对普遍性范畴已经有了某种

70

105

把握，但这是一个非常有限的构想，它把普遍的东西视为仅仅是诸如"白色的""立方的"这样一些感性的属性；这就使它把对象还原成了各种各样没有关联的属性，从而导致了黑格尔所分析的那些困难：

因此，对象在它的纯粹的规定性中，或者在那些曾经被设想为构成了其本质性存在的规定性中同样地被扬弃了，正如它在它的感性存在中被扬弃了那样。从感性存在【感性确定性的层面】出发，对象成了一个普遍的东西【知觉的层面】；但由于这个普遍的东西**起源于感性的东西**，它就在本质上受到了感性东西的**制约**，因此它根本就不是一种真正的、自身同一的普遍性，而是**受到某个对立面困扰**的普遍性；由于这个原因，这种普遍性就分化为单独的个别性和普遍性这两个极端，分化为诸属性的"一"和"自由的质料"的"**也**"这两端。……知觉的这种诡辩试图把这两个环节从它们的矛盾中拯救出来，试图通过区别**各个方面**，通过坚持于"**也**"和"在此范围内"，最终通过区别"非本质的"方面和与之相对立的"**本质**"来抓住真理。不过，这些解救办法并不能防止领会过程中的假象，相反，它们表明了，它们自身是相当空洞的；而通过知觉的这个逻辑所想要获得的真理则表明了，知觉本身即使从同一个角度看也是【它自己的】对立面，从而也表明了，知觉把一种缺乏区别和规定的普遍性作为了它的本质。

（PS: §§129–30, pp.76–77）

因而，这一章想要表明的是，尽管从感性确定性的不可还原的个别性转变到知觉所承认的各种普遍属性，这么做有一定的优势，但这么做并没有使我们前进得足够多；因为，随着知觉所面临的问题得到了揭露，"我们对处于与个别东西联系之中的普遍东西能够具有的最低程度的构想就是，把它的这种外在关系构想为仅仅是一个共同的要素"（SL: 621）。意识一方面把"**事物**"解释为"**一**"，另一方面又把"**事物**"解释为"**也**"，它在这两种同样都不令人满意的解释之间始终摇摆不定，面对这个情况，意识现在放弃了这种存在论，转而采取了"**力**"的存在论，随着黑格尔从"知觉"推进到"知性"，它成为下一章的焦点。

力与知性

在"知觉"这一章里边，意识在常识的日常世界以及常识关于事物和属性的存在论里边没有得到理性的满足，因为这种存在论使它陷入了一个它没有办法解决的个别东西与众多属性之间的辩证法。在"力与知性"中，意识试图通过以下做法来摆脱这个困境，它把常识的存在论放在一边，走向一幅形而上学的图景，该图景用自然科学呈现给我们的一种对世界非常不同的构想取代了日常感性经验的对象，在这种构想里，（用塞拉斯［Sellars 1963］的话说）事物和属性的"显然形象（manifest image）"被置于一旁，物理学所青睐的世界的"科学形象（scientific image）"则占据了优先地位，在这一转变中，常识的存在论被抛弃了。[1]

---

1 "manifest image"和"scientific image"这一对概念是塞拉斯在其著名论文《哲学与人的科学形象》("Philosophy and the scientific image of man", 载于 *Science, Perception, and reality* [1963])中提出的。这篇文章主张，哲学的目标是从整体上认识我们是如何认识的。塞拉斯被罗蒂誉为把分析哲学从休谟阶段推进到了康德阶段，而实际上，塞拉斯也深受沿着康德先验思路推进的黑格尔哲学的影响。康德和黑格尔都有一个根本的主张，即我们是根据先验的（纯粹的）概念框架来经验和认识世界的。只不过，康德没有着力区分日常的经验及认知和科学的经验及认知，而是隐含地认为它们是一样的，并且，他所探讨的、为经验及认知奠基的先验概念框架也是唯一的。相比之下，黑格尔则区分了经验及认知的诸多类型，并在总体上把它们分为自然的意识经验及认知和哲学的意识经验及认知，不同的意识经验及认知由不同类型的概念框架作为形而上学根据。而塞拉斯在上述这篇长文里则把人的认知概念框架区分为两种基本的类型，一种是我们人类在漫长的演化历程中形成的、使得人类在地球上脱颖而出的概念框架，它内嵌于我们每个人的心智，我们日常不假思索就频繁地使用它。并且，这种概念框架的一个主要功能是处理一个人在群体生活中对其他人行动的认知和预测。因而，事物的"显然形象"就是事物在这种概念框架下显现出来的样子——对我们人类来说，它们"显而易见（显）就是如此的（然）"。而科学的概念框架则不同于前述人类演化历程中形成的概念框架，科学的概念框架基于各种科学理论设定的东西来描述和解释事物，并且，科学的概念框架有多个层次。因而，事物的"科学形象"就是事物在这种概念框架下显现出来的样子。塞拉斯观察到，事物基于科学概念框架的"科学形象"与它们基于日常概念框架的"显然形象"之间是有冲突的。面对这个冲突，塞拉斯作为一个科学实在论者，最终站到了"科学形象"这一边。但如何把日常概念框架着力处理的人的形象纳入这种科学的概念框架之中，如何形成人的"科学形象"？在此，塞拉斯承认，科学无法完全地重构人的形象，因为人在某种程度上是一种规范性的生物，说人应当如何或者不应当如何，这不是对人的描述和解释，而是在预演一种集体共同的意图。这样，要完善人的"科学形象"也就意味着，要用共同体以及个体意图的规范性语言来丰富人。塞拉斯的这个思路极大地影响了布兰顿、麦克道威尔等当代哲学家的思路，有兴趣的读者可以深入探究这个话题。——译者注

今天，我们可能会根据彻底颠覆性的量子力学形而上学来思考这一科学形象，但在黑格尔的时代，科学的构想主要集中于力这个概念，它似乎打开了一幅新的世界图景，完全不同于感性经验呈现给我们的世界图景。力这个概念通过牛顿的工作支配了十八世纪的物理学，它在笛卡尔、莱布尼茨和康德的思想中也扮演了一个显著的角色。特别是康德，他对物质的动力学观点[1]被费希特和谢林接受，因而开始被整合进了德国理念论的自然哲学（*Naturphilosophie*）发展历程（对此的一个很有帮助的历史概述，请见 Luntern 1993）。这个概念被置于中心位置，使一种新的、偏离了传统物质实体存在论的实在图景成为可能，我们发现，

> 如果我们想要凭借单个的概念来刻画十八世纪一般科学的研究进路，那么很多人会选择力这个概念。……它被运用于【包含于】各种各样的语境，…经典力学、…流体力学、磁学、电学、化学、生物学以及医学，还有心理学、伦理学、美学以及物理神学[2]。

（Neuser 1993: 383-84）

---

1 康德的有关观点主要出现在他1786年的《自然科学的形而上学初始根据》一书中，他在那里运用各种力的概念讨论以牛顿为代表的科学世界观的形而上学概念根据。——译者注

2 物理神学（physio-theology），也可译为自然神学，它是现代早期物理学与神学相结合的产物，它试图通过对自然世界的科学研究来得出上帝实存的证据和证明。——译者注

现在，黑格尔在他对力的讨论中态度是相当微妙的。因为，一方面，他看到了，力这个概念在某种意义上非常具有吸引力，它看起来克服了对事物和属性的常识构想所面临的困难，另一方面，他也力图表明，这个"科学形象"本身很成问题，因为它过于偏离常识构想，因而重新导致了一个与个别性和普遍性有关的难题。因此，他与当时对力这个概念的哲学狂热拉开了距离，他试图表明，仅仅从显然形象推进到科学形象，这并不能解决我们的哲学困境。

黑格尔首先展示了，转向科学形象，这对意识来说如何可能，看起来代表了一种进步；我们不再不得不面对被运用于事物的一 / 多辩证法了，因为实在现在被构想为内在地关联着的诸力的一个相关联系的整体："换言之，那些被设定为独立东西的'质料'直接地过渡到它们的统一性之中，它们的统一性又直接地展开为统一性的多样性，而这种多样性又返回到统一性。但这个运动就是被称作力的东西。"（PS: §136, p.81）我们在被给予感性经验的世界里是无法直接看到这种相互联系的，在这个世界里，实在显得是由各不相同的东西组成的；但这个模样现在被意识看作仅仅是内在地关联着的诸力的一个更加整体性的结构的表象：

> 由此我们看到，力这个概念通过双重化为两种力而成为**现实的**，以及它是如何成为这样的。这两种力作为两个独立的本质而实存；但它们的实存是每一方朝向对方的运动，这样，它们的存在确切地说是一种纯粹的**设定**或**由另一方所设定**的存在，也就是说，它们的存在实际上具有纯然**消失**的含义。……因此，这些环节没有被分为两个独立的极端，每个

极端都只提供一个对立的极端。它们的本质毋宁说仅仅在于并且完全在于，每一方都仅仅是通过另一方而存在的，并且每一方都由此而立刻就不是其所是了，因为每一方都是另一方。事实上，这样它们就并不具有任何可以支撑和保持它们的、它们自己的实体。……因此，**力的真理仍然只停留于对力的思想**；而力的现实性的诸环节，它们的实体性和它们的运动，都毫无支撑地坍塌为一种没有区别的统一性了。……事物的这个真正的本质现在具有这样的特性：它不是直接地为意识的；相反，意识对于这内在的存在有一种间接的关系，并且，意识作为知性**通过诸力的这种中介的作用来窥见事物的真实背景**。

（PS: §141 and 143, pp.85—86）

因此，根据科学的理论家的看法，如果意识把世界处理为感性经验所呈现的东西，那它是不可能得到理性的满足的；不过，如果它把世界处理为一个单纯的表象，转而根据存在于表象之下的力这个更加整体性的概念来思考世界，则（该理论家声称）我们就可以发现一条克服知觉所面临的一／多问题的道路："在这个内在的真理中……绝对的普遍东西……从普遍东西与个别东西的对立中纯化出来，成为知性的对象。"（PS: §144, p.87）

不过，意识随后发现，如果它试图推进到科学理论家所采取的"双重"观点，以此来摆脱我们对世界的日常构想所导致的那些困难，则它一定会付出代价："对意识来说，内在的世界还是一个纯粹的彼岸，因为意识还没有在它里边找到它自己。内在的世界是

74

空洞的，因为它仅仅是表象的空无，肯定地说它只是那单纯的或单一的普遍东西"（PS：§146，p.88）。黑格尔有力地表明的困难是我们熟悉的困难：尽管从显然形象推进到科学形象，这可能会帮助我们摆脱知觉的困境，但这个做法里边蕴含的我们世界观中的分道扬镳（bifurcation）所造成的问题和解决的问题一样多，因为，一旦我们进入经验性的现象这个层面以下，我们就很难辩护说，我们能够认识这个底层的实在，或者我们知道关于它我们可以谈些什么。因而，它成了一个"超感性的彼岸"，超出了我们的理智能力可以抵达的范围。因此，科学的理论家似乎并不能够给我们提供什么理由，让我们从一种存在论的观点认真对待他的世界图景，除非他能够给我们一些理由，使我们认为这个图景是真的；不过，当我们已经走到了超出诸感官直接证据的地方，如何能够得到这样的理由呢？

这时，知性试图通过支配着自然现象的规律来辨识这个超感官的领域，以此来使这个领域不那么神秘，这些规律既高于现象，又具现（instantiate）于现象之中：

> 因此，那**超感官**的世界就是一个静止的**规律的领域**，它虽然超出了被知觉的世界——因为这个被知觉的世界只是通过不断的变化来显示规律的——但同样**呈现**于被知觉的世界之中，并且就是被知觉的世界直接的、宁静的形象。这个规律的领域实际上是知性的真理，该真理在规律中具有自己的内容。

（PS：§149，pp.90-91）

不过，黑格尔在这里看到了多个困难。第一，他论说到，根据对规律的这种构想，知性很自然的做法是，寻找某种方式把它的诸规律统一为一个统一的理论；然而，

75
       当这些规律这样相一致的时候，它们失去了各自特殊的特性。规律变得越来越浮泛表面，结果，我们发现的事实上并不是**这些特殊规律**的统一，而是一条略去了诸规律的特殊特性的规律。

（PS: § 150, p.91）

换言之，诸规律在变得统一的时候，也变得更加一般了，而在变得更加一般的时候，它们丧失了对具体世界的适用性。第二，黑格尔论说到，根据规律来对世界作出的理解是不完全的，因为它没有回答，为什么我们获得的是这些规律，宇宙似乎本可以服从别的规律："但在规律的所有这些形式中，必然性都表明自己只是一个空洞的语词"（PS: § 152, p.93）。第三，黑格尔主张，尽管诸规律可以帮助我们一般地思考现象，但它们所做的更多是描述而不是恰切的解释：

       例如，闪电这个单独的事件被理解为一个普遍的东西，而这个普遍的东西又被说成是电的**规律**；这样，这个"解释"就把**规律**归结为**力**，把力作为规律的本质。……在这种同语反复的运动中，正如我们已经看到的，知性坚持于对象的静

止的统一，运动则仅仅落在了知性自己之内，而不在对象之内。这运动是这样一种解释，它不仅没有解释任何东西，而且很显然，尽管它假装要说出某种不同于已经说出的东西，但它实际上根本没有说出任何东西，而只是在重复同一个东西。

（PS: §§154-55, pp.94-95，译文有改动；请参见 SL: 458-59）

这里再一次地，知性的规律似乎并没有使我们超出"显现"的领域，所以力的世界依然是一个神秘的"彼岸"。因而，鉴于知性开始把力和规律构想为在显现给我们的特殊对象之下的普遍东西，它现在看到，没有经验性的现象的特殊性，我们对一般规律的谈论就不会有任何内容；因而就此看来，它宣称已经确立起了普遍性相对于特殊性的优先性，这个宣称是不稳定的。

于是，在最终的大胆举措中，黑格尔提出了"颠倒的世界"这个思想，把它作为知性对实在的"双重构想"的一种归谬法。黑格尔在1801年为《哲学批判杂志》所写的导言里首次使用了这个术语，他在那里评论道，在其秘传的形式中，"在其与常识的关系中，哲学的世界自在自为地是一个颠倒的世界"（CJI: 283）。他在《精神现象学》里边把对颠倒的世界的讨论与他之前对力与规律的说明联系了起来，其联系的方式非常令人难以琢磨；但他大致的观点似乎是，一旦知性设定了一个超感官的世界——它超越于并且高于对日常经验来说显而易见的世界——意识就很难说，这个超感官世界"自在地"实际上是什么样子：

76

表面上看，这个颠倒的世界是前一个世界的对立面，它在自身之外拥有前一个世界，并把前一个世界作为一个颠倒的现实世界而从自身排斥开：前一个世界是现象，但另一个世界是自在者；前一个世界是为他者而存在的世界，另一个世界是为自己而存在的世界。因此，用前面的例子说，凡尝起来是甜的东西真正说来或内在地说来，在事物中就是酸的；或者，在现象世界中现实的磁铁上是北极的，在内在的或本质的存在中就会是南极；凡在成为现象的电里表现为氧极的，在非现象的电里就会是氢极。

（PS：§159, pp.97-98）

　　因而，在从显然形象到科学形象的转向中，作为知性的意识并没有得到理性的满足：由于科学形象仅仅被构想为对显然形象的否定，因此一切可以被归于"内在的"（和"真实的"）世界的东西都只是我们知觉到的东西的对立面，它们全都无助于我们理解或解释我们知觉到的东西。

　　黑格尔在这一章的最后采用了"我们"（作为现象学观察者）的观点，他告诉我们，从这种观点看，知性的二元论可以在无限者这个概念中得到辩证地克服：

　　因此，我们必须从颠倒这个构成了超感官世界的一个方面的根本性质的表象中清除掉把诸多区别固定于一个不同的持存元素中的那种感性表象。……这样，那作为颠倒的世界

77

的超感官世界就同时涵盖了另一个世界，并在自身中拥有这另一个世界；超感官世界**自为地**是颠倒的世界，就是说，它是它自己的颠倒；它是一个统一体中的它自己和对立面。只有这样，它才是作为**内在区别**的区别，或是**自在本身中**的区别，或是作为**无限性**的区别。

（PS: 160, pp.98-99）

黑格尔解释说，从这个角度看，知性面临的问题实际上是伪问题，因为它们并不适用于被如此构想的无限者："因此，我们无须问这个问题，更无须认为纠缠于这个问题才是哲学，甚至认为这个问题是哲学不能够回答的，这个问题就是：'区别或他者如何会来自这个纯粹的本质，如何会从它里边产生出来？'因为，分裂为两个环节，这已经发生了，区别已被排除出自身同一的东西，并被置于一旁。因而那被设想为自身同一的东西已经是这两个环节中的一个，而不是那绝对的本质。"（PS: §162, p.100）因此，我们在此有一个差异中的同一的辩证结构（a dialectical structure of identity-in-difference），在该结构中无限者并不是不同于有限者，而是在自身中包含着有限者（请参见EL: §94Z, pp.137-38）。不过，正如黑格尔表明的，作为知性的意识还没有准备好以此方式来把握无限者概念，因而它没有采取这个解决它的困难的方案：

在作为前一个规律之颠倒的这个相反的规律里，或者说，在这个内在的区别里，无限性本身虽然成了知性的对象，但知性又没有达到无限性本身，因为，它又把自在的区别——

同一东西的自身排斥，以及不同东西的自身吸引——分配到两个世界或两个实体性的元素上去了。

（PS：§164, pp.101-2）

意识不能够为它自己把握到这个解决它困难的方案，它就必定会以另一种方式来寻求满足，因为，它看起来不再能够找到与世界的理智和谐，从而找到它所寻求的东西，也就是"自己在自己的他者中的意识"（PS：§164, p.102）。我们知道，一旦意识克服了它的片面性，这就是可能的了；但"这个真理只对我们，而不是对意识实存"（PS：§164, p.102）。

因此，在《精神现象学》的第一篇，黑格尔已经表明了，对意识来说基本的形而上学和认识论问题是如何产生的，这是由意识构想普遍和个别之间关系的方式所导致的。黑格尔已经努力展示了，这些方式全都是不充分的，因为每一种方式都使意识陷入了某种根本的困境，从而，如果意识要获得一种理性上令人满足的形而上学世界图景，就必须找到对这些范畴的某种新构想。不过，意识在《精神现象学》里边没有把握到那种新的构想，因为那是《逻辑学》的工作，这个【《精神现象学》的】批判性讨论就是为它做准备的。《精神现象学》打算表明的是，感性确定性、知觉和知性所列举的这些选项都失败了，因此，意识如果要避免这些成问题的观点，就必须找到新的思维方式。简言之：黑格尔在《逻辑学》里论说到，所需要的乃是一种对普遍者的实体种类的构想（a substance-kind conception of the universal），例如"人""马"，这种普遍者是被作为一个统一东西的个别东西的一个单独的本质属性，从而个别东西就既不是诸多普遍属性的单纯集束，也不是一个纯然缺乏性质的基质，由此，对普遍性的这种构想就摆脱了一/多问题；这种构想因而就足以保护常识的对象存在论，又不诉诸知性的双重图景。（请参见PS：§62, p.39，"普遍的东西不应该只具有谓词的含义，就好像这个谓词断言的仅仅是'现实的东西是普遍的'；相反，普遍的东西应该表达现实东西的本质"。也请参见SL: 36-37，"每个人都被认为是无限地独特的，他是如此首要，因为他是一个人，每个个别的动物也都是一个如此首要的动物，因为它是一个动物：如果真是如此，那么，如果这个基础被移除，则无论赋予这个个体多么丰富的其他谓词，就是说如果这个基础可以同样地被称作与其他谓词一样的谓词的话，我们也不能说，这个个体还能是什么"。关于黑格尔正面立场的进一步讨论，请见Stern 1990。）

向自我意识的过渡

到此为止，黑格尔即将转入对自我意识的讨论，在那里，关注的焦点将从意识如何构想世界中的事物转变为它如何构想作为主体的它自己。不过，从对象的辩证法到主体的辩证法的过渡是如何发生的，这一点并不完全清楚。

根据一种解读（例如 Pippin 1989: 131-42, Rockmore 1997: 56-58, Stewart 2000: 59, 99-103），这个过渡得要根据本质上康德式的术语来理解，它要被理解为，在颠倒的世界的困境之后发生的是，意识最终相信，"现象的本质、统一性的起源以及现象的秩序并不是某种超越的东西，或某种像一般化这样的规律（some law like generalization），而是知性本身自觉的活动（the self-conscious activity of the understanding itself）"（Pippin 1989: 139）。这使得从对象到主体的过渡很容易得到解释：既然对象原来是由主体"建构"的，那么很自然地，我们现在应该从前者转向后者，从而从意识转向自我意识。不过，这种解读的问题在于，它使黑格尔的观点太接近康德的观点了（皮平很愉快地承认了这个事实：请参见 Pippin 1989:

131，在那里，他把论力的那一章刻画为"黑格尔对理念论的现象学证明的第一个阶段，也是最重要的阶段"）。这使得对过渡的这种解读引起很多争议，因为，对黑格尔的这种康德式处理并没有得到广泛接受（请参见 Stern 1990, Wartenberg 1993, K. R. Westphal 1989 and 1993a）。此外，即便如下这个说法是正确的，即我们得要根据一种康德式的精神来看待"此时知性所经验的仅仅是它自己"这个黑格尔的主张，我们也很难看出，这解释了向自我意识的过渡：因为，正如我们已经看到的，此时黑格尔是在采用作为现象学观察者的"我们"的观点，而不是在采用意识自己的观点；因此，当他说，我们看到"知性所经验的仅仅是它自己"的时候，他所暗示的似乎是，意识自己并没有看到这一点。如果情况是这样的话，那么，从意识向自我意识的过渡就不能够根据康德的术语来解释，不能够把这个过渡解释为由意识做出的一种意识（realization），意识意识到，它在某种程度上规定了世界。

不过，还可能有一种更加中立的解读，根据这种解读，支 [80] 撑着从意识到自我意识的过渡的，不是从实在论到理念论的转变，而是从理论到实践的转变，根据这种解读，我们在理论化（theorizing）的时候对世界采取了一种"超然的（detached）"观点，因而从我们作为在世界中的主体这个位置中抽离出来，而在实践的活动中，我们作用于世界，因而把我们自己作为主体置于事物的中心。（请参见 Kojève 1969: 37–38。也请参见 Harris 1997: I, p. 308："因此，一段新的旅程在这里开始了——这就是曾经'使它自己置身一旁'的自我意识的实践之旅。"）黑格尔常常根据这些术语来对比理论的态度和实践的态度（请参见 LA: I, pp. 112–13,

EN: I, §§ 245–47, pp. 195–205），在理论的态度中，我们集中关注于对象，而在实践的态度中，我们使对象从属于主体；如果在《精神现象学》的这个地方我们是在这两种态度之间运动，那么，这就可以解释从意识（它就像理论的态度，是面向对象的）到自我意识（它就像实践的态度，是面向主体的）的转变。的确，看起来在"力与知性"这章中占主导地位的是理论的态度，而这种态度随着对颠倒的世界的讨论显然也导致了失败。黑格尔在《哲学全书》第二部分（他的《自然哲学》）"导论"中对理论的态度的刻画与《精神现象学》到目前为止的辩证法是类似的，有助于我们理解它：

> 在理论的进路中，(a) 最初的要素是我们从自然事物回撤，让它们如其所是，并调整我们自己以适应它们。在这么做的时候，我们从我们关于自然的感性认识出发。然而，倘若物理学仅仅基于知觉，而知觉又无非是诸感官的明证，那么，自然科学家的活动就将仅仅在于看、嗅、听等，从而动物们也就会是物理学家了。……(b) 在事物与我们的第二种关系中，事物或者为我们获得普遍性的规定，或者我们把它们转变为某种普遍的东西。在日常的知觉中思想越是占据主导地位，事物的自然性、个别性和直接性就消失得越多。随着思想侵入自然无限的多样性，自然的丰富性就贫乏了，自然界的青春时光就夭折了，它的色彩变幻就消失了。自然中生命的喧闹在思想的沉静中陷于无声；它在万千动人的奇迹中形成的温暖丰富的生命萎缩成了枯燥的形式和没有形态的一般性，这种一般性就如同一团荫翳的北方大雾。(c) 这两种

81

规定性都与实践态度的两种规定性相对立，我们也发现，理论的进路在其内部是自相矛盾的，因为它带来的似乎恰恰是它意求的东西的对立面。我们想要认识实际所是的自然，而不是某种不是其所是的东西，但我们并没有不干扰自然、如实地接受它，并没有把它作为被给予的东西接受下来，相反，我们使它成为某种完全不同的东西。……理论的进路是从抑制嗜欲开始的，它是无关切的，它听任事物以它们自己的方式持存，从而立即就显示出两个方面，即主体和对象，这两者的分离被固化为此岸和彼岸。然而，我们的目标毋宁说是把握和理解自然，使自然成为我们的东西，从而它对我们来说不是某种超越的和异己的东西。

（EN: II[1]，§246Z, pp.197-98）

与他在《精神现象学》里的做法类似，黑格尔在这里把理论的态度刻画为从对世界的实践参与的"回撤"，这就以某种方式使主体置身一旁了；结果，主体所经验的那个世界就消失了，取而代之的是探求更大"客观性"的理论家提出的科学图景。不过，"颠倒的世界"的教训是，意识于是感到实在的本性是不可把握的，主体和对象之间的一种表面上不可克服的分裂出现了。面对这个失败，意识自然地从理论的态度退缩，走向它的对立面，即实践的态

---

1 作者在本书中援引黑格尔《哲学百科全书·自然哲学》文本的时候似乎都错误地标注为"EN: I"，译者都做了相应的订正，在译文中标注为"EN: II"。后文类似的情况不再说明，请读者留意。——译者注

度。在此，主体对对象的参与是更加直接的，由于主体再一次地成为在世界中的一个存在者，而不只是对世界的一个无关切的旁观者，因而世界也重新获得了它的"色彩"。因此，我们预期《精神现象学》这里的过渡乃是一条否定之路：意识已经发现，科学的理论家企图从世界向作为处于世界之中的主体的我们所呈现出来的样子抽离出来，以此来看待世界，但科学理论家的立场最终陷入了不连贯，于是，意识现在把世界看作主体能够通过自己与之的实践关系而直接参与之的东西，把世界看作无非是主体自我表达的载体。

现在，黑格尔在《自然哲学》里边清楚地表明了，随着意识寻求"掌控"自然世界，实践的态度也可能会被片面地发展（EN: II, §245Z, pp.195-96）。同样地，黑格尔在《精神现象学》里结束"意识"篇时警告道，在打发理论的态度所采取的那种对实在的双重观点时，意识可能会发现，它过快地转向了一种主体中心的构想，它试图在这种构想中达致"自我意识，一种向自我内部的反思（a reflectedness-into-self），在它的他者中意识它自己"（PS: §164, p.102）：

这就显示出，在这个据说隐藏着内在世界的所谓帷幕之后，什么东西也看不见，如果**我们**自己不走进它后面去的话，同样，除非有某种可以被看见的东西在它后面，否则也不会有什么东西被看见。但与此同时，显而易见的是，我们不可能不费任何周折就笔直地走进现象的后面。因为，这种关于什么是日常构想的现象的真理和什么是现象的内在存在的真理的知识，本身不过是一个复杂运动的结果，通过该运动，意识的诸模式即"意谓"、知觉、知性都消逝了；并且，同样显而易见的是，**意识在对它自己的认识中认识到了什么**，要认识到这一点，就需要一个更加复杂的运动，接下来的内容就是对此的阐释。

（PS: §165, p.103）

黑格尔现在要探究的就是这个"复杂的运动"。

内容概要

感性确定性

§§90-91（pp.58-59）把感性确定性刻画为无中介的、纯然领会的，这也是感性确定性最初被意识作为最丰富、最真实知识的原因。

§§92-94（p.59）这种知识有两个要素："**我**"以及"**我**"宣称知道的"**这个**"。

§§95-99（p.59-61）感性确定性宣称直接地熟知那个别的"**这个**"，"**这个**"在它的经验中呈现于"**这时**""**这里**"；然而，感性确定性不能够根据这些词项来区别诸多个别的东西。

§§100-102（pp.61-62）感性确定性也不能够区别它自己和其他的"**我**"。

§§103-108（pp.62-64）感性确定性也不能够区别它的"**我—这个**"之间的关系和其他主体与其对象之间的关系。

§§109-110（pp.64-66）总结这个讨论向我们表明了什么，

这就是，感性确定性的存在论和知识论是不充分的：实在并不是由诸感官单独地就能够赋予我们访问特权的那些纯然个别的"**这个**"构成的。

知觉

§§111-112（p.67）意识吸取了感性确定性的教训，现在它推进到了*知觉*的立场，这种立场把对象作为一个具有普遍属性的个别事物。

§§113-116（pp.68-70）不过，有两种方式来看待个别对象和它的属性之间的关系：一是把个别对象视为诸属性的集束（"**也**"），二是把个别对象视为在诸属性之下作为基础的单个实体（"**一**"）；前一种观点得要艰难地说明，是什么使得诸属性统一起来的，而后一种观点则得要艰难地把一个无属性的基质与别的无属性的基质区别开来。

§§117-122（pp.70-74）意识把对象本身与对象向意识显现的样子区别开来，以找到一条走出上述困境的道路，首先，它把对象视为"**一**"，但这个"**一**"的诸多属性乃是我们经验的产物（§§119-20），继而，它又把对象视为"**也**"，但这个"**也**"的统一性乃是我们经验的产物（§§121-22），意识犹豫不决地在两者之间来回摇摆。

§§123-128（pp.74-76）意识现在试图把对象视为在自身中就是统一的，但对象与其他事物处于多样的关系之中，意识把前者视为本质性的，把后者视为非本质性的；然而事实上，这两个方面都需要弄清楚对象作为个别东西的意思，因此，这些区别崩塌了。

84

§129（pp.76-77）这就指明了通向讨论知性的下一章的道路，知性根据"自由的质料"和力来处理对象。

§§130-131（pp.77-79）总结这个讨论向我们表明了什么，这就是，知觉所把握的普遍/个别这一关系依然是肤浅的，因为它（像感性确定性那样）只在感性的层面活动。

力与知性

§§132-142（pp.79-86）意识现在超越了纯然感性的东西，把对象构思为是由不可见的诸力的作用构成的，这些力使个别东西统一与分解。

§§143-148（pp.86-90）这些力被视为内在的领域，超越了现象。

§§149-157（pp.90-97）这个内在的领域是根据支配着这些力的规律而得到构想的；但知性得要艰难地赋予这些规律以内容。

§§158-160（pp.97-98）这些问题导致了"颠倒的世界"这个观念，根据这个观念，一切事物都是它显现的样子的对立面。

§§161-164（pp.98-102）黑格尔引入了无限者这个概念，它能够克服他此前历经的辩证张力，但知性本身还不能够把握黑格尔的这个做法。

§165（102-3）黑格尔提出了从意识向自我意识的过渡，也就是从思考诸对象和我们周围世界的各种方式向思考作为主体的我们自己的各种方式的过渡。

第三章

主体的辩证法

（B.自我意识）

主人与奴隶

随着意识的失败，以及意识纯粹以对象为中心的理论态度的瓦解，我们现在来到了自我意识，它采取了相反的立场，把主体置于事物的中心。正如我们可能预期的，黑格尔想要表明的是，这两种态度都是片面的：简单地说，意识是片面的，因为它企图把它自己移出世界，以此来采取一种纯然客观的立场，而自我意识也是片面的，因为它企图过强地把自己加于世界，因此，自我/世界这个区分瓦解了，自我意识沦为了"'我是我'这个静止的同语反复"（PS: §167, p.105）。黑格尔在《哲学全书》的第三部分（《精神哲学》）讨论自我意识时非常清楚地提出了这里的这个问题：

我们在意识中看到了，"我"这个完全**简单的**实存作为一方和世界的无限多样性作为另一方之间的巨大**区别**。"我"和世界的这个尚未达到真正调和的对立构成了意识的有限性。另一方面，自我意识则在其依然非常抽象的自我同一性中有其有限性。在直接的自我意识的我＝我之中呈现出来的只是一种应当存在的区别，还不是一种**被设定的**或**现实的**区别。

（ ES: § 425Z, p.166 ）

黑格尔在前面讨论了意识，现在他力图指明，自我意识不能够恰切地解决普遍与个别的辩证法——不过这次不是在与对象的关系中，而是在与作为主体的它自己的关系中——以此来揭示自我意识的片面性。

黑格尔已经引入了从意识到自我意识的转向，他觉得自己能够从理论态度"贫瘠的形式和无定形的一般性"（它们是他对意识的讨论的结论）推进到对自然的一种构想，这种构想重新充满了"生命的喧闹"（EN: II, § 246Z, p.198）。因此，由于自我意识（作为实践的态度，而非理论的态度）是通过在欲望的层面与世界相互作用而开始的，因此它发现，"荫翳的北方大雾"已经散去，一个充满了有生命事物的世界显露出来：

> 但对**我们**来说，或**自在地**来说，对自我意识而言是否定性要素的那个对象，就它那一方面来说返回到了它自身，正如就另一方面来说，意识也返回到了它自身。通过这种向自身之内的反思，对象就成了生命。那被自我意识作为有其**存在**而与它自己区别开来的东西，即使被设定为存在，也不单是在自身具有感性确定性和知觉的特性，而且也是反思到自身的存在，而那直接欲望的对象就是一个**有生命的事物**。

（ PS: § 168, p.106 ）

黑格尔继而提出，自我意识不能够通过简单地把自己等同于有生命事物的世界来"确定它自己"，因为，那个世界里为个别性概念留下的空间看起来非常小；在生命的层面重要的是属（genus），而不是特殊的个体，因此在这个层面，"我"作为一个特殊的个体是无足轻重的。因此，自我意识把它自己构想为不只是一个单纯动物的意识（请参见PS: §172, pp.108-9）。

欲望

黑格尔现在开始表明，一旦主体推进到了专注于作为个体的自己的层次，从而"把作为一个纯粹的'我'的它自己作为对象"（PS: §173, p.109），则主体如果"直接地"这么做——比它在与世界的理论态度中通过最简单的感性确定性模式来寻求满足的做法还要直接——那么它就不再能够在其与世界的实践关系中得到满足。这种实践的关系最简单的形式是欲望，在欲望中主体把自己表现为一种纯粹的意志，在这种意志里边任何来自世界的疏离感（sense of estrangement）都通过对对象的摧毁，从而通过对对象严格意义上的他者性的否定而得到了回击：

> 在确信这个他者的虚无性时，主体明确地肯定了，这个虚无性**对它来说**是他者的真理；它消灭那独立的对象，并借此给予自身以确定性，**真实的确定性，在一种对象性的方式中**对自我意识本身而言已经变得明确的确定性。

> （PS: §174, p.109）

因此，具有欲望的主体试图通过否定它周围的世界来保存它自己的个别性。不过，欲望的困境在于，它包含着对对象的消灭，而一旦对象被毁灭了，主体就没有什么东西来施加它的掌控，从而展示它的个体性了。因此，主体必定会发现它自己是另一个将要毁灭的对象，这样，这个过程可能会重新开始，这就导致了一个显然空洞的回退：

> 欲望和在欲望的满足中所达到的自身确定性是以对象为条件的，因为自身确定性来自对这个他者的扬弃；而这个扬弃要能够发生，就必须有这个他者。因此，自我意识通过它与对象的否定性联系是不可能取代对象的；实际上正由于那个关系，它一再地产生出对象，以及欲望。

（PS：§ 175，p.109）

在此，黑格尔提供了一种他特有的"预演"，他在其中告诉我们，欲望所面临的困难最终将如何得到解决。当单个的自我意识看到世界包含着其他的自我意识时，困难将得到解决；因为，当主体看到他者是像它一样的自我，从而在他者中认识它自己时，主体所面对的就不再是纯然的他者性，在纯然的他者性中，主体只有通过否定世界才能在世界中发现它自己。正如黑格尔清楚地表明的那样，当自我意识着的主体能够"在他者中看到它自己"的时候，我们在贯穿《精神现象学》的意识之旅中就已经抵达了一个决定性的转折点，此后意识所采取的观点将会比迄今为止所达到的观点更加平衡：

自我意识作为一个对象，既是"我"也是"对象"。这样，我们手头就已经具有了**精神**这个概念。意识依然需要做的是，去经验精神是什么——【精神】这个绝对的实体就是各种不同的、独立的自我意识的统一，这些自我意识在它们的对立中享受着完全的自由和独立："我"就是"我们"，并且"我们"就是"我"。意识在自我意识中，在精神这个概念中，第一次发现了自己的转折点，在这个转折点上，它离开了感性的这里－这时五光十色的表象【请参见感性确定性和知觉】，离开了超感官的彼岸黑夜般的空虚【请参见力与知性】，跨入了当下的精神白昼。

（PS：§177, p.110-11）

这段话之后一节的标题是"自我意识的独立与依赖：主人与奴隶"，[1]在这一节的开头，黑格尔继续他的"预演"，说明了这一相互承认包含着什么（PS：§§178-84, pp.111-12）。根本上说来，每个自我意识都必须承认，他者是一个自主的主体，是"一个有着自己的独立实存的东西，因而，如果那个对象没有自愿地做这个自我意识对那个对象所做的事情，该自我意识就不能把那个对象用于它自己的意图"（PS：§182, p.112；这显然呼应了康德的如下说法，

89

1　米勒的译本在此使用的是"Lordship and Bondage"，不过英语学界在解释这一节的时候更常用的译法是"Mastership and Servitude"或者"Master and Slave"，这或许是为了避免米勒对*Knechtschaft*的译法中包含的误导人的性别意味，这个德语词仅仅指仆人、雇农或附庸意义上的奴隶。

即要把人作为自在的目的，而不要把人仅仅作为手段）；此外，每个自我意识也必须认识并接受，它的好生活和作为主体的同一性依赖于其他自我意识如何看待它（这是黑格尔的承认区别于康德的"尊重［respect］"的地方）。如果这种承认是相互的，黑格尔论说到，那么任何一方都无须害怕，由于承认了他者，由于觉得它自己依赖于他者（例如，在爱的关系中），它就"丧失了自我"（PS：§ 179, p.111）：

> 每一方都看见他者做它所做的同样的事；每一方自己都做它要求他者所做的事，因而它也做他者所做的事，这只是因为他者在做同样的事。单方面的行为不会有什么用，因为要做的事情只有通过双方才能实现。

（PS：§ 182, p.112）

（关于对黑格尔承认构想的进一步讨论，请见 Honneth 1995: 3-63,
Siep 1979, Williams 1992。）

生死斗争

不过，黑格尔清楚地表明了，他对得到了完全发展的承认作出这个概要性的说明，乃是在期待尚未到来的东西，他评论说，

> 我们现在需要看看，承认这个纯粹的概念，即自我意识在其同一中的双重化是通过怎样的过程而**显现**于自我意识的。**首先**，该过程将展示双方的不平等性这个方面，或者说将展

示中项分裂为两端，这两端作为两端相互对立，一方只是**被承认者**，另一方只是**承认者**。

（PS: §185, pp.112-13，前两个强调是我加的）

因此，在我们已经抵达的这个阶段，单个的自我意识在面对其他自我意识的时候，还没有能够获得对它自己的同一性的一种稳定的感觉，他在其他地方提出了这个问题：

在这个规定里包含着巨大的矛盾：一方面，由于"我"是全然普遍的东西，绝对地无处不在的东西，不为任何界限所中断的东西，是一切人所共有的普遍本质，因此两个互相联系着的自我就构成一个同一性，可以这么说，构成一束光；可是另一方面，它们又是两个自我，严格地、不妥协地相互对抗，每一个都是作为一个深入自我的映现（a reflection-into-self）而实存，作为绝对地不同于对方、对方不可突破的东西而实存。

（ES: §430Z, pp.170-71）

因此，我们再次碰到了普遍性（两个自我意识都是"全然普遍的"我）和个别性（每个自我意识都感觉自己是一个根本上不同于另一个自我意识的个体）之间的张力。黑格尔力图揭示自我意识在达成一种稳定的自我同一性时所导致的问题，讨论该话题的那一节是《精神现象学》最著名也最有影响的章节之一；不过，不幸的是，它为各种相互冲突的解释打开了大门。因为，尽管辩证法从

"欲望"出发，通过"生死斗争"，最终抵达"主人与奴隶"，这是很清楚的，但并不完全清楚的是，究竟是什么论证支撑着从"欲望"到"生死斗争"的过渡。

根据一种最简单的解释，这个论证如下（请参见Shklar 1976: 28）：正如我们已经看到的，欲望的问题是，由于对象的毁灭导致了欲望的重新升起，因而主体面对着一个持续不断的【欲望】累进。于是，主体为了解决这个问题，就从对象转到其他主体，因为其他主体要服从【该主体的】意志，无须被毁灭，因而他们可以被吸收而又不导致欲望的矛盾：

> 由于对象的独立性，因此，只有当对象自己在自己身上实行否定的时候，【自我意识】才能得到满足……由于对象在自己本身中就是否定性，并且它在这样的时候同时又是独立的，它就是意识……【因此】自我意识只有在一个另外的自我意识里才得到它的满足。

（PS: §175, pp.109-10）

91 然而，当我试图把我的意志加于你的时候，你也会试图把你的意识加于我；这样，我们将最终陷入冲突（"生死斗争"），只有当我们中的一方承认失败，屈从于另一方的意志，从而成为一个奴隶，而胜利的一方则成为主人，只有在这个时候，这个冲突才会得到解决。

这个解释具有一定的合理性，但黑格尔脑海里想到的似乎要更加复杂一些，而这个解释也忽略了文本的一个重要方面。特别是，它忽略了承认作为斗争之源这个含义，斗争之源不是欲望。就是说，我们结束斗争，似乎不是因为我在试图使你服从我的意志，而是因为我在寻求得到你的承认，在此这意味着，我想要你把我看作另一个主体（对此来说，把你变成我的欲望的一个工具，这既不是一个必要条件，也不是一个充分条件）。根据这个解读，承认作为自我意识的观点取代了欲望，因为自我意识已经意识到，欲望是矛盾的。它希望在承认中找到一种更加可行的、特殊的好生活的形式。因此，当黑格尔说，"当自我意识为另一个自我意识而实存的时候，由于这个事实，自我意识才自在自为地实存着；就是说，它只是在被承认的时候才实存"（PS: §178, p.111），当黑格尔这么说的时候，他是在辩证法里边引入了一个新的步骤，在这个步骤里，承认而非意志通过欲望的强加成了意识的目标。

不过，即便我们接受这个解读，如何理解不同主体间的生死斗争，对此依然有争论的空间。有一种观点认为，这个解释与我们上文给出的对欲望的解释是相容的，就是说，尽管我想要你承认我，但我不想要承认你，因为承认了你似乎就威胁到了我的个别性和/或自由，因此，我们不可避免地会陷入一种承认斗争，因为每一个都试图夺取对方的承认而又不承认对方；最终，两个主体中的一方赢得了这个斗争，这样它就成了主人，对方就成了奴隶（请参见 Findlay 1958: 95）。正如我们已经看到的，黑格尔强调了，起初缺乏这种相互的承认："首先，【承认】将展示双方的不平等性，或者说将展示中项分裂为两端，这两端作为两端相互对立，一方只是被承认者，另一方只是承认者。"（PS: §185, pp.112-13）

不过，尽管这个论证也具有一定的合理性，但根据另一个解释思路，该论证作为对这节文本的解读，看起来是有缺陷的，因为它遗漏了黑格尔讨论的另一个重要方面，也就是他赋予如下事实的意义：诸个体在生死斗争中表明，它们自己愿意丧失它们的生命。这两个解读的对比可以表述如下：根据前一个解读，一个人冒着生命的危险，这只不过是缺乏互相承认导致的附带后果，相互承认的缺乏导致了一场生命在其中面临危险的斗争，而根据我们现在考虑的这个解读，一个人冒着生命的风险，这是进行斗争的原因。

怎么会这样呢？根据这个解读，答案在于，为了获得承认，我必须向你表明，我是一个主体，而不是一个单纯的活物；但尽管我们俩都知道我们是主体，我们还是需要使对方确信我们是主体，因为否则的话，我们就可能会被看作仅仅是缺乏主体性的活物，从而不被赋予我们所要求的承认。正如萨特所说：

> **他者**把我理解为受制于身体、专注于**生命**，在这个意义上，我自己仅仅是一个**他者**。为了使我自己被**他者**承认，我必须冒生命的危险。事实上，一个人冒生命的危险，就是要揭示出，这个人自己并不束缚于客观的形式或束缚于任何有规定的实存——这个人自己不束缚于生命。
>
> （Sartre 1958: 237；也请参见Kojève 1969: 40-41, Fukuyama 1992: 150-52）

这样，根据这个解读，生死斗争的原因是每个主体冒生命的危险这个要求，而不是相互承认的缺乏，因为每个主体都力图向对方表明，它并非"只不过"是个活物。现在我们可以找到文本里的下面这段话来支持这个解读：

> 　　一个个体面对另一个个体。在直接这样出场时，它们对双方来说都还像是普通的对象，具有**独立的**形态，两个个体都沉陷于**生命**这种存在【或者直接性】。——因为在这里，处于其直接性的对象被规定为生命。这两个个体对双方来说都还只是意识的形态，该意识的形态还没有完成绝对抽象的运动，即根除一切直接的存在而只有自我同一的意识的纯粹否定性存在的运动；换言之，它们还没有相互体现为纯粹的自为存在，或体现为自我意识。

93

　　　　　　　　　　　　　　　　　　　（PS: §186, p.113）

　　这里，黑格尔似乎是在主张，一个主体向另一个主体展示它自己的主体地位从而获得对方对它的主体性的承认的最基本方式是表明，它准备牺牲它自己作为一个对象的实存，就是说，它准备牺牲它自己的生命：

> 　　不过，把它自己显现为自我意识的纯粹抽象性，就在于表明它自己是对其对象性方式的纯粹否定，或者在于表明它并不依附于任何特定的**实存**，并不依附于实存本身共有的个别性，即不依附于生命。……因此，两个自我意识的关系是这样的，它们都是通过一场生死斗争来证明自己和双方的。它们必须进入这场斗争，因为它们必须把它们自己是**自为存**在的确定性对他者和对它们自己都提升到真理性。而只有通

过冒生命的危险才赢得自由；只有这样才证明了，对自我意识来说，它的本质性存在不【只】是存在，不是它在其中显现的那种**直接的**方式，也不是使自己沉没在生命的扩展之中，毋宁说，在自我意识里边显现的东西，没有什么不可以被视为消逝着的环节，自我意识被证明仅仅是纯粹的**自为存在**。

（PS: § 187, pp.113–14）

对黑格尔来说，似乎一个东西表明了自己愿意冒毁灭的危险，就由此把它自己区别于单纯的动物生命了，就表明自己是人了。用他在《法哲学原理》中的话说："只有在我愿意的时候，我才拥有这些肢体和我的生命；动物不能够残损或毁灭它自己，只有人才能够这么做"（PR: § 47, p.78）。（也请参见SEL: 228，"【单个的存在】可以把他会紧紧抓住的一切规定性都从自己这里砍掉，他在死亡中可以意识到，他的绝对的独立性和自为的自由是绝对否定的意识"。）

不过，尽管我们现在考虑的这个解读与其他解读比起来有一个优点，它公正地对待了文本的这些方面，但它也有一个缺点，它使该论证面临一个显而易见的异议，这就是，如果这里要承认我的主体性，所需要的是我冒生命的危险，那么，我为什么必须得与你斗争呢？为什么我就不能表明我不关心我自己的生物性质，最终在你面前以一种非斗争的方式拿我的生命冒险（跳崖，和动物搏斗，或者以一个正当的理由参军）？就算在这个阶段我的确必须要拿自己的生命冒险，我为什么要通过试图杀死你来做到这一点？

现在，一个显而易见的回应可能是说，当我被迫冒生命的危险去表明我自己在你眼里是一个主体的时候，我被迫与你斗争，因为我依然希望你承认我，而我无须承认你。因此，冒我生命的危险与你搏斗，这就给了我一个很好的、立刻达成我的两个目标的方式。不过，这可能看起来是把生死斗争的这两个方面结合在一起的一个相当特别的方式。它似乎也不是非常契合文本。因为，为什么我要通过生死斗争来拿自己的生命冒险，黑格尔对此似乎提供了一个不同的回答。相关的段落如下：

> 一个不曾冒过生命危险的个体，诚然也可以作为一个**人格**而得到承认，但他还没有达到这种作为一个独立的自我意识而被承认的真理性。同样，每一方正如它自己冒生命危险那样，必须置他者于死命，因为它把他者和它自己看得一样没有价值；它的本质性存在在一个"他者"的形式中向它呈现出来，它外在于它自己，它必须要扬弃掉它的自我外在性（self-externality）。他者是一个**直接的**意识，受到各种关系的纠缠，它必须把它的他者性当作一个纯粹的自为存在或绝对的否定。

（PS: §187, p.114）

对这段话的一种可能的解释是（根据如下思想，即冒生命危险者"把他者看得和自己一样没有价值"）：我把作为自然主体的我自己置之度外，因而我也把作为自然主体的你置之度外，并且我发现，生命只是作为自然主体的你的存在的一个部分，就此而言，我没有理由不杀死你。不过，尽管这个解释或许解释了，为什

95

么我会准备杀死你，但它没有解释，为什么我会觉得我不得不这么做。因此，可能存在另一种解释：我表明自己不只是一个动物性的东西，就此来说，我只是期待你承认我；同样地，如果你表明你自己不只是一个动物性的东西，则我也确实会承认你；因此，我如果没有测试你，看看你是否值得我尊重，我是不会承认你的，而我测试你的方式就是，把你的生命置于危险之中，看看你会怎么做（请参见 Kainz 1976: 88，"自我必须相应地开始自己寻找证据；它必须'测试'另一个自我，以判定自由的出现。而这个测试将包含对生命的否定、无视和毁灭"）。这样，这就解释了主体为何互相斗争：每个主体都准备冒自己生命的危险，每个主体都开始测试对方，因而每个主体都将攻击对方，而每个主体也都将冒着自己生命的危险来回击。

我们已经辨析了对从"欲望"到"生死斗争"的过渡的三种不同的说明，表示如下：

A：欲望→把意志加于对象→把意志加于主体→每一个主体都试图把意志加于另一个主体→主体间的生死斗争

B：欲望→把意志加于对象→从欲望推进到片面的承认→生死斗争，因为一个主体寻求获得另一个主体的承认而又不承认对方

C：欲望→把意志加于对象→从欲望推进到承认→要得到对方的承认，就需要以生命相搏，而要承认他人，就需要测试对方以命相搏的意愿→生死斗争

这些说明除了具有不同的结构之外，在黑格尔这个阶段力图凸显的自我意识的局限——正是这些局限使自我意识陷入了生死斗争——这方面还具有相当不同的意蕴。在解释A里边，自我意识有

局限的原因是，它像对待对象一样对待主体，因而它试图"否定"它们。在解释B里边，自我意识有局限的原因是这样一个事实，即它不能够对其他主体给予承认，而又不觉得它自己的自主性受到了破坏。而在解释C里边，自我意识有局限的原因是，它发现自己只能够通过拿自己的生命冒险来表明自己是一个自我，因为在这个阶段，要展示自我，没有别的途径："在初始的情形里边，我可以展示我相对于我的动物性存在的唯一方式就是表明，我的动物性存在对我来说什么都不是：我在其他人眼里必须要拿我自己的生命冒险"（Berstein 1984: 15；请参见ES: §432Z, p.172，黑格尔自己在那里说，承认斗争"只可能发生于自然状态之中，在这种状态中人只是作为单个的、孤立的个体而实存"，而在社会里边，真正的个体可以通过服从法律、担任某个职务、从事某个职业或者从事其他类型的社会活动来表明它们自己是理性的主体，以此来表明它们自己"值得被承认"）。

不过，如果我们把C作为最贴近文本的解释而加以采用，则它对自我意识在这个阶段面临的那些问题的原因的解释中依然存在一些令人不满的地方，这就是，那个社会秩序太有局限了，以至于不会允许承认无须冒生命的危险而发生。因为，到现在为止，推动辩证法的是某种概念上的片面性或张力，但解释C里边，推动辩证法的是如下事实，即自我意识活动在一个"初始的情形里边"，这个情形似乎没有给我们目前为止所看到的那种范畴诊断留下空间。

现在，或许正由于这个原因，我们在后来的《哲学全书》里对生死斗争的讨论中看到，黑格尔似乎更多地回到了解释B，在B里边，发生生死斗争的原因被说成是，这个阶段的承认是片面的。

这种片面性是通过这里发挥着作用的、有局限的自由概念而得到解释的，就是说，如果一个主体承认他者是主体，则这个主体会把该承认视为破坏了它的自由，因而它不愿意给予该承认：

97 　　　【在辩证法的这个地方】情况依然是，当我承认了他者是自由的时候，我也就丧失了我的自由。在目前这个地方，我们不得不完全地忘记我们习惯于思考的那些关系。如果我们说到权利、伦理性、爱，我们知道，当我承认了他者的时候，我也就承认了它们完全的人格独立性。我们也知道，我由此并没有受到折磨，我依然是一个自由的存在，我们知道，当他者拥有诸多权利的时候我也拥有这些权利，或者我的权利根本上说也是他者的权利，就是说，我知道我是一个自由的人格，我知道他者根本上说同样也是拥有权利的人格。仁慈或爱并不包含我的人格的沉没。不过，这里迄今为止还不存在这样的关系，因为规定性的一个方面是，我依然是一个自由的自我意识，一个直接的、单独的东西。我的自我意识直接的单独性和我的自由还没有相分离，就此而言，我还不能够放弃我的任何特殊性而又不放弃我的自由的独立性。……此时的自我意识……必定会拒绝承认他者是一个自由的存在，另一方面，每个自我意识都必定会关注于它自己在他者的自我意识中激起承认，关注于它自己被设定为一个独立的存在。……单独的自我【不】能够忍受他者是独立于它的，因此它们必定会陷入一场斗争。

（BP：§431Z, pp.77, 79）

这里，我们所具有的更像是一种概念上的局限性，是它导致了生死斗争，因为，由于每个自我意识都假定，自由就是能够无视其他个体对我做出的要求，就是完全按照我的自我中心的欲望（"我的特殊性"）的指令去行动，因而每个自我意识都认为，承认他者的自由，这威胁到了它自己的自由。黑格尔的目标就是要表明，如果自我意识要超出那陷入了生死斗争的僵局，它就必须以某种方式接受，这两个假定都是错误的（请参见PR: §15, pp.48-49）。（也请参见PR: §57, p.87，黑格尔在那里说，"在这个阶段产生了承认斗争和主奴关系"的东西乃是"对自由的那种还只是直接的意识"。）

主人与奴隶

98

从"欲望"到"生死斗争"的过渡无论作何理解，从"生死斗争"到"主人与奴隶"的过渡都要更加直白，因为生死斗争作为获得他者承认的手段，显然存在着某种很不令人满意的东西。因为，要么一个主体杀死另一个主体，在这种情况下就没有其他主体来承认它了，要么这个主体被杀死，在这种情况下它丧失了它的自我：

> 但是，这个生死考验既扬弃了本应由此产生的真理，因而也一般地扬弃了自我的确定性。因为，正如生命是对意识的**自然**肯定，是没有绝对否定性的独立性，同样，死亡就是对意识的**自然**否定，是没有独立性的否定性，因而这种否定

性仍然不具有承认所要求的那种含义。

（PS: §188, p.114）

一旦自我意识想到了这一点，它就放弃了斗争——为了在他者眼里显现为一个主体的斗争，从而就放弃了"走向自由"的斗争，因而就成为奴隶。

一旦自我意识认识到，"对于作为纯粹自我意识的它而言，生命是本质性的"（PS: §189, p.115），因而放弃了生死斗争，首先出现的情况就是，这两个自我意识现在能够获得一种平衡，在这种平衡里，放弃了斗争的一方是奴隶，另一方是主人。主人现在能够在奴隶眼里表明自己是一个主体，它做到这一点不是通过拿它自己的生命冒险，而是通过对奴隶的身体——这身体正是奴隶不打算在斗争中失去的东西——施展力量。与此同时，主人也能够克服它与世界的疏离，它做到这一点不是简单地通过努力破坏世界（这是欲望层面唯一的可能性），而是通过驱使奴隶去劳作于世界。

不过，黑格尔很快就开始展示，这个表面上的稳定性只是错觉。他首先指出，虽然主人已经在奴隶眼里表明自己是一个主体，但奴隶（就像任何对象一样）是它的意志的一个单纯的工具，就此而言，它不大能够把这个他者视为和对象不一样，因而它很难坚持认为已经达到了什么承认。因此，虽然一方面，"这里……出现了承认的环节，即【奴隶】意识把它自己的自为存在抛在了一边"，但另一方面，由于"奴隶所做的东西实际上是主人的活动，……结果就是一种片面的、不平等的承认"（PS: §191, p.116）。与此同时，黑格尔论说道，与起初的现象相反，"将会回退到它自己，并转变为一种真正独立的意识"的是奴隶（PS：§193, p.117）。黑格尔主张，第一步是通过畏惧的经验——它的奴役状态就始于这种经验——而实现的，在这种畏惧的经验里，奴隶以一种主人还没有感觉到的方式深深体会到了生命的短暂性，因而，与其自然实存具有最"直接"关系的是主人而非奴隶。同样地，奴隶通过它为主人的劳动，被迫把它自己的欲望放在一边，从而发现它自己不再被这些欲望驱使。最重要的是，黑格尔论说道，"通过劳动……奴隶开始意识到它真正是什么"（PS：§195, p.118）。这是因为，奴隶在为主人而不是为它自己创造事物的时候，它被迫所做的不是仅仅消费事物，而是劳作于事物，同时又留下它们的实存。结果，它发现，它能够以一种持久的方式留下它加于世界的标记："奴隶通过自己对自己的这个再发现意识到，恰恰是在它的劳动这个它在其中似乎只具有一种异己实存的东西里边，它获得了一种它自己的想法。"（PS：§196, pp.118-19）黑格尔特别坚持认为，这种意识要发生，所有这三个元素——畏惧、服侍、劳作于世界——就必须同时出现，因为否则的话，每个元素都会退化（例如，畏惧将会始终是"内在的和沉默的"，除非主体能够通过劳动重新发现它自己。而劳动若没有畏惧的经验，将重新变成"一种空洞的、自我中心的态度"〔PS：§196, p.119〕）。

因此，奴隶对个体性形成了一种不同于主人的构想（主人基本上还没有超出欲望）。特别地，奴隶不再把世界视为异于它的，因而它若要达成"它纯粹的自我感"就必须要加以否定的东西（PS：§195, p.118）。相反，在自己的劳动中，奴隶为另外一个人的满足而劳作，因而它学会了尊重它周围对象——它发现它能够劳作

100

于它们——独立的实存。因而，意识对它自己作为世界中的一个个体，获得了一种新的构想，如今它把世界看作它与之相协调的地方，这不仅仅因为，它具有各种各样的、使它"精通某些事物"的技能，还因为它掌握了"普遍的赋形活动"，这些活动赋予了它对"整个对象性存在"的"普遍力量"（PS: §196, p.119）。

斯多葛主义、怀疑主义和不幸的意识

黑格尔对主人和奴隶的有关立场提出了他天才般地充满了洞见的说明之后，转向了对下一种立场的讨论，他把这种立场等同于斯多葛主义。

斯多葛主义

宽泛地说，向斯多葛主义的过渡似乎包含着从欲望和主人片面的实践态度到由奴隶的洞见带来的一种新的形式的理论态度的过渡。这种理论态度是一种理性主义，因为斯多葛主义者相信，宇宙是被逻各斯或理性支配的，并且人的理性灵魂是神圣逻各斯的一个片段，因此我们能够通过使我们自己适应于宇宙的计划而达成好生活。（请参见PS：§198, p.121，"【斯多葛主义的】原则是，意识是一个思考着的存在者，并且意识认为，一个事物只有在它将之思考为重要的、真的或善的时候，该事物才是如此这般地重要的、真的或善的"。）这里引入了斯多葛主义，随后又过渡到了怀疑主义，进而过渡到了不幸的意识，值得注意的是，黑格尔提到的是实际的历史事件（他后来提到例如法国大革命的时候也是如此）。实际上，正如许多评论者已经指出的，黑格尔提到斯多葛主义者的目标是自由（"无论是在宝座上还是在枷锁中"）的时候，他无疑是希望我们想到晚期罗马的斯多葛主义者马可·奥勒留和爱比克泰德，前者是一位皇帝，后者是一位（被解放了的）奴隶。这样就产生了如下问题：《精神现象学》的发展在多大程度上可以更一般地根据历史事件来加以考察？它在多大程度上可以被解读为一种思辨历史学（黑格尔后来在《历史哲学讲演录》里边呈现了这种思辨历史学）？有一些人就是这么来解读《精神现象学》的（请参见 Forster 1998: 291–500），但我自己的观点是，我们应该区分这两个事业，在《精神现象学》里边，历史事件有其地位，因为它们与黑格尔所追踪的意识概念发展中特定阶段相关联。因此，我认为，试图把黑格尔对这些（以及其他）历史事件的说明整合进对《精神现象学》整体的一种历史化解读之中，这个做法是错误的。（对此问题的进一步讨论，请见 Hyppolite 1974: 27–50。）

尽管如此，主要地根据历史事件来处理从主/奴关系到斯多葛主义的过渡，这么做看起来还是很诱人的，因为黑格尔似乎把这个过渡解释为是由于纯粹社会 - 政治的原因，他提出，斯多葛主义产生的原因是，主人和奴隶都寻求摆脱对它们社会世界的不满，它们从它们的现实处境中抽离出来，进入沉思的世界，对周遭漠不关心：

> 因此，这个意识对主人和奴隶的关系是否定的。作为主人，它在奴隶中不具有它自己的真理，而作为奴隶，它的

真理性也不在主人的意志及对主人的服侍之中；相反，不论
是在宝座上还是在枷锁中，它在其个别实存的彻底的依赖
性之中的目标都是自由，都是要保持那种毫无生气的漠不
关心，坚定地从实存的忙碌喧嚣中退出来，就像从被动的
活动中退出来，退回到思想的单纯本质性之中。自我意志
（self-will）是这样一种自由，它执着于个别性，并停留在奴役
性（bondage）之中，而斯多葛主义则是这样的自由，它总是
直接从奴役性中退出来，返回到思想的纯粹普遍性。斯多葛
主义作为世界精神的一种普遍的形式，只有在一个普遍的畏
惧和奴役的时代，但也是一个有普遍教养并将这教养提高到
思维层次上来的时代，才能够出现。

（PS: §199, p.121）

由此似乎可以看出，黑格尔是打算让我们根据一种准唯物主 102
义的方式来处理从主/奴关系到斯多葛主义的这个过渡，把斯多葛
主义处理为意识的这样一种形式，它来自对它的社会-政治窘况的
回应，来自一种（命中注定的）屈服（请参见Kojève 1969: 53，他
把斯多葛主义说成是一种奴隶的意识形态）。

不过，有迹象表明，这不是解释黑格尔这里的推进过程的最
佳方式。相反，我们可以论证，黑格尔所认为的乃是，意识是在把
斯多葛主义用作一个新的转向，而意识只有经历了主/奴辩证法，
才能够获得使这个转向得以可能所需要的那些洞见。黑格尔在对这
一节整体的导论式评论中表示，当意识转向了斯多葛主义的理性主
义时，它就达到了一种对世界的新态度；因为，斯多葛主义者把实

在视为理性弥漫于其中，这样，思想就被视为给了我们把握内在于事物的合理结构的途径，事物现在不再被主体视为"他者"：

> 我们面前形成了一种新的形态的自我意识，一种作为意识的无限性或者作为意识自身的纯粹运动的意识，它意识到了它自己是本质性的存在，是**思维着**的存在，或者说是一个自由的自我意识。因为，**思维**的意思并不是指一个**抽象的**"我"，而是指这样一个"我"，这个"我"既具有**内在**存在的含义，也具有把它自己作为对象的含义，还具有把它自己与对象性的存在以如下方式相联系的含义，在此方式中，它的含义是它作为其【对象】的那个意识的**自为存在**。……在思维中，**我是自由的**，因为我不是在一个**他者**之中，而是完全地保持在与我自己的交融（communion）之中，并且那对我来说是**本质性**存在的对象在不可分离的统一中就是我的为我存在；而我在概念思维中的活动就是在我自身中的运动。

> (PS: §197, p.120)

"在思维中，我是自由的，因为我不是在一个他者之中"，这正是黑格尔希望通过他努力为主体在世界中找到理性的满足而给我们造成的感觉（请参见Neuhouser2000: 20）；而我们已经得到了如下想法，即思想可以帮助主体在世界中找到它自己，就此而言，"我们面前形成了一种新的形态的自我意识"，最先表现这种自我意识的就是斯多葛主义的理性主义。意识被如下假设主导着，即思想与具体经验的世界形成了对比，而目前为止的自我意识还仅仅把世界视为一个要被否定掉的"他者";但斯多葛主义者采取了一种理性主义的立场,这种立场提供了一个走出这些假设所导致的诸多困难的途径,它把思想作为主体可以凭之而在世界中发现它自己的一个手段,黑格尔自己相信斯多葛主义就是如此的。(请参见EL: §24Z, p.37,"因而,古代人说'努斯(nous)统治世界',或者我们自己说'理性存在于世界之中',这些说法都表达了思维及其特有的形式的含义;这些说法的意思是,理性是它寓于其中的那个世界的灵魂,是世界的固有原则,是世界最严格、最内在的本质,是世界的普遍东西"。)

现在,如果(像这暗示的那样),黑格尔在斯多葛主义里边所看到的不只是一种"奴隶的意识形态",而是一种新的哲学视角的开端,这个开端最终将臻至类似他自己的观点,那么,与这一过渡有关的有趣问题是:是什么使斯多葛主义在概念辩证法而非社会-历史辩证法里边获得了一个位置?(特别是)奴隶的立场如何使意识走向了这个"新的形态"?我认为,通过回想黑格尔对奴隶立场的刻画,可以找到答案。因为,奴隶通过劳作于世界中的事物而发现,当他力图在他的产品中实现他的想法时,世界是合作的,因而自然看起来不再是异于意识的(从而看起来不再是要被"否定"的东西),或者说,自然看起来不再是在某种程度上超越了思想的,这就形成了使我们走向斯多葛主义所需要的观点里边的那种转变。用泰勒的话说,"通过劳动、训练和对死亡的畏惧,奴隶认识到了普遍的东西,认识到了概念思想的力量"(Taylor 1975: 157)。因此,是奴隶对它自己的这样一种觉察——它发现自己洞见到了世界的运行方式——推动着意识的辩证法达到了黑格尔确认为斯多葛主义的那种观点，这种观点坚定地主张，思想使我们能够与合理的宇宙相一致。

不过，正如黑格尔在《哲学史讲演录》里所表明的，尽管他在某种程度上把斯多葛主义视为柏拉图和亚里士多德理性主义世界图景（黑格尔自己的思辨理性主义深深地、有意识地从它借鉴很多）的继承人，但他在斯多葛主义里边看到的理性主义还是要比"明亮的希腊世界"（LHP: II, p.234）里边的理性主义更加抽象、更加形式化，这使得斯多葛主义"对普遍东西的认识"并不充分。因此，虽然斯多葛主义起于柏拉图和亚里士多德的工作之后，黑格尔还是把它描绘为在概念上逊于后两者，因而（用哲学的话说）是对理性主义的一种最粗鄙、最原始的表达：

> 那自身同一并自己排斥自己的意识开始意识到，它自己是**自在存在**的元素；不过一开始它认识到的是，它自己只是作为一般存在的普遍模式而是这个元素，它没有对象化地实存于它的多样存在的发展和过程之中。

（PS: §197, p.121）

这段话相当晦涩，但黑格尔在这一节的后文中更清楚地提出了他的批评，他在那里主张，"斯多葛主义的抽象思维……彻底不顾个别性"（PS: §216, p.130），它采取的理性主义图景与具体的世界毫无联系："这个思维着的意识……因而只是对他者性的不完全否定"（PS: §201, p.122）。斯多葛主义者提供的仅仅是空洞的一般化，他们没有把他们的理性概念与个别的特殊状况联系起来；因此他们只能够提供各种陈词滥调，而不能提供具体的建议或知识。正如我们在"序言"里边所看到的，黑格尔认为，以这种方式而过度地抽象和形式化的理性主义很容易堕落，因而它可能很快就会受到反理性主义的批评者们的伤害。

为了表明斯多葛主义是如何受到这些批评者的伤害的，黑格尔简单地提到了斯多葛主义思想面临的核心症结，特别是斯多葛主义者在其认识论里边确认真理标准以及他们在伦理学里边为"顺应自然地生活"或"合乎理性地生活"这些模糊的主张赋予内容时所面临的诸多困难：

> 但思维的这种自身同一性又只是纯粹的形式，在其中什么都没有得到规定。真与善、智慧与德性，这些斯多葛主义舍之就不能得到的普遍名词因而一般来说无疑是很高尚的，但由于它们事实上不能够造成对内容的任何扩展，它们很快就变得乏味了。

105

（PS: §200, p.122）

（正如哈里斯［Harris 1997, I: p.437, n.9］所指出的，黑格尔的传记作者罗森克朗茨报告说，黑格尔在其未发表的早期作品《伦理体系》［1802或1803］的结尾中把"罗马式的宁静"［the Roman Peace］刻画为"对世界的厌倦"：请见 SEL: 181。）面对这些学说上的困难，黑格尔论说到，当斯多葛主义者乐观地宣称，世界是合理的，我们在抽象的意义上可以通过使自己顺应世界而获得幸福，这些宣称看起来仅仅是一种独断。这样的独断主义很自然地就导致了一种更加批判性的（最终反理性主义的）怀疑主义。

怀疑主义

　　起初，怀疑主义者的反理性主义或许并不那么明显，因为他可能会主张，他仅仅是在针对斯多葛主义者所寻求的"思想的自由"（PS: §202, p.123），由于他打算质疑一切，因而他甚至质疑如下这一点，即存在一个可以在其中得到理性满足的世界；取而代之的是，怀疑主义者相信，我们可以通过放弃理性主义的志向、平心静气地追随现象而过上一种宁静的、健康的、令人满足的生活：

　　　　在怀疑主义里边，现在这个"他者"全部非本质的和非独立的特性都**对意识**变得明确起来；【抽象的】思想成了具体的思维，这具体的思维毁灭了那处于各种各样的规定性之中的世界的存在，而自由的自我意识的否定性则认识到，它自己在生命的多样形式之中是一种真正的否定性。

　　　　　　　　　　　　　　　　　　　　　　　（PS: §202, p.123）

　　不过，黑格尔接着力图表明的是，这种"思想的自由"是幻觉性的。因为，一旦怀疑主义者相信了，一切事物都可以被质疑，因而思想不能够带领我们超出现象，则他最终就会声称，思想事实上是无力的，他就会转而回到感觉；与此同时，由于他认为我们所认识的一切事物都只是现象，他就隐含地保留了如下观念，即如果思想可以带领我们超出感性的领域，则它就可能达到一种更高的知识。因此，黑格尔论说到，怀疑主义者的抽象理性主义事实上陷入了一种令人绝望的反理性主义，因为怀疑的意识使它自己相信，理性的满足对我们来说是不可能的。

　　黑格尔在此简单地分析怀疑主义时的语气在有些方面很令人惊讶，因为，他在其他地方——特别是在他早年为《哲学批判杂志》撰写的论文"怀疑主义与哲学的关系"（1802）和晚年的《哲学史讲演录》（请见RSP和LHP: II, pp.311-32）里边——讨论怀疑主义时的语气明显要比这里的语气更加地批判和蔑视。在这些讨论里边，黑格尔描绘了古代怀疑主义和现代怀疑主义之间的一个重要对比，他对后者充满了敌意，对前者则作出了更加正面的评价，这主要是因为，古代的怀疑主义更加彻底，而不只是为了帮助常识反对哲学（他认为休谟的怀疑主义就是如此，当它被像舒尔茨这样的德国支持者采用的时候尤其如此，黑格尔早期的那篇论文就评论了舒尔茨的作品）。这个对比就解释了，为什么甚至在《精神现象学》里边，当黑格尔专注于怀疑主义的古代形式时，把它看作一种（退化）类型的理性主义，而对于怀疑主义的现代形式，他则更倾向于把它看作一种不具有这样"正面"意义的、彻头彻尾的反理性主义（这种反理性主义由于毫不质疑现象，就陷入了一种独断主义）。

不幸的意识

　　黑格尔已经表明了，古代怀疑论者最终觉得，思想既是无所不能的，也是无能为力的，他论说道，"在怀疑主义里边，意识真正地经验到自己是内在地矛盾的"（PS: §206, p.126）。在黑格尔所谓"不幸的意识"里边被认识到的正是这种二元性：

因此，这个新的形式就是这样一种意识，它**认识到**它就是对它自己的双重意识，既意识到自己是自我解放的、不变的和自我同一的，又意识到自己是自我搅乱的和自我颠倒的，并且它就是对它自己这种自相矛盾的本质的意识。……**不幸的意识**就是对自我作为一个双重化的，只不过是矛盾的存在的意识。

（PS: §206, p.126）

因此，一方面，不幸的意识相信，它不能够超越变化着的现象世界，但另一方面，它又坚持认为，它只有通过超越变化着的现象世界才能获得满足：因此，不幸的意识不是期望通过"忍受现象"来达到某种程度的宁静或"不动心"（*ataraxia*），而是痛苦地觉察到，在它自己作为一个偶然的、有限的个体与一个永恒的、普遍的理性之间存在着一个鸿沟，因为，斯多葛主义的逻各斯现在已经变成了一个不可知的彼岸。因此，斯多葛主义者坚持认为，理性沉思的能力属于人，但现在，这种能力则被视为属于一个"一个疏离的存在者"（PS: §208, p.127），属于一个更高的意识形式，不幸的意识把这种形式放在高于它自己的位置上。

尽管如此，虽然不幸的意识已经把这种理性反思的能力"投射于"另一个存在者，该存在者具有不幸的意识所不具有的永恒、不变的性质，但黑格尔把基督教（他明确提到了三位一体）解释为这样一种企图，它企图保留斯多葛主义的如下描绘，即人的理性灵魂是神圣逻各斯的一个片段，但又使斯多葛主义的那种显然不可企及的"不变"真理成为可以与人相关的东西。因此，虽然"它把第一个不变者【即上帝】认识为仅仅只是一个疏离的存在者，该存在者对特殊的个体做出裁决"，但在圣子里边它还是看到了，"不变者是像它自己一样的个体的一种形式"，在这里，圣灵象征着"不变者的个体性与普遍东西的调和"（PS: §210, p.128）。然而，尽管传统的中世纪基督教保留了早先理性主义的一些框架，但它强调了上帝和人之间联系的脆弱性，因而强调了出现这般调和的不确定性。耶稣降生的明显的偶然性就象征了这种脆弱性，而调和的希望就基 108 于耶稣的降生：

> 想和它【不变者】成为一体的希望必定依然只是一个希望，就是说，它永远也得不到实现和兑现，因为在希望和实现之间恰好矗立着绝对的偶然性或不可动摇的漠不相干性，这种偶然性或漠不相干性就位于对这个确定形式的假设之中，就是希望的根据。

（PS: §212, p.129）

因而，尽管这种形式的基督教在某些方面是对斯多葛主义和怀疑主义的推进，它认识到，思想不可能通过从偶然性、有限性以及现实实存的苦难中抽离开来，进入抽象思想的领域，就简单地"弃个别性而不顾"了，然而，基督教依然"还没有提升到这样一种思维，在这种思维里，意识作为一个特殊的个别性与纯粹思想本身是相调和的"（PS: §216, p.130）；因此主体觉得，它作为个别的主体，被从实存的合理根据切割开了，它只是作为"纯粹的思想"。因而，尽管在讨论"欲望"的那一章的开头，意识想要把它的个别性加于世界，但它在这里已经改为相反的（同样片面的）视角，它现在在此把它的"个别性"视为在它努力达成与"不变者"的和谐的过程中得到的东西。结果，黑格尔论说到，虽然基督教的意识在某些方面对这一调和有所构想，但这样的调和可能是如何发生的，它对此的构想——基督徒生命的三种理想，即祷告（prayer）、劳作（work）和忏悔（penitence）——却是扭曲的。因此，黑格尔依次批判了这三种理想。

正如人们所料，黑格尔批评祷告过于强调情感，而忽略了思想和理性的反思：

> 它只是朝向思维的运动，因而只是热爱。它的思维本身仅仅只是混乱的钟声沉响，或是一股暖融融的香烟缭绕，一种没有达到概念的音乐式思维，只有概念才会是唯一的、内在的、对象性的思想方式。

（PS：§217, p.131）

109　信徒寻求凭借着一颗"纯净的心"来与上帝融为一体；但信徒寻求通过作出如下宣称来展示他的纯净，他宣称，他尽管还没有发现上帝，但依然致力于寻找祂。热爱（devotion）因而就是"注定要失败的一场事业的斗争"（PS：§217, p.132）。

接着，黑格尔考察了劳作这个理想，因为信仰者试图通过劳动来侍奉上帝。不幸的意识现在对它所劳作的世界具有一种矛盾的态度：一方面，尘世的一切事物都没有意义，重要的是超拔尘世的上帝；另一方面，尘世的一切事物都被神圣化为上帝本质的表现。同样地，不幸的意识也以两种方式看待它自己的劳动能力：一方面，如果它能够用劳动创造出什么来，那只是因为上帝允许它这么做；另一方面，它也把这些能力视为上帝赋予的东西，因而是得到了神圣地规定的东西。因此，虽然劳作赋予了不幸的意识某种感觉，它感觉自己与不变者统一起来了，但在另一个意义上，劳作也使它感觉自己与不变者被更深地切割开了：

> 不变的意识**放弃**并**交出**它的具体形态，而另一方面，特殊的个别意识【对上帝的恩赐】**表示感恩**，就是说，它自己**否定**了意识到自己的**独立性**的满足，并把它的行为的本质不是归于它自己而是归于彼岸；通过两部分**相互自我放弃**的这样两个环节，意识当然就获得了一种与不变者**相统一**的感觉。然而，这种统一同时就受到了分离的影响，在自身中又断裂开，并从中又产生了普遍者与个别者的对立。

> （PS：§222，p.134）

黑格尔论说到，困难在于，不幸的意识看到了，它在此的谦卑是错误的，因为，尽管它把世界以及它的能力视为来自上帝的恩赐，它对之表示感恩，但它也认识到，这些恩赐是它充满了骄傲的享受的源泉："意识在这里面感觉到自己是一个特殊的个别东西，它没有让自己被它自己看起来的放弃而蒙蔽，因为事情的真相是，它还没有放弃它自己。"（PS：§222，p.134）

黑格尔从这种无价值感推进到了忏悔这第三个理想，在这个 110

理想里边，不幸的意识试图克服它的虚伪："劳作和享受因而就失去了一切普遍的内容和意义，因为否则它们就会具有一种它们自己的绝对存在了。这两者都退回到了意识一心要归为虚无的个别性。"（PS：§225, p.135）在纯化自身的努力中，不幸的意识转向它自己的身体，把它的身体作为软弱和精神崩溃的根源，是这身体阻碍了它超越其纯然个体性的努力；可是，它越是努力地克服自己的生理本性，身体就越是成为一个强迫性的关注焦点：

> 意识是在动物性的机能中觉察到它自己是**这个现实的个体**的。这些动物性的机能并没有自然地、毫无困窘地作为自在地微不足道的、不能为精神获得任何重要性和本质意义的东西来发挥作用；相反，由于敌人就在它们里边以其特有的形态显示自身，所以它们反倒是努力笃行的对象，并且恰好成了最重要的东西。但是，由于这个敌人是在它被打败时产生出来的，而意识在为自身确立敌人时反而不能摆脱敌人，而总是与敌人相接触，总是看到自己被玷污；并且，由于与此同时它力图争取的这一内容并非本质性的东西，而是最卑贱的东西，并非普遍的东西，而是最特殊的东西，所以我们在这里所具有的只是这样一种人格性，它局限于它自己及其琐屑的行为，对自己忧心忡忡，既不幸又贫乏。

> （PS：§225, pp.135–36）

在把它的特殊性归为"虚无"的进一步努力中，不幸的意识现在放弃了所有的行动自由以及所有的尘世福祉，它把它们交到了一个"中保（mediator）或牧师"的手里，让他来决定它该怎么做：

> 这个中保与不变的存在具有一种直接的关系，它通过对
> 什么是正当的给出建议来进行照料。由于行动遵从的是其他
> 某个人的决定，因而行动就其所为或对行动的**意愿**来说就不
> 再是它自己的了。不过，留给非本质的意识的还有**对象性的**
> 方面，即它的劳动的成果和它的享受。因此，它把这些成果
> 和享受也拒斥了，并且正如它放弃了它的**意志**那样，它同样
> 也放弃了它在劳作和享受中所获得的**现实性**。……通过这几
> 个环节，先是放弃了自己做决定的权利，然后是放弃了它的
> 财产和享受，最后是通过做它不理解的事情这个肯定的环节，
> 意识就真正地、完全地使自己失去了对内在自由和外在自由
> 的意识，使自己失去了意识在其中**自为地**实存的现实性。意
> 识确信它自己已经真的放弃了它的"**我**"，确信它自己已经把
> 它从直接的自我意识转变为一个**事物**，转变为一个**对象性的**
> 实存了。
>
> （PS: §§228-29, pp.136-37）

黑格尔说，不幸的意识在这里感觉到，它已经达到了一种真
正的自我舍弃，而祷告和劳作是不可能做到这一点的。不过，尽管
个别东西可以通过使自己受牧师的支配而迈步走向普遍性，但这仅
仅是自我的一种消极的丧失，因而并没有真正地表示出普遍与个别
的综合，因为后者被视为受到了前者的否定："对作为特殊意志的
它自己意志的放弃，对它来说在原则上并不是普遍意志的积极方

面。同样地，它对财物和享受的放弃也只有同样消极的含义"（PS: §230, p.138）。

在此，黑格尔提出了向《精神现象学》下一个部分，即"理性"的过渡，"理性"篇的情绪突然变化了，从黯淡的虔诚变成了理性主义的乐观。黑格尔对这个过渡的讨论很短，只有一段话，我们很难看得出来怎么就过渡了。我们有可能会这么来理解这个过渡：意识一旦把牧师当作一个中保，它至少就能够构想福音的可能性，从而就能够想到，它的行动至少在原则上可以为被视为上帝所要求和命令的；因此，它不再把自己视为内在地触碰不到那支配着世界的合理秩序，尽管它还是把这样的调和视为"一个彼岸"（PS: §230, p.138），视为它最好将之作为一个"希望"的东西。但是，一旦它再向前迈出一步，不再把这个调和思考为不可触及的东西，那么，被斯多葛主义抛在脑后的那种理性主义的自我确信就会重新回归，但这一次它是以一种新的、更加彻底的形式回归，在这种形式里，自我意识作为一个个别东西在对象世界里认识它自己，因而它不再把它自己置于作为普遍东西的合理秩序之外："在这个运动中它也已经觉察到它与这个普遍东西的统一。"（PS: §231, p.139）这个更新了的理性主义构成了下一章的话题。

内容概要

欲望

§§166-74（pp.104-9）黑格尔已经从意识推进到了自我意识，他现在考虑的是，主体首先是如何构想它自己的，它把自己构想为一个纯粹的意志或欲望，该意志或欲望在对其周围世界的克服中肯定了自己。

§§175-77（pp.109-11）但这种构思是不令人满意的，因为主体不断地需要新的对象来加以克服；因此，它必须要转而在其他主体里边找到自己的满足，这将最终把我们引向精神，在精神中诸个体发现了它们与其他个体的统一性，而又保持着它们的独立性。

主人与奴隶

§§178-84（pp.111-12）这将包含一个相互承认的过程。

§§184-88（pp.112-15）不过，这样的相互承认还没有达到；相反，在一场生死斗争中每个自我都力图克服他者。

§§189-90（pp.115-16）随着一个自我意识认识到，一旦死了就什么都没了，它于是就放弃了，成了奴隶，而另一个自我意识则成了主人。

§§191-96（pp.116-19）不过，主人获得的承认是不充分的，而与此同时奴隶则获得了对它周围世界的一种理解，该理解使它超越了欲望。

113 斯多葛主义、怀疑主义和不幸的意识

§§197-201（pp.119-22）这导致了斯多葛主义的观点，它不是在实践的能动性里边，而是在思想里边寻求自由。

§§202-5（pp.123-26）于是这种自由变成了主体对它周围世界的一种否定，这种否定发生在怀疑主义里边，这个世界被视为现象。

§§206-30（pp.126-38）最终，在不幸的意识中，一个超越这些现象的、不可企及的世界被确立起来，它被确立为一个神圣的存在者，个体与它是疏离的；个体只能通过走向一种更加理性主义的观点来克服这种疏离，这种观点把世界视为一个合理的地方，在其中我们可以是在家园之中。

第四章

理性的辩证法

(C. ［AA.］理性)

理性主义和理念主义

随着从不幸的意识到理性的推进,《精神现象学》重新获得了理性主义特有的乐观主义精神,因为意识再次把世界看成了一个它在其中可以是"在家园之中"的地方。"现在,自我意识是理性,它与他者迄今为止否定的关系转变成了肯定的关系"(PS:§232,p.139)。理性坚持认为,世界是合乎理性的,因此它现在开始在这个"他者"中发现它自己。但正如我们已经看到的,尽管黑格尔自己在这个意义上是个理性主义者,但他也关心,这样的理性主义应该采取恰切的形式。否则的话,他相信,它很容易被扭曲。因此,我们发现黑格尔在本篇分析了各种理性主义的不足,它们原来全都是不充分的、片面的,因为它们依然没有解决个别性范畴和普遍性范畴之间的张力。

　　　黑格尔在本章的开头讨论了理念主义[1]，它瓦解了主体和世界之间的区别，从而把思想和事物作为直接相一致的东西：

> 迄今为止，【自我意识】一直只关心它的独立和自由，它关心于拯救和保持它自己，其代价是牺牲**世界**或它自己的现实性，这两者在它看来都显得是对它自己的本质的否定。但是，自我意识作为给它自己担保的理性，与这两者和平相处，它能够容忍它们；因为它确信，它自己就是实在性，在这种实在性里边一切现实事物无非就是它自己；它的思维自身直

1　黑格尔在《精神现象学》"理性"章的开头讨论了理性主义的一种形式，即Idealismus。译者在本书第一章的一个译者注里曾讨论了deutsche Idealismus的译法问题，现在译者想继续讨论一下此处语境下Idealismus的译法问题。无论是贺麟、王玖兴的译本，还是先刚的译本，亦或是邓晓芒的译本，都把它译为"唯心主义"，这也是汉语学界数十年来在马克思主义思想脉络下的通行译法。这个传统的译法有一定的合理性，它突出了该思想流派——如果康德、费希特、谢林及黑格尔等人可以被贴上一个统一的标签的话——一个重要特征，即理性/思想被赋予了根本性的奠基地位。用恩格斯的话说，他们全部强调了思想对存在的优先地位。译者猜测，这个传统译法或许是借鉴了《华严经》里"三界唯识，万法唯心"的说法。然而，该译名中的"心"字遮蔽了相应德语或英语词根的"理念/观念"这个含义，而表示"只有、仅仅"的"唯"字更是容易误导人。实际上，无论是在德国理念论总的思想脉络中，还是在《精神现象学》这部分的讨论脉络中，理性/思想的根本地位只是Idealismus的一个方面，这种思想形态没有遗忘或忽略世界，而是同样也致力于根据理性产生的纯粹概念来解释世界，通过行动把理念贯彻到世界中去；在此，思想是有其客观性或实在性的（尽管德国理念论者们对"客观性［Objektivität］"和"实在性［Realität］"的理解各不相同）。鉴于以上考虑，译者主张还是把《精神现象学》这部分文本讨论的作为理性主义的一种形式的Idealismus译为"理念主义"或"理念论"。——译者注

接就是现实性；因而它与现实事物的关系就是理念主义的关系。……它发现世界是**它自己的**新的现实世界，它才对世界的持久感兴趣，以前它的兴趣只在于世界的稍纵即逝；因为世界的**实存**对自我意识来说成了它自己的**真理**和**在场**；它确信它在其中只经验到了自己。

（PS：§232, pp.139-40）

对于理念主义使意识能够摆脱对超验者的渴望、对"否定"世界的需要的方式，黑格尔显然是同情的：

自我意识以这种方式来理解自己，对它来说世界仿佛现在才形成；以前它不了解世界；它欲求世界，劳作于世界，从世界抽身退回它自己，取消世界本身的实存，也取消作为意识的它自己——既取消对作为本质的世界的意识，也取消对作为虚无的世界的意识。

（PS：§232, p.139-40）

因此，理念主义代表了一种进步：在理念主义之中，我们的理性主义信念得到了恢复，我们相信，主体将会发现世界是理性可以理解的，因为世界是由主体创造的，所以"它确信它在其中只经验到了自己"。

不过，黑格尔在此也揭露了采取理念主义形式的理性主义的弱点，他的评论暗中针对的是康德、费希特和谢林。他的第一个批评重申了"序言"里边针对谢林的异议，这就是，这种理念主义的 116

理性主义没有论说（argue）它的立场，也没有努力考虑其他的观点，而只是独断地断言，"理性是一切实在性"（PS: §233, p.141）。由于谢林缺乏黑格尔的那种先考察其他观点的哲学方法，

> 本身就是这一真理的意识有这样一条道路作背景，但它忘记了这条道路，**直接**作为理性而出场；换言之，这个直接出场的理性仅仅显现为对那个真理的**确定**。……理念主义没有展示那条道路，而只从这个断言开始，因此它也只是一个纯粹的**断言**，这个断言既没有理解自己，也不能够使自己成为别人可以理解的东西。

> （PS: §§233-34, p.141）

第二个批评则更加技术化，它所针对的主要是康德，不过也延伸到了费希特。它关注于康德在《纯粹理性批判》中的形而上学演绎，在形而上学演绎中康德从逻辑判断表推导出了范畴表。与费希特和谢林一样，黑格尔在此也论说了，这个程序是完全不令人满意的，是"对科学的暴行"（PS: §235, p.142），因为，它并没有真正演证（demonstrate）范畴本身的必然性；不过，他主张，费希特从"绝对自我"推导出范畴的努力同样是令人不满意的，也没有什么启发作用。

黑格尔做出的第三个批评或许是最重要的批评，它也呼应了前言，黑格尔在前言里主张，"一切的关键在于，不仅要把真实的东西把握为实体，还要同样把它把握为主体"。因此，正如我们看到的，尽管黑格尔在某种意义上赞同理念主义，但对他来说，确保

这种统一"不重新陷入呆板的简单性，不以一种非现实的方式来描述现实性"（PS: §17, p.10），这也是至关重要的。黑格尔在这里主张，康德式的理念主义者违反了这个约束条件，结果，主体的空洞性要求他们重新引入另一种否定，以给予主体的经验以内容，这在费希特那里的形式是冲击（Anstoss）（"外来刺激"），在康德那里的形式则是不可知的自在之物，因而他们的理性主义最终受到了一种潜在的怀疑主义的危害：

> 意识的第一个表述仅仅是这样一句抽象的空洞的话：一切都是**它自己的**。因为，确信自己是一切实在性，这个确定性最初【只】是纯粹的范畴。初次在对象中认识它自己的理性在空洞的理念主义里边找到了它的表现，空洞的理念主义仅仅把理性把握为最初登场的样子；它想象，通过在一切存在中都指出意识的这个纯粹的"我的"，并宣布一切事物都是感觉或表象，它就演证了，意识的"我的"就是完全的实在性。因此，这种理念主义就必然同时是一种绝对的经验主义，因为，为了充实这个空洞的"我的"，即为了把握到这个"我的"的**区别**以及这个"我的"的各种详细具体的表达式，这种理念主义的理性就需要一种外来的冲击，在这种冲击中才会找到感觉或表象的**多样性**。……因此，这种理念主义的纯粹理性就被它自己打发回那种不是真实认识的认识去了，为的是达到这个"他者"，这个"他者"对它来说是**本质性的**，因而是**自在的**，但纯粹理性在自身中却不拥有它；这样，纯粹理性就把它自己的知识和意愿宣判为一种不真的认识，它

不能摆脱对它自己来说毫无真理性的"意谓"和"知觉"。它被卷入了一种直接的矛盾之中；它断言本质是对立要素的二元性，**统觉的统一**，同样地还有**事物**；事物无论被叫作外来的冲击【请参见费希特】，还是经验性的或感性的东西，抑或是自在之物【请参见康德】，原则上都是一样的，即都是在那个统一之外的东西。

（PS: §238, pp.144-145）

对康德及其传人的这第三个批评尽管被极端地压缩了，但非常有助于我们弄清楚，黑格尔希望他自己的理念主义的理性主义该如何得到理解。尽管他没有使用这个术语，但他在其他地方把自己的理念论和康德的理念论区别开来，把前者称为"绝对理念论"，把后者称为"主观理念论"（EL: §45Z, p.73），他在《精神现象学》的这个地方批评的显然是主观理念论。正如黑格尔所看到的，康德和他的传人们采取了主观主义的转向，因为他们认为，实在具有一种心灵加与的形式，就此而言，实在对意识来说是可理解的；与此同时，事物本身并不具有这种加与的形式，它们超出了我们的理智所把握的范围。现在，黑格尔接受了，实在要是对意识来说是可理解的，就必须要具有某种形式；但他否定了，这种形式是由主体加与实在的，相反，黑格尔论说了，这种形式就内在于实在本身，因而这种形式在主体和世界之间形成了中介。用黑格尔《历史哲学》里边的话说，"思想在其最纯粹的本质中包含着调和，因为它是怀着这样一种期待而走向外部【世界】的，即这个外部世界将体现出与主体的理性一样的理性"（PW: 208/PH: 439）。因此，对黑格尔来说，恰切的理念论是这样的学说：世界具有思想可以理解的一个合理的结构，因而可以"被带向意识"，也就是说，意识可以使自己觉察到这个合理的结构就实存于世界之中。但黑格尔拒斥任何把这样的合理结构处理为依赖于心灵或心理加与的东西的理念论。从这方面看，黑格尔（正如柏拉图和亚里士多德）是一个实在论者：

> 但毕竟，思想的客观性在康德的意义上又在某种程度上是主观的。按照康德的看法，思想虽然是普遍的和必然的范畴，但它们**仅仅**是我们的思想——它与事物被一条不可逾越的鸿沟分隔开，因为事物独立于我们的知识而实存。然而，思维的真正的客观性意味着，思想绝不只是我们的思想，它们同时必定也是事物和我们的任何对象的真本质。
>
> （EL:§41Z, pp.67-68）

因此，当黑格尔把自己称作理念论者的时候，他打算表示的是他拥护某种概念实在论，而不是拥护任何康德式的有关世界依赖于一个建构性心灵的学说；由此看来，人的意识反映和传达了内在于事物本身的基本概念秩序，而不是反映和传达了作为我们构造产物的事物的基本概念秩序（请见 Stern 2008）。正如《精神现象学》里边的这个讨论所表明的，黑格尔认为，尽管主观的理念论或许显得是理性主义者的一个选项，因为它在某种意义上打破了心灵和世界之间的隔障，但事实上这个选项是不稳定的，因为它是"直接地"打破这个隔障的，没有恰切地尊重实在对心灵的独立性，因此，怀疑论的问题再次浮现了出来。黑格尔的论说是，尽管康德的理念论可以把现象世界处理为是由心灵构造的，因而是可知的，但它被迫设定一个超越于心灵、独立于心灵的思维之实在（noumenalreality）[1]，来为心灵的构造活动提供某种内容；但这种实在因而就被认为是不可知的，因为它位于主体所规定的世界之外：

1　康德在《纯粹理性批判》"原理分析论"的第三章里边论说了把一般对象分为Phänomena与noumena的理由，前者通常译为"现相"（邓晓芒）或"现象"（李秋零），后者通常译为"本体"（邓晓芒、李秋零）。康德用前者指的是作为现象（Erscheinungen）的对象、感官物（Sinnenwesen），用后者指的是知性物（Verstandeswesen）。这两个德语词都有希腊语词源，康德的这个区分在柏拉图和亚里士多德哲学里也都有相应的表达。柏拉图区分了感官所把握的流变东西（可被信念和想象把握的世界）和心灵所把握的永恒东西（可被理智和理知把握的世界）（《国家篇》，477b-480a，507b-511e），亚里士多德区分了思想（nouesis，nous的活动）和感觉（aisthesis）（《论灵魂》，427a-432a；《形而上学》，1009b）。康德所论的这个noumena乃是来自希腊语noien（"思维"）的现在被动分词neuter，因而noumena所指的就是通过思想而得到把握的东西；康德用Verstandeswesen来作为noumena的同义词也表明了这个意思。就此而言，把noumena译为"本体"遮蔽了这个词的本意，也违背了康德哲学的主体性根本精神，反而造成了理解上的困难。因此，我建议就按其原意把Phänomena译为"现相物"，把noumena译为"思维物"。"思维一个对象和认识一个对象是不同的"（B116），我们对现象物可以认识，但对思维物则只能思维，并且，我们对后者的思维仍然基于使前者的显现得以可能的、我们实际具有的感性直观形式，只不过现在这种感性直观形式是以否定的形式出现的——我们思考一个不在感性直观形式之中的东西，但是它究竟在哪种直观形式里边？我们不知道，强名之曰"智性直观"。此间的情形用维特根斯坦式的比喻说，我们站在一个地方眺望，在我们视域之内的东西我们看得到，但在我们视域之外的东西我们只能遥想。当然，这个翻译问题实际上涉及康德哲学研究里边的"两个世界"争议，作者在这里也提到了这个争议，有兴趣的读者可以深入研究。——译者注

这种理念论处在这一矛盾中，因为它断言理性的抽象概念是真实的东西；结果，实在对它来说直接地就既是实在，又不是理性的实在，而与此同时理性又应当是全部的实在。这种理性仍然不停地寻找着，它在它的这个寻找中宣称，**找到了的满足是绝对不可能的**。

（PS: §239, p.145）

现在，当黑格尔宣称"这种理念论因而变成了与怀疑论一样自我矛盾的模棱两可"（PS: §238, p.144）时，人们指责他歪曲了康德的立场，错解了康德希望区分"作为向我们显现的东西的事物"和"作为自在的东西的事物"的方式。例如，有人论说了，黑格尔错误地认为，康德是在致力于对这个区分作出一种"两个世界"的说明（an "two worlds" account），而不是在致力于对这个区分作出一种弱得多的"两个方面"的说明（a weaker "two aspect" account），人们宣称，后一种说明并没有违背对世界的实在论观点。不过，康德的立场在多大程度上可以以此方式得到重构？实际上这样的重构是否足以摆脱黑格尔的基本疑虑？这些问题都依然没有答案。（对此的参考文献和进一步讨论，请见 Stern 1999: 255–259。）

观察的理性

意识受到了理念论的理性主义自我加与的局限的挫败，它现在采取了一个不同的、更加实在论的理性主义立场，这个立场在历史上作为科学革命的一部分而出现在文艺复兴和宗教改革之后的欧洲。意识在采取这一立场的时候认为，使用着观察和实验方法的理性探究可以走进自然世界，因而，意识通过成功地探求到科学知识，能够感觉到在家园之中，根据这些科学知识，个体的活动被归到诸多的范畴或普遍规律之下。黑格尔称这种形式的意识为"观察的理性"：

> 以前，对意识来说，它对事物的诸多方面的知觉和**经验**只是**被动遭遇**的东西；而现在，意识**作出它自己的**观察和经验。以前，意谓和知觉是**对我们而言**被扬弃的，而现在，它们是被意识和为了意识而被扬弃的。理性开始寻求认识真理，寻求把意谓和知觉认为是一个**事物**的东西作为**概念**寻找出来，就是说，它寻求在物性中仅仅拥有对物性本身的意识。因此，

> 理性现在对世界有一种普遍的**兴趣**，因为它确信自己在世界中的呈现，或者说，它确信这向它呈现的世界是合乎理性的。它寻找自己的"他者"，它知道，它在"他者"中所拥有的不是别的，正是它自己：它寻找的只是它自己的无限性。
>
> （PS: §240, pp.145-46）

与之前对理念论的理性主义的态度一样，黑格尔对科学理性主义的态度也是矛盾的。一方面，他同情驱动着科学理性主义的理性主义精神，但另一方面，他认为这种精神在这里被扭曲了，因为它建构的一切普遍的范畴和规律都过于抽象和任意了。因此，他警告说，意识在这个阶段的自我构想缺乏某种发展，这使它错解了"在世界中寻找它自己"的含义：

> 但即便理性扒开事物的一切内脏，打开其一切血管，从而它或许可以在喷涌而出中遇见它自己，它也得不到这个幸运【发现它自身呈现于事物之中】；它必须预先在内部完成它自己，然后才能够经验到它自己的完成。
>
> （PS: §241, p.146）

黑格尔清楚地表明了，科学理性主义在一个重要的方面走入了歧途，这就是，它在力图克服理念主义以主体为中心的观点（这种观点把物质世界归约到自我）时，大步走向了另一个极端（因而企图把自我归约到物质世界），因此我们在此具有的立场同样都是片面的。所以黑格尔考察了，观察的理性是如何看待自然世界的

121

（在"对自然的观察"这一小节），它是如何看待作为意识的它自己的（在"对自我意识的观察"这一小节），以及它是如何在心-身联系中看待这两者的关系的（在"对自我意识与其直接现实性的关系的观察"这一小节）。黑格尔这个讨论的目标自始至终都是要表明，尽管我们必须尊重自然科学的成就，但我们不应该夸大它们，因为科学的观点依然没有解决普遍性和个别性之间的张力；因此，我们不应该这样对待科学的模型和解释，就好像它们单独地就能为我们提供一种理解我们自己和自然世界的恰切方式，因为，这个没有得到解决的张力意味着，理性通过这种看待事物的方式事实上必定依然没有得到满足。

对自然的观察

　　黑格尔在分析科学理性主义如何看待自然世界时一开始就指出，尽管观察的理性对外宣称效忠于经验的首要性，从而效忠于经验主义，然而实际上，它的观点在认识论层面和存在论层面都要比我们早先在"意识"篇里边考察的那些观点精致得多（在认识论层面，它的观点里边不存在任何非概念的"所与［given］"，在存在论层面，被观察的东西不是一个纯然特殊的东西）：

> 　　【观察的理性】将……乐于承认，它所关切的并非完全是以及仅仅是知觉，它将不会让比如这把小刀位于这只烟盒旁边的知觉被看作一个观察。被知觉的东西至少应该具有一个**普遍者**的含义，而不是一个**感性的特殊者**。
>
> （PS: §244, p.147）

122

由于观察的理性认识到，事物共有普遍的属性，因而它在一开始试图通过区分本质属性和非本质属性来尽可能具体地描述世界，并且试图把事物分为诸多种类。在这么做的时候，它希望通过表明对我们来说最重要的东西对自然本身来说也是最重要的——这就以某种方式表明，我们的分类反映了事物固有的结构——以此来证明它的理性主义图景是正确的："种差（*Differentiae*）应该不仅与认识有本质的联系，而且也应该合乎事物的本质特性，并且我们人为的系统应该符合自然本身的系统，应该只表达这个系统"（PS: §246, p.149）。观察的理性在它某些领域的分类之中为这种"客观性"找到了支持证据，比如在动物学里边，某些动物的爪子和牙齿使这些动物相互区别开来，它们也是我们用以把这些动物分为不同种类的特征。不过，对自然的理性透明性（the rational transparency of nature）[1]的这个论证并没有使观察的理性走得多远，因为在其他的层面（特别是植物学和无机科学里边），观察的理性发现它很难采取任何类型的稳定的、非任意的分类框架：

> 观察曾经将它们【也就是它的生物学类别】恰切地区别开来，它相信自己在它们里边拥有某种固定不变的东西，现在它看到的是，诸多原则相互重叠，形成了诸多的过渡和混淆；那些它最初作为绝对分离的东西，现在它看到它们和别的东西结合在一起，而那些它曾经认为是结合在一起的东西，

1　意为自然在理性面前是透明的，理性可以洞察自然，揭示自然的规律。——译者注

现在它看到它们是分离的。因此，观察固执于存在的消极的、不可打破的自我同一性，它不可避免地看到，它在最一般的规定中——例如对一个动物或一个植物的种差的规定——被各种例子折磨，这些例子剥夺了它的一切规定，使它提出的普遍性无效，使它归为一种毫无思想的观察和描述。

(PS: §247, p.150)

黑格尔提出，虽然科学家希望证明理性主义的观点是正确的，但他不能做到这一点，因为他在采取一种经验性的进路（它试图仅仅用生物被观察到的相似性来［爪子、牙齿等］来给生物分组）和努力在这些相似性的基础上建立起一个自然种类的体系这两种做法之间左右为难；科学家试图把这些特性处理为固定的、本质性的东西，但生物在这个层面的可变性和异质性使他的这种处理不可能。这种科学的观点因而就面临它的分类框架的"普遍性"和它试图，但没有成功地将之归于这个框架的那些个体的"特殊性"之间的一个根本的张力。

观察的理性发现自己受到了挫败，它试图运用一种自然种类构想来"在关节处切割自然"，它的这种尝试明显是模糊的、任意的，现在，观察的理性试图不仅仅是观察和描述，而是要通过努力揭示支配着现相的规律来满足思想。不过，对观察的理性来说，困难的是认识到，如何把对普遍的和必然的规律的构想与它残余的经验主义相调和。黑格尔在这里谈到了一种"理性的本能（instinct of Reason）"，他用这个短语所指的意思是，尽管这样的经验主义会使意识感到一种休谟式的对普遍性和必然性的怀疑主义，但意识发现，它很难怀疑，考虑到规律的根本性质，规律就体现了事物一定会如此的情况："石头下落，这对意识来说是真的，因为石头在其沉重之中就自在自为地本身具有与地球的本质联系，这个联系在下落中得到了表现。"（PS: §250, p.152）

观察的理性因而发现，它自己建构着越来越一般的规律，这些规律远离实验的具体情形，而它对属性的构想也变得越来越抽象，最终在"物质"概念（例如正电、负电或者热）中臻至顶点，这些物质不是可观察到的微粒，而是理论上的东西，它们具有类似于普遍者的地位。这使得观察的理性可以以一种越来越抽象和"纯粹"的方式构造规律：

> 我们发现，这种实验着的意识的真理就是从感性存在中摆脱出来的**纯粹规律**；我们把纯粹的规律看作一个**概念**，这个概念呈现于感性的存在之中，却又在其中独立地、无拘无束地发挥着作用，它沉浸于感性的存在之中，又不受其约束，它是一个**单纯的**概念。
>
> （PS: §253, p.154）

观察的理性在发现自己被拖离了经验主义和唯名论的时候获得了一个重要的洞见，它洞见到了，世界是如何包含着那些只能够被思想揭示出来的结构的（请参见EL: §21Z, pp.33-34）。

然而，虽然这是观察的理性要学到的一个重要教训，这个教训使它能够把无机的自然纳入一个日益复杂和令人满意的理论框架，但它还是发现，当它试图根据类似规律的东西来处理自然世界

124

的另一个部分——也就是有生命的有机物——的时候，它受到了挫败。这里，观察的理性试图找到一些规律，它们将会根据有机体的环境来解释这些有机体的性质，观察的理性希望这些规律能够使它用生态学来对有机物进行分类（例如，梭子鱼是鱼，因为它们生活在水中）。然而，观察的理性发现，这些规律仅仅是相关性（correlations），它们似乎没有任何根本的必然性或合理性的力量，例如，根据生物学家特雷维拉努斯提出的广义环境影响论（general theory of environmental influence），"空中的动物都有鸟的本质，水中的动物都有鱼的本质，北方的动物都有厚厚的毛皮，等等"。黑格尔评论道：

> 这些规律马上就显示出一种贫乏性，这种贫乏性与有机自然的多样性是不相符合的。且不说有机自然在其自由中能够使自己的形式抛弃这些特性，而且必然会到处对这些规律——或者我们可以称之为规则——呈现出例外的情况，即使是这些规律的确适用的生物的那些特性，也是非常肤浅的，以至于就连规律的必然性也不能不是肤浅的，超不出环境的**巨大影响**；况且，人们并不知道，哪些真正属于这个影响，哪些不属于这个影响。因此，有机物与【它们生活于其中的】那些元素的联系，事实上并不能被称为**规律**。因为，首先，正如我们已经看到的，这样一种联系的**内容**并没有穷尽所考虑的有机物的范围，其次，这种联系的诸多方面相互之间是漠不相干的，且不表达任何的必然性。

> （PS：§ 255, p.155）

现在，一旦观察的理性认识到，在有机物的本质和有机物的环境之间并不存在任何必然的联系（例如，有些鸟就不能飞），它就会寻找一种不同的方式来解释有机物的本质，它现在根据**目的论**来进行解释。这样的解释假定，有机物有一个目的，并且，通过表明它各种各样的属性是如何帮助它实现那个目的的，就解释了这些属性。然而，黑格尔论说到，观察的理性有一种目的论意向模型（an *intentional* model of teleology），根据这种模型，一个有机物要具有一个目的，则那个目的一定要么是它有意具有的（一个刻意的目的），要么是某个外在的设计者赋予它的，这个设计者使它适合于他或她自己的目的。困难在于，观察的理性不能够使这两种观点中的任何一种符合自然有机物的情况，因为，有机物几乎不能够说是自己选择了它们的目的，而如果我们说，它们之所以是那个样子，乃是因为有个外在的设计者把它们改编成那样，则我们就不能够使用这个观念来解释有机物的性质。因此，尽管观察的理性承认，"有机物表明自己是这样一个东西，它保存自己，返回自己并且已经返回自己"（PS: §259, p.158），但观察的理性又认为，这并不真的就是目的论的活动，因为保存自己并不是有机物的意图（intention），因此，

> 观察着的意识在这种存在【"有机物活动着以保存自己"这个事实】里边认不出目的概念，或者说，认识不到目的概念就在这里实存着，以一个事物的形式实存着，而不在别处的某个别的智能里边实存着。它区别了目的概念、自为存在

125

和自我保存，这个区别根本谈不上是区别。

（PS: §259, p.158）

由于观察的理性并没有真的认识到，有机物的自我保存是事物本身固有的目的（内在目的论），因此它只是通过诉诸有机物是如何被改编以服务于外在于它自己的那些目的的，以此来解释有机物的性质，这样做的结果就是，它对有机物为何是那般模样的解释说明并不令人满意。用黑格尔在其他地方的话说：

> 126　　目的概念并不是单纯外在于自然的，就像我说"羊长毛仅仅是为了我可以用之给自己做衣服"时那样。这种愚蠢的评论经常有，例如在《克塞尼亚》（Xenia）里边，上帝的智慧得到了赞美，因为祂让软木树生长，这样我们就可以用之来做瓶塞了，让药草生长，这样我们就可以用之来治胃病了，让朱砂存在，这样我们就可以用之来化妆了。

（EN: II, §245Z, p.196）

（《克塞尼亚》是歌德和席勒写的一部讽刺诗集，出版于1796—1797年，在这部作品中，他们讽刺了同代人的诸多观点。关于对黑格尔目的论观点的一个有益的概论，请见deVries 1991。）

这里有一个明显的问题，黑格尔为什么认为，观察的理性所运用的仅仅是这个目的论意向模型，如此一来它并不认为自我保存真的就是有机体的目的，从而它相信目的论解释不可能是内在的（例如，树皮的目的是阻止脱水），而一定是外在的（树皮的目的是让我们用之来做瓶塞）。答案之一可能当然是历史的原因，就是说，与科学革命有关的许多科学家和哲学家的确有这种目的论意向模型，因而黑格尔把这种观点归于观察的理性，这么做似乎是有理由的。但另一个答案则与我对《精神现象学》的总体解释有着直接的关系，就是说，观察的理性对作为自然种类的普遍者缺乏一种严格的亚里士多德式的理解，因而它没有看到，每个有机的事物作为一种特殊类型有机物，都在努力地实现着它作为那个类型事物的本质（请参见deVries 1988b: 9）。

观察的理性没有恰切地根据目的论来理解有机物，它回过头去寻找支配着动物关键过程和关键能力的规律。在黑格尔的时代，这些能力被确认为感受的能力（把刺激物的信息从身体的一个部分转递到另一个部分的能力）、应激的能力（对刺激物作出反应的能力）、再生的能力（有机物生长和再生其组织的能力）。这些能力被说成是分别位于神经系统、肌肉系统和内脏。因此，观察的理性 127 着手寻找把这些能力相互联系起来的规律，以及把这些能力与身体各部分（它们据说具有这些能力）联系起来的规律。于是，黑格尔接着表明了，观察的理性要在这个领域找到任何真正的、类似规律的联系有多难，这部分是因为，感受、应激和再生是相互联系的功能，部分是因为，观察的理性在努力把这些能力联系起来的时候不能够有意义地运用定量测定，部分是因为，有机物不能够真的被划分为孤立的解剖学系统："由此，有机物里边的规律观念就彻底地丧失了"（PS: §278, p.167）。因此，黑格尔总结说，观察的理性在对自然的研究中不能够找到它要寻求的那种理性的满足：

这里，观察能够做的无非是作出聪明的评论，指明有趣的联系，好意地迎合概念。然而，聪明的评论不是必然的知识，**有趣的**联系则止步于"兴趣"，而兴趣依然只是一种关于理性的单纯主观的意见；而个体指向概念的好意乃是一种天真的好意，如果它想要并且自以为自在自为地有效，那它就是幼稚可笑的。

(PS: §297, p.179-80)

因此，我们已经看到了，普遍与特殊的辩证法在这一节的好几个层面都发挥着影响，观察的理性试图把个别东西归于某种可理解的普遍规律框架之下，但这些规律在这里的结果过于特别和空洞，它们仅仅是单纯的有规则性（regularities）和相关性（correlations）。[1]因而，在意识对自然世界的构想中，普遍性和个别性作为范畴是对立的，所以它依然不能够在自然里边找到将使它能够感到"在家园之中"的合理结构。

1　从科学哲学的角度说，"有规则性"指的是现象有规则地或定期地显现，例如，黑猩猩这种动物的群体有大致确定的规模和成员结构，候鸟定期迁徙，一些鱼类定期洄游。"相关性"指的则往往是两个现象之间的一致状况（正相关）或相反状况（负相关），例如每年的雪糕销售量和溺亡人数呈正相关，过去两百年温室气体浓度和海盗人数呈负相关。然而，这两种东西都只流于对现象的或现象间的量化特征进行统计观察，并没有真正深入本质性的因果规律层面，因而不同于规律。用黑格尔的话说，此时，观察的理性把类的单纯的统一"只规定为数量（Zahl），因而将质的现象（die qualitative Erscheinung）都放弃了"。（*Werke*3: 226）——译者注

对自我意识的观察

意识在无机和有机自然的层面没有能够为规律找到任何令人满意的角色，现在它转向它自己，从对自然的观察转到"对自我意识的观察"，它试图发现支配着人类心灵的规律。黑格尔首先讨论了把逻辑规律处理为人类思想的规律这个尝试。他论说了，虽然这样的规律意味着是必然的和普遍的，但"这个形式或内容把自己呈现给作为观察的观察的方式赋予了这个形式或内容一种被发现的特征，一种被给予的特征，就是说，这个内容仅仅是"（PS: §300, p.181），因而可以确定的只是我们事实上是怎么思考的，而不是为什么我们必定如此思考，也不是为什么我们应该如此思考。

于是，观察的理性不再试图找到支配着主体思想的规律，转而寻找支配着主体行动的规律，从而达到了观察的心理学。一如从前，它一开始试图把人们描述和分类成不同的类型，但它很快就发现，这是无法令人满意的，"这甚至比列举昆虫、苔藓等的种类还要无趣得多"（PS: §304, p.183）。因此，观察的理性转而开始构造心理学的规律："它……现在看起来似乎有了某种合理的目的，而且在从事一个必要的活动。"（PS: §304, p.183）于是，观察的理性寻找个体活动的方式与其社会环境之间的联系，以确定后者是如何影响前者的。然而，总有一个因素歪曲着这个努力，这就是，个体自己可以选择用以响应其环境的方式。个体所具有的这个自由使心理学确立个体的行动方式与个体的社会环境之间类似规律的联系的努力变得毫无意义：

> 个体既可以**听任**现实世界之流给予自己的冲击，也可以截断它和颠倒它。然而这样一来，"心理学的必然性"就成了

一个空洞的短语，因而"绝对可能存在一个具有这种影响的个体"也是句空话，它完全可能不具有这种影响。

（PS: §307, pp.184−85）

黑格尔强调说，这种自由意味着我们不可能发现个体是被其社会环境决定了的，尽管黑格尔愉快地承认，"如果这些环境、思维方式、习俗、一般来说世界的状况不是实际的情况，那么个体当然不会成为他实际所是的样子"（PS: §306, p.184）。原因在于，尽管个体可能会选择遵从环境，但他也可以选择反抗环境，这样，尽管环境在我们理解个体的时候会有作用，但这个作用是什么，它最终要依赖于个体所做的选择，而这些选择却超出了社会心理学家提供的那种解释的范围。因此，对黑格尔来说，观察的理性在此再次使用了个别与普遍（作为"现成在手的习惯、习俗和思维方式"）之间关系的一个过于简单的模型：

　　一方面，精神把这些模式接纳进自身……；另一方面，精神又知道，它自己在面对它们的时候是自发地主动的，它在它们中为它自己挑选出一些东西，它遵从它自己的偏好和欲望，使对象遵照它；在前一种情况下，它面向作为一个个别者的自己而消极地活动，在后一种情况下，它面向作为一个普遍者的自己而消极地活动。

（PS: §302, p.182）

观察的理性并没有恰切地把握到这个复杂的相互联系。

由于观察的理性不能够发现任何支配着它的思想或行动本身的规律，也不能够发现任何支配着它的思想和行动与主体之外的世界相联系的规律，现在它寻找它的思想或行动（作为心理现象）与它的身体（心灵就寓于其中）之间的某种相关性；因此，它转到"对自我意识与其直接现实性的联系的观察"，这就是观察的理性这一节的第三个小节。在这个小节，黑格尔转向了面相学（它试图根据一个人的解剖学特征来判断他的性格）和颅相学（它试图用一个人头颅的形状来判断他的性格），这两种进路在黑格尔撰写此书的时候都相当流行（这要分别归因于拉瓦特和加尔这两个人的作品）。黑格尔先考察了面相学，他承认，我们通常把一个人的表情当作猜测其思想或情感的途径，把前者作为后者的迹象；不过面相学声称，它超越了这些，它在人的解剖学特征的基础上预测他们会如何行动时，在打算使用这些特征来谈论一个人的性格（这些谈论在某种程度上颠覆了此人行动的表现和他们的自我认知）时，成为一门严格的科学。结果，这门科学被迫把性格特征处理为隐蔽的倾向，一种孤注一掷的花招，没有任何方法论上的可信性。在这部分文本里，黑格尔赞赏地引用了李希屯伯格的话，后者写了个小册子来批评拉瓦特：

130

> 如果有人说，"你诚然像一个老实人那样行动，但我从你的脸上看出来，你是迫不得已才这么做的，你打心眼里是个无赖"；毫无疑问，直到时间尽头，任何一个老实人在听到这番话的时候都将报之以一记耳光。

（请见PS：§ 322, p.193）

接着，黑格尔推进到了对颅相学的讨论，颅相学把外在东西视为内在东西的直接表现，在此这样的表现显而易见的地方就是头盖骨。黑格尔首先指出，颅相学家很难说得清，究竟是头盖骨决定了大脑的性质，还是大脑决定了头盖骨的形状；但即便这两者之间存在某种"前定的和谐"，颅相学家还面临一个更大的困难，他所做到的最多只是发现一个人头颅的形状与尺寸和他们的性格与行为之间统计学上的相关性，在此，这些相关性和雨天与家庭主妇的濯洗日之间可能存在的相关性一样都是没什么意义的。颅相学家不能使用这些相关性来作出有意义的预测；毋宁说，他再次返回了"未被意识到的倾向（unrealized dispositions）"这个概念，这个概念使他能够避免以一种科学上虚假的方式做出这样的预测（就像黑格尔的例子里边那个家庭主妇的预测一样虚假，她宣称，由于今天是濯洗日，所以今天有下雨的趋势，尽管这个趋势并不意味着今天真的将会下雨）。黑格尔确信理性将会看穿这种谬论，并且他确信，理性在这么做的时候将会认识到，科学的理性主义不可能公允地对待我们自我规定的能力：

131

　　自我觉察的理性的原始本能将会不假思索就抵制颅相学这样一门"科学"——自我觉察的理性的这另一种观察本能已经瞥见了认识的过程，已经以把外在东西作为内在东西的表现这样一种方式而无知地把握到了这个过程。……我们在此所关注的那个对立的各个方面都是觉察到了自身的个体性，也都是已经完全成为一个**事物**的外在性的抽象——精神的那个内在存在被把握为固定的、无精神的存在，被把握为与后一种存在相对立。然而，迄今为止所达到的观察的理性似乎也达到了它的顶峰，此时它必须放弃它自己，做出一个方向相反的颠转；因为，只有完全糟透了的东西才有改变至相反方向的直接必然性。

（PS: § 340, pp.205−6）

我们以前在辩证法里边已经看到了理性现在所采取的这种"方向相反的颠转"，这就是随着意识从观察世界走向把它自己看作一个自在的能动者而从理论到实践的推进；科学理性主义的局限看起来表明了，主体的本质在于其自由地自我规定的能力，因而意识现在开始使它自己与因果决定的对象世界相分离：

被给予的对象……被规定为一种否定的对象；但意识则被规定为与这对象相对立的**自我**意识；换言之，在观察过程中经历了**存在**的形式的那个范畴现在被设定为自为存在的形式。意识不再想要**直接地**找到它自己，而是想通过它自己的活动产生它自己。它自己就是它的行动的目的，而它在观察的理性里所关心的仅仅是事物。

（PS: § 344, p.209）

因而，黑格尔从观察的理性（它已经发现，理论科学所承诺的满足乃是错觉性的）转到了"行动的理性"（PS: § 348, p.211），行动的理性转而坚持认为，意识一旦看到，它的目的如何能够在 ¹³²

世界之中得到实现，就能够觉得"在世界之中即在家园之中"。因此，黑格尔清楚地表明了，正如观察的理性在更高的层面重复了意识以对象为中心的观点，行动的理性也在更高的层面重复了自我意识以主体为中心的观点：

> 正如观察的理性在范畴的要素里曾经重复了**意识**的运动，亦即感性确定性、知觉和知性一样，理性也将再次历经自我意识的双重运动，从独立性过渡到它的自由。

（PS: §348, p.211）

今天回过头来看这一节，有些人可能会觉得，黑格尔关于观察的理性的立场必须要么在历史的基础上被修改（黑格尔在此的批评仅仅适用于他那个时代的科学观念和理论，它们对诸如心理学这样的科学能够取得什么成就的设想是贫乏的），要么在哲学的基础上被修改（黑格尔在此暴露了他对科学的诸多浪漫主义怀疑，这种怀疑在现代世界看起来已经过时了）。或许是如此吧；但我们同样可以论说（请参见MacIntyre 1972a），黑格尔的批评根本上依然适用于当今研究人的行为和心理的广义物理主义进路所取得的诸多进展，而黑格尔的立场也不是狭义的浪漫主义立场，它只不过关注于凸显试图全面地运用物理主义解释时所面临的各种困难。今天的许多人（当然，不是所有人）都会把这个立场视为完全合理的立场，他们很可能会把我们自由行动的能力视为表明了，为什么把物理主义的模型运用于人类领域的做法是不恰当的，黑格尔在某种程度上也强调了这种不恰当性。当然，自黑格尔时代以来，这个争议的深度和复杂度一直在推进，科学里边的诸多进展（黑格尔对它们一无所知）在这个争议中有着巨大的影响；但这些问题到今天依然存在，而黑格尔的总体立场在这场讨论中依然是一个热门选项。

行动的理性

　　黑格尔在这一节（题为"理性的自我意识通过它自己的活动而实现"）和下一节（题为"自在自为的本身就是实在的个体性"）继续分析，理性是如何试图使它自己"在世界之中即在家园之中"的。在考察这两节的时候，要把前一节的导论性开场白（PS：§§348-359, pp.211-217）考虑进来，这一点很重要。黑格尔在此清楚地表明了，他在本章剩余部分的考察策略全都是这样的个人，他们把关于个体及其在社会世界中的位置的那些"现代"假设作为起点，因而，我们应该把这些假设与关于"在世界之中即在家园之中"的前现代的（特别是希腊的）、不那么个人主义的观点进行对照。只有当这些"现代的"立场被表明是不充分的时候，意识才会"转回"去看看，这种前现代的观点是如何失落的（在"精神"章）。因而，黑格尔对古代的个体构想与现代的个体构想之间根本区别的刻画对于他剩下的讨论来说是至关重要的。

古代人与现代人

在黑格尔眼里，个体能够在世界中得到实践的满足的唯一途径就是生活在国家或城邦（polis）之中，希腊人把这作为不证自明的公理来加以接受，因此，满足的问题对个体来说立刻就被视为一个社会问题：个体只有生活在一个恰当地组织起来的社会框架里边，他才能发现自己是"在家园之中"。根据黑格尔的看法，希腊人因而坚持认为，只有依照一个恰当地组成的共同体的习俗和传统而生活的个体才能达到个体与世界之间的调和。黑格尔把这种观点概括如下：

> 因此，在一个自由的民族里，理性就在真理中被实现出来了。它就是当下活着的精神，在这个精神里边，个体不仅发现，他本质性的特征——他的普遍的和特殊的本质——以物性的形式被表达出来，并向他呈现出来了，而且他也发现，他自己就是这个本质，并且他已经实现了那个本质性的特征。所以，古代那些最有智慧的人士曾宣称，智慧与德行就在于依照自己民族的习俗而生活。

（PS: §352, p.214）

在采取这一立场时，"古代那些最智慧的人士"表明他们自己是在这样一个时候思考，这时候个体还没有学会把他自己与他的社会角色区别开来，把他自己视为道德评价的一个独立的根源，此时自我与社会之间的区分尚未被感觉到。黑格尔在前述的开场白里呈现了对该前现代社会生活的一个素描（他在别的地方更详细地阐明了这个素描，请参见ETW: 154-155, PH: 250-277）：

这个在其抽象的普遍性中的伦理**实体**，只是处于**思想**的形式中的法律；但它同样直接就是现实的**自我意识**，或者说它就是**习俗**。反之，单独的个体的意识，由于它在它的个别性中觉察到普遍的意识乃是它**自己的**存在，因而它就只是这种实存的统一，因为它所做的和所是的，就是普遍的习俗。……它们通过牺牲掉它们的特殊性，通过把这个普遍的实体作为它们的灵魂和本质，而意识到它们是这些分离的、独立的存在，正如这个普遍的东西又是作为特殊个体的它们自己的所为，或是它们创造出来的作品。……个体为了它自己的需要的**劳动**，既是对他自己需要的满足，同样也是对其他个体需要的满足，并且他自己的需要的满足只有通过其他个体的劳动才能得到。正如个体在他的**个别的**作品中已经无**意识地**完成了一种**普遍的**作品一样，他也把这种普遍的作品又当作他自己的**有意识的**对象来完成；整体作为**一个**整体就成了他自己的作品，他为之献身，并且正好由此而从这个整体中收回了他自己的自我。……为他者存在或使自己成为一**物**与自为存在之间的这种统一，这个普遍的实体，在一个民族的习俗和法律中讲着它的**普遍语言**。但这个实存的、不变的本质乃是显得与普遍的实体相对立的那种个别的个体性自身的表达；法律说出了每个个别的人的所是和所为；个体不仅把法律认作他的普遍的、对象性的物性，而且同样地也在这物性中认出他自己，或者说，在他自己特有的个体性里和在他的每一个同胞那里把法律认作**特殊化了**的。因此，在普遍的精神里，每个人都只拥有对他自己的确定性，确信在现实的世界里所找到的无非是他自己；他对别人就如同对他自己一样确信。我在所有人那里都察觉到了如下事实，即他们知道他们自己仅仅是这些独立的存在者，正如我是一个独立的存在者那样。我在他们那里察觉到，与别人的自由统一是这样的，即这个统一体正如通过我而实存那样，它也通过别人而存在——我把他们作为我自己，我也把我自己作为他们。

（PS: §§349-51, pp.212-14）

正如这里的结论所表明的，黑格尔在许多方面都认为，在希腊的社会世界里边，个体可以发现自己"在家园之中"，在此"每个人都只拥有对他自己的确定性，确信在现实的世界里所找到的无非是他自己"。在此不存在个体与其社会习俗的割裂，不存在自我利益与公众利益的割裂，不存在个体的道德确信与城邦颁定的法律之间的割裂。在这个意义上，黑格尔（与他的许多同代人一样）把公元前五世纪雅典公民的生活视为一种典范，那种和谐与调和的典范，他认为它可能提供了对自我与世界的一种恰切的理解。（请参见 Schiller 1967: 33，"我没有低估今天的人类——把他们作为一个整体来考虑，放在理智的天平上来加以衡量——在面对古代世界中最好的东西时可以自夸的那些优势。但今天的人类得要聚集在一起来参加这场比赛，让全体与全体进行较量。哪个现代个人能走出来，与雅典个人一对一地争夺人性这个奖品？"关于黑格尔这里的讨论的一个有帮助的背景分析，请见 Forster 1998: 17-125。）

不过，黑格尔在此清楚地表明了，理性在使它自己"在家园之中"的种种努力里边，没有并且再也不能够认真对待这种希腊式的构想了；因为，理性开始以一种希腊人没有认识到的方式来构想自由的个体，这种构想于是就导致了社会生活里边并不明显的个体与社会习俗之间的分裂、个体与公共福祉之间的分裂、个体与国家法律之间的分裂。因而，从这种现代的视角看，习俗和传统显得是道德上任意的；个体不再认同群体的利益；国家所实施的法律与个体的道德权威相冲突。因而，意识不再能够以希腊人可以采取的方式来发现它自己"在世界之中即在家园之中"，理性丧失了这种方式：

> 理性必须从这种幸福的状态中走出来；因为，一个自由民族的生活仅仅在原则上或直接地是一种伦理秩序的**实在**。换言之，这伦理秩序仅仅是作为一种**被给予的东西**而实存着……单个的个体意识，当它在实在的伦理秩序或在民族中直接地实存时，它就是一种根深蒂固的信赖，在这种信赖中，精神对个体来说尚未消融于它的**抽象**环节中，因而个体没有意识到自己就是纯粹的、自为的个别性。但是，当他达到了他必定会达到的这种思想时，则他与精神的这种**直接的**统一，或他自己在精神中的【单纯】存在，他的信赖，就都丧失了。他被孤立了、独立了，他现在就是本质，他不再是普遍的精神。……在这样确立起来的他自己之中，……个体由此就把自己与法律和习俗对立起来。这些法律和习俗被视为没有绝对本质性的单纯观念，一种没有任何现实性的抽象理论，而

他作为这个特殊的"我",乃是他自己的活的真理。

（PS: §§354-55, pp.214-15）

因此，认识到以下这一点至关重要：理性在接下来两节所采取的策略——以表明实践的意识能够在世界之中找到满足——就是意识在这个现代的个体性概念出现之后所采取的策略；它们不是希腊人所理解的策略，因为希腊人是在一种社会构想的背景下处理这些问题的，而理性则已经颠覆了这种社会构想。

现在，正如我们将会看到的，黑格尔着手表明，这样的个体主义策略是注定会失败的，而如果我们要找到自我与世界之间的那种和谐——理性认为这是可能的——就必须恢复希腊图景的某些部分。尽管如此，黑格尔在这里以及其他地方都竭力强调了，理性所采取的个体主义转向是不可避免的，是进步的。因为，虽然希腊公民是"在世界之中即在家园之中"的，但在对个体性的一种恰切的构想出现之前，这种和谐始终是不假思索的、非反思的，基于对社会秩序及个体在其中的位置毫不质疑的接受（请参见PR: §124）。因此，黑格尔希望表明，我们如何能够从希腊人的社会构想中学到一些东西，理性失败的个体主义策略如何能够得到改善，而不是单纯地"返回希腊人"，现代个体主义已经使这种返回变得不可能了。因此，虽然希腊人能够以一种在他们自己的时代令他们满意的方式做到"在世界之中即在家园之中"，但在我们自己的时代这个解答是无法令我们满意的，我们的时代已经出现了更深程度的个体主义。另一方面，黑格尔着手表明，现代人对这个问题的解答还没有能够被成功地提出来，因为现代人还处于个体主义转向所造成的

137

自我与社会的分裂之中；由此黑格尔在自己尝试解决这个问题时同时吸收了这两个传统，他采取了一条中间道路，一旦个体主义的理性的片面性得到了揭露，这条道路就会变得更加清楚。[1]

快乐与必然性

黑格尔讨论行动的理性的第一个小节题为"快乐与必然性"，在此，意识坚持认为，使它自己觉得"在世界之中即在家园之中"的最佳途径不是服从习俗和传统（像"古代那些最有智慧的人士"所认为的那样），也不是获得对自然的一种理论上的理解（像观察的理性所认为的那样），而是转向世界，把它作为快乐和享受的工具："个体被他自己的精神派到世界里去寻求他的快乐。"（PS: §356, p.215）因此，它是理性所采取的个体主义观点的第一种表现：

---

1 黑格尔不是唯一指出以下这一点的人：无论是希腊人的统一的立场，还是个体主义理性的更加原子主义式的视角，它们都是片面的；需要对这两者进行某种综合。请参见Schiller 1967: 234:

    我们可以在所有经验性知识中区别出来的那三个阶段不也同样地大致适用于人类文化的一般发展吗？

    （1）对象作为一个整体立于我们眼前，然而是混乱的、易变的。

    （2）我们把特殊的形状分别出来加以辨析；我们的知识现在是清楚的，然而是孤立的和有限的。

    （3）我们把我们曾经分别出来的东西统一起来，整体再次立于我们眼前，不过它不再是混乱的，而是在各方面都是明晰的。

    希腊人发现他们自己处于第一个阶段。我们发现我们自己处于第二个阶段。因此，我们还可以期待第三个阶段，当我们达到第三个阶段的时候，我们将不再渴望希腊人的回归。

当它从伦理实体中、从思想的宁静存在中把自己提升为它的**自为**存在时，它就将习俗和实存的法律、将通过观察所获得的知识，以及作为正在消逝着的灰色阴影的理论抛到身后了。因为，后者毋宁说是关于这样一种东西的知识，这种东西的自为存在和现实性不同于自我意识的自为存在和现实性。充斥了个别性的感觉和享受的，不是知识和行为的普遍性这个看起来天国般的精神，而是地上的精神，对于地上的精神来说，真正的现实性仅仅是**个体**意识的现实性，……因此，它一头扎进生活，完全地沉溺于它显现于其中的那种纯粹的个体性。

138

（PS: §§360-61, pp.217-18）

黑格尔把这种观点与之前观察的理性的立场做了对比，他提到了歌德的浮士德，提到了《浮士德：片段》（1790）[1]，在此他呼应了梅菲斯特[2]嘲笑知识和理论的话。尽管正如我们已经看到的，黑格尔把本节的开头和"自我意识"的开头做了对比，并在这里谈到了"一种得到了满足的直接的意志或自然的冲动，而满足本身又是新的冲动的内容"（PS: §357, p.215），但他还是把浮士德对快乐

---

1 《浮士德》是歌德的代表作，对浮士德故事的创作也贯穿了歌德的一生。他从1768年就开始创作有关浮士德故事的作品，这里提到的是歌德1790年出版的一个作品，题为 *Faust: ein Fragment*。——译者注

2 梅菲斯特（Mephisto）是歌德的浮士德故事里的魔鬼一角。——译者注

的追求与单纯的欲望区别了开来：因为，在浮士德与格雷琴[1]的性关系中存在着更大程度的承认，"对两个独立的自我意识的统一的直观"（PS: §362, p.218），因此，尽管他或许想要与格雷琴进入一种更加伦理的关系之中，但他发现，他对快乐的寻求使他无法做到这个；他依然受制于与梅菲斯特订约的后果。追寻快乐不再是个体的本质，它现在看起来是对他的快乐的一种异己的束缚，一种外在的必然性或命运，这种外在的必然性或命运似乎要毁掉他。于是，意识不再把寻求快乐当作"个别的东西"，而是转而把它当作"普遍的东西"，这普遍的东西与个别的东西正相反，并且导致了他的毁灭："因此，抽象的必然性就具有了纯然否定的、未被理解的普遍性力量的特性，个体性被这种力量撕得粉碎"（PS: §365, pp.220-21）。

139 本心的规律

下一个小节的标题是"本心的规律和自大狂"，黑格尔在其中考察了这样一种形式的意识，它认为自己对此前显得是一种"抽象的必然性"的痛苦和折磨有一种解释，并试图去除掉这种痛苦和折磨，从而不再寻求它自己的快乐，转而对他人的快乐、对"促进人类的福祉"产生了一种更高尚的兴趣（PS: §370, p.222）。这种形式的意识坚持认为，每个个体都应该是能够找到幸福的，但他没能找到，其原因是个体及其感性至高无上的权威还没有得到承认：个体还没有被允许遵从"本心的规律"，而是屈从于教会和国家的

1　格雷琴（Gretchen）是歌德的浮士德故事里的一个年轻女性角色。——译者注

权力，"那种权威性的神律和人律是与本心相分离的"（PS：§371，p.222）。这种形式的意识（评论者们普遍把它与卢梭的萨瓦牧师[1]联系起来：请见Rousseau 1991）因而认为，世界是一个合乎理性的地方，因为它认为，世界可以产生出这样一个社会，在这个社会里所有个体一旦被允许听从他们内心的声音，就都将得到他们在寻找的快乐。

　　不过，根据黑格尔的看法，这种形式的意识面临几个困难。第一，这个社会改革家在营造它的社会规划的过程中将会变得越来越异化，因为它使普遍化和一般化的方面与"本心的规律"的特殊性出现了不一致："因为，它在它的实现中获得了【肯定性的】存在的形式，它现在是一种普遍的力量，对该力量来说这个特殊的本心是无关紧要的，从而个体恰恰通过建立起它自己的秩序而发现，这秩序不再是它自己的了"（PS：§372, p.223）。第二，这种意识看到，别的个体或许不会认同它的社会规划，正如它曾经不认同既存的社会规划那样，这使它对别的个体的"本心"采取了一种矛盾的蔑视：

　　　　其他个体在这个内容里没有发现它们本心的规律的实现，而毋宁只是某个别人的本心的规律的实现；而且，正是按照每一个体都应该在成为规律的东西里发现**它**自己的本心这一普遍规律，别的那些个体转而反对**它**所创立的实在，正如它转而反对它们创立的实在那样。因此，就像个体当初只发现

140

1　萨瓦牧师（Savoyard Vicar）是卢梭《爱弥儿》里边虚构的一位牧师。——译者注

了僵硬的规律那样，现在它发现，那些人自己的本心是与它的卓越意图相反的，是可憎的。

（PS: §373, p.224）

第三，它也发现，其他人可能会以现存秩序的名义反对它，因而它再也不能把那个秩序拒斥为对诸个体的意志来说是异化的：

它曾经把它碰到并接受为权威的这种神的和人的秩序当作一种死的权威，在其中，不仅它自己的自我——它坚持这个自我，把它作为与普遍东西相对立的这个特殊的、独立的本心——而且那些服从于那个秩序的人的自我，都不会意识到自己；但是它发现，这个秩序实际上却被所有人的意识摧毁了，这就是所有人的本心的规律。

（PS: §374, pp.224-25）

面对这些矛盾，"本心的规律"变成"自大狂"（在此，黑格尔最显而易见的典范是席勒的戏剧《强盗》里边的卡尔·摩尔）。这种形式的意识是一个疯狂的阴谋论者，它抱怨邪恶社会力量的腐蚀性影响，拒绝他人加入它反对既存事物的战斗：

因此，为人类福祉而跳动的本心就转化成了癫狂自负的怒火，转化成了维护自己不受摧毁的那种意识的狂怒，……因此，它把普遍的秩序说成是对本心的规律和它的幸福的一种颠倒，说这种颠倒是由狂热的教士们、荒淫无度的暴君们，以及他们的那些企图通过侮辱和压迫更低贱的人以补偿他们自己所受屈辱的臣仆们发明出来的，说这种颠倒使被欺骗的人类陷入了无可名状的苦难。

（PS: §377, p.226）

意识放弃了理想主义社会改革家的立场，现在它以更加愤世嫉俗的方式来看待其他人，因为他看到，在其他人的本心中，他们 141 的所作所为被私利统治，这就是"世界进程"：

于是，公共**秩序**就显得是这样一场普遍的混战，在其中各人夺取其所能夺取的，对别人的个别性施行正义，并将自己同样会通过别人的行动而消失的个别性固定下来。这就是"世界进程"，即一个不变的过程的上演，这个不变的过程只是**打算**要成为一种普遍性，而它的内容毋宁是确立着和消解着的诸个体性的无本质的游戏。

（PS: §379, pp.227-28）

因此，尽管这里个体在某种程度上把普遍的东西置于他自己之上，但他是以一种过于简单化的方式这么做的，他假定，所有人都必定也具有他对什么是正当的构想，这使他在那些不这么构想的人里边只看到最坏的动机。

德行与世界进程

黑格尔现在转到了对"德行与世界进程"的讨论，在此，德行力图表明，这种自我中心主义是如何使得意识不可能感到"在家园之中"的。鉴于黑格尔早前提到希腊人时对之报以肯定的态度，我们可能会预期，他对德行所采取的观点会报以某种同情；然而很清楚，他在这里所关注的乃是这个观点的现代版本（沙夫茨伯利伯爵或许代表了它），该版本把对德行的追求视为个人的事情，某种即使在一个堕落的社会里也能够获得的东西。由此，个体在对德行的现代构想的基础上能够获得真正的幸福，并且，他就算在一个精神上和伦理上腐朽的世界里边也能够觉得是"在家园之中"（亚里士多德是不会接受这个主张的，因为他把以下这点视为理所当然的，即个体的伦理观点是由他社会的伦理观点所塑造的）。黑格尔论说到，这样一来的结果是，尽管现代的"德行骑士"假装关注通过"世界进程"来革新那些堕落的人，但他们为了善而进行的战斗实际上是假装的。事实上，德行很难说清楚这种堕落是什么，它最

142 终陷入的无非是空洞的夸夸其谈，因为它并不能真正解释，当（如同伯纳德·曼德维尔在其《蜜蜂的寓言》里边宣称的那样，以及如亚当·斯密已经论证了的资本主义经济所表明的那样）自私自利似乎可以导致共同的善时，究竟什么地方有问题：

> 古代世界里的德行曾经有它一定的可靠的意义，因为它在该民族的**精神实体**里有着充满意义的基础，因为它的目的是一种现实的、已经实存着的善。因而，它当时也不是针对那作为一种**普遍颠倒**的现实世界的，不是针对一个"世界进程"的。但是，我们现在所考察的德行却从这种精神实体中脱离开来，它是一种不实在的德行，一种仅仅只是空想中的

和名义上的德行，缺乏实体性的内容。……【意识】在它的斗争中通过经验已经得知，"世界进程"并不像它当初看起来那样坏；因为，"世界进程"的实在性就是普遍东西的实在性。意识牢记这个知识，抛弃了那种通过牺牲个体性来产生善的想法；因为，个体性正是原则上实存的东西的现实化，而颠倒也就不再被看作是对善的一种颠倒，因为这种颠倒事实上恰恰是把作为一种单纯目的的善颠倒为现实的实存：个体性的这种运动就是普遍东西的实在性。

（PS: §390—91, pp.234—35）

因此，尽管德行把有德行的个体和自私自利的个体对立起来，因为它把共同体的善和个体的善对立起来，然而黑格尔相信，这种对立乃是因为德行没有认识到这两者之间的辩证关系，凭着这种辩证关系，普遍的善可以通过对个体利益的追求而得到满足。（请参见PR: §199, p.233，"在劳动和满足需要的相互依赖性和交互关系中，主观的利己转化为对其他一切人的需要的满足有所贡献的东西。通过一个辩证的运动，特殊的东西为普遍的东西所中介，从而每个个体在为自己【für sich】谋生、生产和享受的同时，由此也在为其他人的享受而谋生和生产"。）

因此，我们在考察这一节的时候已经看到，黑格尔是如何展示与希腊人的观点——"智慧与德行就在于依照自己民族的习俗而生活"——相矛盾的三个观点的，他努力表明，意识能够以一种更加个体主义的方式，通过寻求快乐、遵从"本心的规律"或者通过践行一种"非实在的"德行而"在家园之中"。在这三种观点里

143

边，每一种观点都确立了与现存社会秩序不一致的个体视角，这种视角在某种程度上最终瓦解了现存的社会秩序。正如我们已经看到的，黑格尔相信，随着现代个体主义的兴起，随着意识努力寻找使它自己"在家园之中"的途径，而造就了希腊伦理生活的那些习俗和传统又已经丧失了它们的权威性，这种观点就会不可避免地出现；但是很显然，对于黑格尔来说，如果要恢复由于这一个体主义转向而丧失的平衡，意识就必须找到某种途径，以让一种不同类型的社会框架发挥作用。

实践的理性

在我们上文考察的这一节，意识已经揭示了，它的个体主义转向还没有使它找到"智慧和德行"；相反，对快乐的追求所导致的仅仅是不幸，本心的规律已经变得自命不凡，而德行则已经被揭示为高尚的虚伪。我们现在要讨论的这一节题为"自在自为的本身就是实在的个体性"，黑格尔在这一节考察了现代个体主义很难避免这种道德失败的其他道路。

精神的动物王国

在接下来的一个小节（它令人难以捉摸地题为"精神的动物

王国和欺骗，或事情本身"[1]），黑格尔考察了这一个体主义转向的一个重要方面，这就是，主体根据他的"作品"（他的事迹和产品）来衡量他自己，他把它们视为他自己的表达，他通过他能够做的事情来认识他是什么：

> 意识必须行动，仅仅为了使意识**自在地**所是的东西成为

1　黑格尔原著的这一小节题为"Das geistige Tierreich und der Betrugoder die Sacheselbst"，米勒英译本题为"The spiritual animal kingdom and deceit, or the 'matter in hand' itself"，平卡德英译本题为"The spiritual kingdom of animals and deception; or the crux of the matter（die Sacheselbst）"，贺麟、王玖兴汉译本题为"精神动物的王国和欺骗，或事情自身"，先刚汉译本题为"精神性动物王国和欺骗，或事情本身"，邓晓芒译本题为"精神的动物王国和欺骗，或事情自身"。英语世界的学者们对于如何把"die Sacheselbest"译为英语争议巨大，译法各不相同，平卡德在其《精神现象学》英译本的"译者说明"里边对此作了介绍和讨论（pp. xliv–xlv）。相比之下，汉语学界对如何把该短语译为汉语这个问题倒是意见基本一致。然而，根据黑格尔的学生和密友甘斯的分析，Sache这个词在黑格尔文本中一般有两层含义，一是指"外在的东西"，此时它的含义近于Ding这个词的基本含义，二是指"根本性的东西"，后来胡塞尔、海德格尔对事情自身的强调大致是在这个层面展开的。不过，需要注意的是，"事情自身"在黑格尔的《精神现象学》的这一小节里是作为意识的一个环节而出现的，此时，意识把对象（Werk，作品）视为它的自我的本质性表达，而不是在感性确定性和知觉中被给予的对象（Ding，事物）。意识诚实地认为，它所致力的就是事情自身，然而，这实质上只是它自己的事情（seine Sache），而不是自在的事情（die Sache an sich）、作为事情的事情（die SachealsSache）、纯粹的事情（die reineSache）。因此，这里出现的情况就是，诚实的诸意识自我欺骗并相互欺骗。或许是为了凸显die Sacheselbest这个短语在这里的特定含义，英语译者们——包括本书所援引的米勒——对它进行了各不相同的特别的英译处理。但译者在此最终还是根据黑格尔原著的行文状况，遵从了几位汉译者的译法，没有为这些英语表述另寻他译。——译者注

自为地明确的东西；换言之，行为仅仅是作为**意识**的精神的
生成过程。……因此，个体在通过行为使自己成为实在性之
前，不可能知道它【真实地】是什么。

（PS: § 401, p.240）

这样，个体似乎就会允许自己根据他的行为而被评判；然而
事实上，所有自我表达的行为都被视为独一无二的、同等地有价
值的：

> 它只会被比较的反思贬低成一个坏的作品，但比较的思
> 想是一种空转的东西，因为它撇过作品是个体性的自我表达
> 这个本质，而在其中寻找和要求别的东西，谁也不知道是什
> 么的东西。

（PS: § 403[1], p.242）

这种形式的意识因而就采取了一种非评判的态度（福斯特
［Forster 1998: 331-35］称赫尔德的历史主义就是这种态度的典

---

1 本书作者所援引的米勒的《精神现象学》英译本（Oxford University Press, 1977）
标注了段落号，平卡德的《精神现象学》新英译本（Cambridge University Press,
2018）也沿用了这个做法，而这个做法在黑格尔原著里是没有的。但米勒本把
黑格尔原著中的一些段落作了拆分，又把另一些段落作了合并，因而它与黑格尔
原著的段落划分对应不是很好。相比之下，平卡德的新译本在这一点上更加忠实
于黑格尔的德语原著。倘若读者在阅读本书时还参看平卡德英译本，需注意这个
问题。——译者注

型），结果理性也就采取了一种愉快的自我肯定的态度：

> 因此，赞颂、抱怨、悔恨所有这些情感都是不得其所的。因为所有这些东西都出自这种想法，它想象出另外一种**内容**和另外一种**自在**，它们不同于个体的原始本性及其在真实世界中现实地实行着的那种内容和自在。个体所做的和所遭遇的无论是什么，都是个体所做出来的事，并且**就**是个体自身。个体所能够拥有的，只是对**它自身**从可能性的黑夜到当下的白昼的单纯转变的意识，……个体知道，它在自己现实的世界里所能找到的仅仅是这个现实的世界与它自己的统一，或者仅仅是它自己在该世界的真理中的确定性，因而个体**在它自己里边所能经验到的就只是愉快**。

（PS: § 404, p.242）

　　一方面，个体的价值框架是如此地相对，另一方面，他的自我感又是如此地空洞，以至于他觉得，他所做的任何事情都不可能被视为反对他的，从而他可以摆脱他此前所经验到的一切精神异化，把他自己视为"个体性与存在的绝对融合"（PS: § 405, p.242）。

　　不过，黑格尔论说到，事物并不像它们显得的那样令人满意。困难在于，意识发现，它的作品是自我表达的一种不稳定的形式，因为在它变化着的时候它的作品却持存着，与此同时，它的作品的意义对他者的解释则是开放的，这样它的作品现在看起来在对抗它：

意识因而在自己的作品里觉察到了意愿与实行、目的与手段，以及它总体上的内在性质与实在本身之间的对立，一般来说包含了它的行为的偶然性的对立。

（PS: §408, p.245）

面对这个对立，意识现在试图确保：通过确信自己能够与任何当前的"大事情"或"事情自身"联系在一起，它将得到其他人的良好看待，这样一来它就知道，它将被看作是"诚实的"。然而，这种"诚实"是一个巨大的谎言，因为个体将企图说他是这个重要计划的一部分，即便他什么也没有做，他也断言他至少激励了其他人，或者断言他至少没有袖手旁观（尽管他想要这样），或者宣称对他没有做的事情有功劳。这个谎言很快就对其他人变得显而易见，他们看到，这个个体把自己与他们的计划联系在了一起，在他们看来他仅仅是为了捞取好处；于是，所有的个体在别人看起来都是虚伪的，因为所有的行为看起来都是自抬身价：

于是，如果个体假装**仅仅**关注于**"事情自身"**，那么它就既是自欺，同样也是欺人。一个公开了一件事情的意识很快明白了，其他的意识都像苍蝇聚集在新倒出来的牛奶上那样凑拢过来，想要忙碌于这件事；而其他那些意识也明白，这个个体也关心这件事，但不是把它当作一个**对象**，而只是把它当作他**自己的**事务。

（PS: §418, p.251）

愉快的自我肯定因而就开始转变为有害的犬儒主义。

于是，意识最终接受以下东西，即其他人将会参与到"事情自身"之中，还有，它不能够指望把该事务保留为它自己的事务。它在这么做的时候看到了，"事情自身"是某种普遍的东西：

> 【事情自身的】**本质【是】**，它的**存在是单个的**个体和其行为直接是**为了他者的**一切个体的**行为**，或者说，只有**每个**个体和**一切**个体的行为才是"事情自身"：这种本质是一切存在者的本质的本质，是**精神的本质**……它是普遍的东西，这普遍的东西只是作为一切个体和每个个体的这个行为才有其存在，它由于以下事实而也是一种**实在性**，**这个特殊的**意识知道它是它自己的个体性的实在性以及一切个体性的实在性。
>
> （PS：§418, pp.251–52）

随着意识认识到，它的计划构成了一个更大事业的一部分，它不再屈从于精神的动物王国自我关注的嫉妒，转而在它的行为中发现了一个道德的目的，而不只是把行为视为对来自创造性活动的自我的单纯表达：

> 因此，对意识而言是对象的东西，就包含着它是真实的东西这个含义；在下述的意义上，**它存在**，并且它是**有权威的**：它实存，并且它是自在自为地有权威的。它是**绝对的**"事情自身"，这"事情自身"不再受到确定性及其真理、普遍东

西与个别东西、目的及其实在性的对立的折磨，相反，它的实存就是自我意识的**实在性和行为**。因此，这个"事情自身"就是**伦理的实体**；而对这个事务的意识就是**伦理的**意识。

（PS：§ 420, pp.252–53）

理性与道德

这样，黑格尔就提出了从被视为自我表达的行动到道德行动（采取这样的行动以实现伦理目的）的过渡。一开始，意识认为，在着手于道德行动时没有任何巨大的困难，因为它作了这样一个假定，即每个个体都能够看得出什么是正当的，并相应地行事：

> 它把它自身中的法则的实存表达为：健全的理性直接知道什么是正当的和善的。正如它直接地知道法则，这法则也对它是直接地有效的，因为它直接地说："这是正当的和善的"——此外，它就是这个特殊的法则。法则是确定的；法则就是充满了有意义内容的"事情自身"。

（PS：§ 422, p.253）

于是，黑格尔提出，意识具有这个信心，因为它认为，它能够通过简单地查问某种自明的和普遍有效的道德规则来决定在一个特定的情况下如何行动，这些道德规则将会直接地告诉它如何行事，例如"每个人都应当说真话"，或者"爱邻人如己"[1]，在此，似乎这些命令句本身就提供了行动指引。黑格尔论说到，然而情况并不是这样的，因为，我在某种情况下是否应当以某种方式行动，这不是我通过查问这一类规则就可以直接决定的事情。因为事实上，如果它们要为我们提供恰切的指引，它们就需要更进一步的资格，而这个资格则使决定正当的行为这个事情变得比理性起初以为的更加困难，从而在特定的情况下，这些规则可能对我们根本没有任何帮助。例如，考虑"每个人都应当说真话"，黑格尔论说到，这不可能意味着"每个人都应当说他们相信的任何东西"，因为人们可能会相信假的事情；但如果我们把该规则修改为"每个人都应当说真话，如果他们所说的是真的"，那么，由于我的信念显然是可错的，因此我就不能够确定，在特定的情况下我是不是应当说出什么。再考虑"爱邻人如己"这个规则，黑格尔论说到，只有当我"聪明地"爱我的邻人时，也就是说，做他人真正关切的那些事情，

---

1 "邻人"从字面上看就是邻我而居的人，它在汉语语境里往往指"熟人"，俗语"远亲不如近邻"里的"邻人"就是指这层含义。而聚居在一起的人又往往有着相近的思维方式、伦理规范，孟母三迁择邻而居的故事里就隐含着"邻人"的这层含义。这是因为，小规模聚居群体往往会由于演化博弈原理而很自然地形成相互之间的关爱和互助，这个现象在人类社会和动物世界广泛存在。但在《圣经》传统的语境里，"邻人"往往是指陌生人，他们的想法和举止不同于"我"。只有在这种情况下，"爱邻人"才成了一个诫命（《圣经·利未记》19: 18），一个对尚不实存的东西的呼唤。在西方思想史上有一个蔚为大观的"邻人"伦理学、政治哲学以至精神分析的讨论。远的不说，20世纪以来，弗洛伊德、拉康、列维纳斯、齐泽克等人对此论题都有深刻的见解。有兴趣的读者可以深入研究这个论题。——译者注

而不只是我碰巧看到他们关切的事情时，这个规则才会导致一个善的行为，否则的话，我的行为就仅仅是我单方面的恣意妄为。但是，一如从前，这样一来的问题在于，在特定的情况下我的邻人真正的关切是什么，这事实上很难确定，因而这个规则在被恰切地提出的时候，并没有真的为我提供什么指引，它看起来相当空洞。因此，正如这些例子所表明的，要决定如何正当地行动，只需要抓住几条自明的道德规则，这样一个想法结果被证明是成问题的。

然而，意识继续相信理性的个体主义立场能够起作用，这不是因为各种道德规则很容易确定正当的行为，而是因为个体无须依赖于这些规则而就能够对他的行为进行一个程序性的"检验"，以确信他的行为是伦理上正当的；这个检验就是康德的可普遍化检验（the Kantian test of universalizability），在此主体问他自己，他的行为的准则是否能够被构想为或被意愿为一个所有人都依其行动的普遍法则（请参见 Kant, GMM, 4: p.421）。在"审核法则的理性"这一小节，黑格尔批判性地讨论了理性的这种企图，理性企图为个体提供一种方式以确定道德的内容，因而黑格尔也就提供了对康德该部分伦理学的一个批评。不过，尽管黑格尔对康德立场的"形式主义"和空洞性的著名攻击说服了一些人，但还是有些人不接受黑格尔的这个攻击；此外，这个攻击确切的性质很不容易确定，特别是当人们把《精神现象学》里边的这个讨论与黑格尔在论文"自然法"以及《法哲学原理》里边对这个问题的其他处理放在一起来考虑的时候（请见 NL: 79-85，以及 PR: §135, pp.162-63），黑格尔的攻击的性质尤其不容易确定。

对待黑格尔批评的最直接方式就是把他视为在主张，在一切准则都能够通过可普遍化检验这个意义上，该检验本身是空洞的。因此，例如，当康德论说了，做出虚假承诺或通过窃取他人而获得所有权不能够被普遍化（因为信守承诺的实践依赖于参与者信守他们的承诺，而所有权制度则依赖于参与者尊重拥有权规则）时，黑格尔针对这个观点则论说到，这些行为的准则能够毫无困难地被普遍化。然而，黑格尔实际上从没有以此方式来讨论这个问题，也就是说，他从没有论说过（例如），做出承诺在所有人都撒谎的情况下可以继续发挥作用，或者所有权在一个所有人都窃取别人的世界里可以继续实存，因此，对待黑格尔批评的这种方式似乎过于简单了。

149   尽管如此，即便黑格尔被解释为是在考虑有些准则不能够被普遍化，因而是在承认检验在这个意义上不是空洞的，他也能够被解释为是在说，这个检验本身不足以帮助我们确定，我们应当如何行动。因为，我们也需要被告知，为什么以破坏所考虑的制度的方式去行动是错误的，而这是任何（对矛盾的）形式化检验都无法告诉我们的。因此（用康德的例子来说，请参见 Kant, CPrR, 5: p.27），尽管黑格尔没有考虑，截留保证金是否会破坏所有权制度，但他的确考虑了，康德能够给出任何理由以表明，一个没有所有权的世界会无法通过任何类型的形式化检验，这可能意味着他认为，这个进一步的问题需某种解答（请参见 Solomon 1983: 532，"康德的标准所表明的最多是，鉴于一个特定的、被普遍化了的原则，一个既定的准则所预设的特定制度是不能够维系的。不过，的确，盗窃的问题要取决于我们对私人所有权制度的评价……"）。

实际的情况是，黑格尔在《精神现象学》以及其他地方对所有权的讨论似乎主要关注于，使用一种形式化的不矛盾检验来告诉我们所有权制度是否优于非所有权的制度时所存在的困难，而不是关注于，一个诸如"截留保证金"这样的准则是否能够被普遍化。黑格尔主张，如果我们运用不矛盾检验是要来看看，在那个情况下是否会存在某种辩证张力，那么，所有权（制度）和非所有权（制度）就都是有矛盾的：因为，集体所有权体系（a system of commonownership）包含了一种按需求分配的体系（在这种情况下有些人得到的要比别的人多），也包含了一种按资格分配的体系（在这种情况下所有人得到的一样多），而私人所有权体系则包含着以下两者之间的一个张力，一则，事物是属于个体的（在这种情况下，个体对事物的拥有无论会怎么影响到其他人，都不要紧），二则，个体又感觉它们是许多个体中的一员（在这种情况下，它的确是其中一员）。另一方面，黑格尔说，在这两个体系里边没有什么东西是逻辑上矛盾的；因此，当我们要求这种检验给这两个体系下一个结论的时候，它是无定论的（inconclusive）：

> 因此，所有权与非所有权在一切方面同样都是矛盾的；150
> 它们每一个在自身中都包含了个别性和普遍性这两个相互对立、自相矛盾的环节。但是，当这两个规定性的每一个都被思考为**简单的东西**，被思考为所有权或非所有权，而又没有对它们作出进一步解释的时候，这两个规定性每一个就都是简单的，也就是说它们都是不自相矛盾的。理性在自己之中所拥有的那种法则的标准就同样好地适合于一切情况，因而

它事实上就根本不是什么标准了。

（PS: §431, p.259）

现在，尽管黑格尔在以下这一点上可能是对的，即不矛盾检验在运用于制度的时候是无定论的，但依然不清楚的是，从检验行动准则转变到检验制度，这是否是康德主义者需要觉得有责任作出的转变。黑格尔的评论者们已经提出，这个转变是需要的，因为，否则的话，我们就不清楚，为什么适用于准则的矛盾检验揭示了某种伦理上的意义：因为，即便（例如）作出虚假承诺破坏了信守承诺的制度，这也不会表明说谎是错误的，除非承诺被表明是一个道德上合理的制度。（请参见Walsh 1969: 23，"我们可以同意，在这些情况下，整个作出和接受承诺的制度会瓦解，再无复兴的可能。但由此并不能推导出，一个没有承诺制度的世界是道德上次于现存世界的……黑格尔非常正确地论说了，康德的论证有一个预设，这就是，信守承诺是正确的。而这正是他诉诸可普遍化检验想要证明的东西"。也请参见K. R. Westphal 1995: 40，"表明一个准则与它预设的制度相矛盾，这没有表明任何有关该准则的道德地位的东西，直到我们通过其他一些方式对该制度的道德地位有所认识"。）不过，康德主义者可以通过以下这个宣称来回应此论证，即此论证低估了，并且也识别错了可普遍化检验在被运用于准则时所具有的道德力量。因为，这个检验表明，如果能动者如他所计划的那样行动（做出一个错误的承诺，或者别的任何事情），那么他就将是在搭便车，他的这个行动方式只可能在其他人不这么做的时候才会成功，表明他的行动是错误的东西乃是这个推论，这个推论在某种程

151

度上独立于我们对他的行动所依赖的那个制度的伦理评价。（请参见 Korsgaard 1996: 92，"该检验表明要被禁止的东西正是那样一些行动，它们在达成其目的上的功效依赖于他们是例外"。也请参见 Kant, GMM 4: p.424。）或者，根据另一种解释，该检验表明的是，我只有在把其他人加入了制度这个事实用于控制他们的活动时，我的行动才能够成功。（关于这些解读之间的区别以及它们各自优点的一个清楚的说明，请见 Herman 1993: 132–43。）不管怎样，这两种解读都表明了，可普遍化检验自身为什么没有具备道德的意义，因而为什么需要引入与准则相关的制度（所有权制度、信守承诺的制度，或者别的任何制度）的道德地位以解决这个问题。因此，对"审核法则的理性"的形式主义的这些异议看起来并没有多大的分量。

尽管如此，康德式的道德学家究竟能够指望达成什么？黑格尔的讨论对此的确打了一个大大的问号。因为，一方面，如果不矛盾检验是纯粹形式化的，那么我们不清楚的是，没有通过检验，这揭示了与道德有关的什么东西？如果一个准则没有通过该检验，为什么就表明了基于该准则的行动会是错的？另一方面，如果该检验被视为一个方法，能动者凭借这个方法可以发现，他通过某种方式而行动会不会是在搭便车，那么，我们不清楚的是，该检验"把一个内容与它自身相比较"（PS: §429, p.257），这样它就是在预设某个道德内容（就是说，搭便车的错误性，或者操纵他人的错误性）是该检验的一部分，而不是在通过该测试来确定什么是正确的什么是错误的，因此，它在这个意义上就不再是纯粹形式化的检验了。

黑格尔总结这一节，并从康德的道德过渡到希腊人的伦理生活的方式表明，他认为康德主义者面临一个困境：康德主义者要么把可普遍化检验处理为纯粹形式化的（但这样一来，为什么通过这个检验从道德的视角看会是要紧的？），要么承认该检验具有某个道德内容（在这种情况下，他还没有表明，理性能够在一个纯粹形式化的基础上区别正确的和错误的行为）。因而，康德主义者要么会由于试图通过使用一种纯粹形式化的（道德上空洞的）检验来确定什么是道德的而威胁到道德本身的权威性，要么他可以承认，该检验不是纯粹形式化的，而是道德的一部分，在这种情况下，我们事实上并没有超出一种道德基础主义，它仅仅把某些道德原则（例如，关于搭便车的错误）作为被给予的东西。

因此，黑格尔从这里作出了从康德的立场返回到希腊人的伦理生活[1]这个过渡。因为，在黑格尔看来，希腊人完全愿意以这种方式接受道德原则的奠基性本质，他们毫不试图在某种道德之外的检验中"奠基"或"推导"出它们。（当然，一如从前，康德主义者可以回应说，这从来就不是康德在提出普遍律公式时的意图；不过这样一来，黑格尔主义者的回应就可能是，在这种情况下，康德主义者就不能够宣称，他通过根据实体性的道德原则来对我们的行为做出断言，为我们日常确定我们行动对错的方式添加了多少东西。）因此，黑格尔在这一节结束的时候返回到了希腊人的观点，

1　"ethical life"这个术语现在成了德语词 *Sittlichkeit* 的标准英译，后者来自 *Sitte*，意为"习俗"，一个社会群体所遵从的一种惯常的举止模式，这种举止模式被视为为得体的活动确定了规则。黑格尔特别地区分了 *Sittlichkeit* 和 *Moralität*（道德），他把后者与康德联系起来，把它视为由理性和良心达致的个体主义伦理学（请参见 PR: §33, p.63 and §150, p.195）。

希腊人会把用特定的形式化的（非道德的）标准来检验行动这整个的想法看作是一个可憎的想法。在与"审核法则的理性"的立场的对比中，黑格尔对希腊人的立场作了如下的刻画：

自我意识与它们【法律】的**关系**同样是简单而清澈的。它们**存在着**，仅此而已；这构成了对它【自我意识】与它们关系的觉察。因此，索福克勒斯的《安提戈涅》把它们当作诸神不成文的、绝无错误的法律。

它们不是昨天或今天，而是永远，

它们来自何处，无人能勘。

它们**存在着**。如果我追问它们的起源，并把它们限制于它们起源的那一点上，那么我就已经超出它们了；因为，现在我是普遍的东西，而**它们**则是有条件的和受限制的东西。如果它们要被**我的**洞见证明为有效的，那么我就已经否定了它们不可动摇的、固有的存在，把它们看作了对我来说或许是真实的，又或许是不真实的东西。伦理的倾向正在于，毫不动摇地坚持正当的东西，绝不企图对它做任何变动、摇撼或回溯。假设一个东西被寄存在了我这里；它是别人的财产，而我之所以承认这一点，是因为它是如此这般的，并且我毫不动摇地使自己保持在这种关系中。……因此，不是因为我发现一个东西没有什么自相矛盾，它就是正当的；相反，由于它是正当的东西，所以它才是正当。某物**是**别人的财产，这是根本性的；对此我既不必论证，也不必去搜罗各种各样的思想、关联和理由；我既不必考虑去制定法律，也不必考

153

虑去审核法律。

（PS: §437, pp.261-62）

因而黑格尔使用了（他所构想的）康德立场的失败来把意识带回希腊人的伦理生活，意识在那里还没有把作为个体的它自己视为具有从道德世界"后退"并以某种方式为它奠基的能力；相反，它简单地沉浸于那个世界，非反思地生活在那个世界的教诲和诫命之中。因此，在这个时候，意识发现它自己准备好了"把它的单纯个别的方面置于脑后"（PS: §436, p.261），从而从理性转到精神。在此，意识准备承认：或许在从古代人的观点到现代人的观点的过渡之中，获得了一些根本的东西，也丧失了一些根本的东西；而这就导致了理性的片面性。因此，意识从对康德式道德的考察转向了对希腊伦理生活的探究。

内容概要

理性主义和理念论

§§231-239（pp.139-145）对理性主义和理念论之间关系的讨论，受到批评的是康德和费希特的理念论。

观察的理性

§§240-243（pp.145-147）观察的理性转向科学理性主义这种更加实在论的观点，它寻求使用自然科学的方法在世界之中找到合理的秩序。

§§244-247（pp.147-150）观察的理性开始的时候考察的是 154 自然世界，它先是把自然世界视为体现着一个诸自然种类的系统；但它很难使这个分类系统令人满意。

§§248-253（pp.150-154）因此，它试图发现自然规律，它把自然规律运用于无生命的、无机的世界。

§§254-255（pp.154-156）但它很难发现这样的支配着有生

命事物的规律。

§§256-261（pp.156-159）因此，观察的理性引入了目的论解释；但它发现，这样的解释是成问题的。

§§262-297（pp.159-180）因此，它转而寻求支配着生物过程的规律；但它再次发现，它很难辨识出这样的规律。

§§298-308（pp.180-185）因此，它现在从支配着自然世界的规律转到支配着心灵的规律，既包括逻辑的规律也包括心理学的规律；但在这两个领域，它都很难发现严格的规律，因为逻辑学告诉我们的是我们实际如何思维，而不是我们应当如何思维[1]，而心理学的规律则总是可能被自由的个体打破的。

§§309-346（pp.185-210）黑格尔现在考察把心灵与面相联系起来的规律（面相学）或把心灵与颅相联系起来的规律（颅相学），但在此两种规律都被拒斥为伪科学。

行动的理性

§§347-348（pp.211-212）意识现在转向指引行动的理性，也就是实践理性。

§§349-359（pp.212-217）前现代观点把能动者刻画为与城邦形成了的一个共同体，但在现代这种观点已经失落了。

§§360-366（pp.217-221）黑格尔讨论的第一种现代观点为

1　这里的原文是"logic tells us how we should think but not how we do"，但根据斯特恩在前文第128页的表述，以及《精神现象学》原文第299—300段的内容，对译文作了调整，这个调整也得到了斯特恩的确认。——译者注

作为一个个体的它自己寻求快乐和幸福（请参照浮士德），但在此
这却导致了不幸福。

§§367-380（pp.221-228）第二种观点试图在对"本心的规律"而不是社会的规则的追随中找到满足；然而，随着它把自己置于一切社会规范之上，它堕落成了"自大狂"。

§§381-393（pp.228-235）第三种观点转向了私人的德行，它将之与公共的邪恶对照起来；然而，它再次变得堕落，变成了利己主义的东西。

实践的理性

§§394-396（pp.236-237）意识现在专注于行为，以及行为如何是个体的表达。

§§397-418（pp.237-252）这个表达出现于个体造就的作品之中，但个体并不能够阻止它的作品被其他个体评判；它试图跟随大众以逃脱这种评判，于是它就在一种共同的事业中丧失了它部分的个体性。

§§419-428（pp.252-256）这导致了一种更加伦理的观点，在此个体现在依赖于理性以赋予它特定的基本道德原则，从而告诉它如何行动；然而事实上，伦理情形的复杂性不能被还原为这样的法则。

§§429-436（pp.256-261）个体因此转而试图用理性来检验什么是对的、什么是错的，它要看看自己行动的准则能否被普遍化（康德）；然而，这些检验被证明是空洞的。

§437（pp.349-359）黑格尔探究了这些现代进路的问题，由此把我们带回了早先被弃于一旁（§§349-359）的希腊人的观点；通过理解现代性是如何从希腊人观点瓦解的废墟上出现的，我们就可以明了，要纠正现代的进路，需要些什么。

第五章

精神的辩证法

（C.［BB.］精神）

真实的精神：伦理

在"行动的理性"这节的开头（PS: §§347-359, pp.211-217），黑格尔勾勒前现代个体如何感觉"在家园之中"时说了这样的话，"理性必须离开这种快乐状态"（PS: §354, p.214）。在那里，这个"离开"看起来还没有特别的含义，因为理性确信，它可以以一种特别现代的方式发现自己"在家园之中"，这种现代的方式把希腊世界彻底抛在身后。它在那个时候还不想哀悼这个世界的逝去，还不关心去理解为什么它"必须"离开这个世界。不过，理性已经发现，它寻求"在世界之中即在家园之中"的现代方式到目前为止已经失败了，因此，它现在转而探究这个"必须"的力量：它要看看，希腊伦理生活的"快乐状态"为什么崩溃了，它又为什么要被迫寻找一种新的"在世界之中即在家园之中"的方式。黑格尔称处于这种"快乐状态"中的意识为"一个当下活着的精神"，因为在这种状态中，主体感觉不到与世界的任何疏离；用他现在的话说，"当理性之确信自己就是一切实在性这个确定性已被提升为真理，并且理性意识到它自身就是它自己的世界，而世界就是它

157

自身，理性就成了精神"（PS: p.263）。因此，意识要考虑的问题就是，希腊的伦理生活为什么是不稳固的，尽管意识在这里感觉自己是以某种方式"在家园之中"，该方式构成了（黑格尔称之为）精神的一种现实化：

> 就精神是**直接的真理**而言，它就是一个民族的**伦理生活**——它是个体，这个体就是一个世界。它必须继续前进到对它直接所是的东西的意识，必须扬弃美好的伦理生活，并通过一系列的形态达到对它自身的认知。不过，这些形态不同于以往的那些形态，其区别在于以下事实，即它们都是些实在的精神，是真正的现实性，它们不仅仅是意识的诸形态，而且也是一个世界的诸形态。

（PS: § 441, p.265）

因此，"伦理"这一节的任务就是要探究，是什么使得意识必须去寻找一种新的"在世界之中即在家园之中"的方式，或者（用这里的术语说）是要看看，为什么精神在"美好的伦理生活"中并没有得到完全地实现；通过理解这种"美好"为什么必须要被"扬弃"，我们或许就可以明白，精神的最终实现所需要采取的形式是什么。

希腊世界

黑格尔在题为"伦理世界。人法和神法：男人和女人"这个小节展示了他对希腊伦理生活的正面讨论。在这个小节，他把希腊社会描绘为个别性与普遍性之间的一种复杂的平衡，在这个社会，"【个别性与普遍性】这两种规定仅仅表现出双方表面上的对立而已"（PS：§446, p.267）。因此，虽然我们发现其中的社会结构存在着重要的划分——人法与神法之间的划分，城邦和家庭之间的划分，男人和女人之间的划分——但黑格尔论说到，这些划分还是可以和谐起来的，因为每一方都补全了另一方。

因此，在黑格尔看来，神法调节了家庭私人领域，女人就局 158限于这个领域，而人法则调节了城邦，这是男人的领域，这样，每一方都可以与另一方共存。（请参见 PH：239，"神圣者通过它给予人的尊重而获得它的荣耀，而人也由于它给予神的尊重而获得它的荣耀"。）在这里，对人来说关键的是要能够从家庭的私人个体过渡到国家的公民。而他之所以能够做到这一点，乃是因为家庭具有一种伦理的特征，在家庭里个体不仅仅得到了他的欲望的满足，还受到了德行的教育，这种教育以某种方式使他适合于公共生活。于是，当个体死后，当他不再被算作一个公民的时候，它可以被"归还"给家庭予以埋葬。在这里，家庭扮演了一个重要的角色，国家无法扮演的一个角色（对国家来说，"他的死亡直接相关于他为了大众的'工作'，是这个'工作'导致他的死亡，这个情况是非常偶然的"〔PS：§452, p.270〕），因为家庭在个体面对这个自然的过程时赋予了他的生活以意义。家庭不是与国家的法律相联系的，而是与高于自然的神法相联系的。

黑格尔强调了两个方面，这个结构在这两个方面都是和谐的。首先，尽管个体的死亡在家庭和神法的范围内被赋予了意义，但在战争的时候，个体死亡是服务于其社会职能的，它在城邦的领域强化了社会的联系，因而它就把这两个领域结合起来了："共同体因而就在神法的本质和地下王国中拥有了对自己的真理性和自己力量的确认。"（PS: §455, p.273）第二，这些领域在兄弟－姐妹关系中被带入了和谐（黑格尔把这种关系描绘得比夫－妻关系或父母－子女关系更加稳固，后两种关系的基础大致是偶然的欲望和爱）。黑格尔论说到，兄弟和姐妹完全地相互承认，他们代表着平等（丈夫和妻子则不是这样），在此，姐妹代表着家庭和神法，而兄弟则代表着城邦和人法，每一方都把自己视为对方的补足：

159
　　【兄弟】从他本来生活于其中的神法向着人法过渡。但姐妹所成为的或者妻子一直坚持着的则是家庭主妇和神法的守护者。以这样的方式，男女两性就克服了他们【仅仅】自然的存在，并在自己的伦理含义中显现为不同的存在，这些不同的存在在他们之间分别承担了属于伦理实体的两种区别。

（PS: §459, p.275）

　　因此，黑格尔论说到，希腊伦理生活的和谐是建基于男女两性之间的一种劳动分工，男女双方都承认这种劳动分工，希腊社会世界的稳固性就依赖于它：

　　两性的区别以及两性在伦理内容上的区别依然存在于……实体的统一性之中，区别的运动正是这实体的持续形成。男人被家庭的精神派到共同体里边去，他在那里找到了自己自觉的存在。而正如家庭借此在共同体中拥有了自己的实体和持存那样，共同体则反过来在家庭身上拥有了自己的现实实存的形式元素，在神法中拥有了自己的力量和验证。两种法则的任何一种单独地说都不是绝对有效的；人法在自己生气勃勃的活动中，是从神法出发的，地上有效的法则是从地下世界的法则出发的，有意识的东西是从无意识的东西出发的，中介是从直接性出发的——而且，它们同样都要返回到自己出发的地方。另一方面，地下世界的力量却在地上有自己现实的实存；它通过意识而成为实存和现实性。……整体是所有部分的一个稳固的平衡，而每一部分都是一个在此整体之中即在家园之中的精神，这精神不是在自己之外寻求满足，而是在自身之内寻求满足，因为它自己就处在这种与整体的平衡之中。

（PS: §460 and §462, pp.276-77）

因此，黑格尔高度暗示性地（当然，尽管不是毫无争议地）描绘了一个"快乐状态"的结构，精神在希腊世界的这个结构里得到了实现，这个结构中存在的划分协调而均衡，每一方都发现它自己的领域与对方的领域处于和谐之中，因此，"它们的对立毋宁说是一方通过另一方而得到了验证"（PS: §463, p.278）。

160

"安提戈涅"

描绘了这个肯定性的图景之后，黑格尔在下一个小节继续考察了为什么这种平衡无法维持，以表明为什么"精神……必须扬弃美好的伦理生活"（PS: §441, p.265）。他试图通过聚焦于索福克勒斯在其"忒拜戏剧"[1]之一中所讲的安提戈涅故事来展示这一点。黑格尔在许多地方都表示了对这部戏剧的崇敬，例如，他在《美学讲演录》中称它是"一切时代里最崇高、在所有方面都最卓越的艺术作品之一"（LA: I, p.464），它构成了他的悲剧理论的一个重要方面；他对该剧极富影响的处理依然是解释争议的一个话题（请见Donougho 1989）。不过，在《精神现象学》里边，他的关注点不是美学的，而是文化-历史的。他用该剧来揭示希腊伦理生活的失败，在此，前面所强调的那些主题（兄弟-姐妹关系，家庭在丧葬中的角色，神法的角色，战争的意义）已经为此打下了基础，所有这些主题都是索福克勒斯戏剧的核心，正如黑格尔在《美学讲演录》里边的剧情梗概清楚地表明的：

> 这部悲剧中的一切事情都是合乎逻辑的；国家的公共法律与内在的家庭恩爱和对兄弟的义务处于冲突之中；女人安提戈涅以家庭关切为她的"情志（pathos）"，而男人克瑞翁则把共同体的福祉视为他的福祉。波吕尼刻斯【安提戈涅的哥哥】带兵进攻自己的母邦，倒在了忒拜城门前，国王克瑞翁发布公告律令，威胁要处死任何胆敢埋葬这个国家公敌的人。但这个命令只顾及了公共的福祉，安提戈涅无法接受它；她作为妹妹，虔怀对哥哥的爱，履行了神圣的埋葬义务。在这

---

1 "忒拜戏剧（Tjeban plays）"指的是古希腊戏剧作家索福克勒斯创作的三部以忒拜城为故事背景的伟大作品，它们分别是《安提戈涅》《俄狄浦斯王》《俄狄浦斯在克洛诺斯》。——译者注

么做的时候，她诉诸诸神的法则；但她崇拜的诸神乃是冥府的诸神……乃是掌管着情感、爱和骨肉亲情的内在之神，而不是掌管着自由自觉的民族和政治生活的阳间之神。 161

（LA: I, p.464）

因此，黑格尔在《精神现象学》的这个地方介绍了安提戈涅的故事，因为他相信，它就希腊伦理生活为什么是不稳固的告诉了我们很多东西。

不过，尽管这一点是很清楚的，但不清楚的是，黑格尔究竟想要我们如何理解这部戏剧？因而，他究竟想要我们从中吸取什么教训？有些人论说了，根据黑格尔对该剧的解读，我们应该站在安提戈涅一边反对克瑞翁，因为安提戈涅代了现代个体感的浮现，这种对个体性的感觉将最终瓦解克瑞翁所代表的那种威权主义的希腊。因此，根据这个解释，我们被告知，"根据黑格尔的解释学，安提戈涅代表了个体与国家之间的永恒冲突"（Pietercil 1978: 304），在此，是安提戈涅这样一个个体摧毁了希腊伦理生活的和谐（请参见Fleischmann 1971: 228，"【黑格尔】主要用希腊的例子［这里是安提戈涅的例子，别的地方是苏格拉底的例子］表明，个体对既定不公的质疑是一个时代的终结，另一个更加公正的时代的开始"）。现在，黑格尔诚然被作为一个悲剧人物的安提戈涅深深打动，他在这个意义上充满同情地看待她，盛赞她是"神圣的安提戈涅，古往今来所有人里最高贵的一位"（LHP: I, p.441）。不过，我们似乎不能由此推断，黑格尔因而就认为安提戈涅是"正确的"了，我们似乎尤其不能由此推断，她之所以是"正确的"，乃因为她是作为一个现代个体主义的意识而行动的，她的行动出于她个人的确信和良心，它们与国家的暴政相对抗。事实上，黑格尔仅仅把安提戈涅视为代表着她的社会领域，在这个意义上，她和克瑞翁——他代表了他的领域——都不是"现代的"。正如黑格尔清楚地表明的，他认为，克瑞翁的悲剧性错误在于，他把安提戈涅的行动看作是仅仅出于自以为是的义愤（self-righteous indignation），而事实上她的行动是出于对传统价值的尊重：

> 由于它只在一方看到正确，在另一方看到错误，所以属于神法的意识【安提戈涅】就在另一方里边仅仅看到了人的反复无常的暴力，坚持人法的意识【克瑞翁】则在另一方里边仅仅看到了个体的固执己见和违逆，个体坚持他自己的权威。

（PS:§466, p.280）

由此来看，我们可以论证，黑格尔的立场也更接近于对该剧本身的一种恰切理解，尽管许多当代著述把该剧看作是在研究对抗国家的"个体"，但这种解读只是一种时代错位。

不过，一旦我们不再根据这些术语来理解黑格尔的立场，则黑格尔用该剧所表明的就有可能是：希腊伦理生活是不稳固的，因为它不能够容纳克瑞翁所代表的世俗的、合理性的国家，因而克瑞翁很可能是他眼里的英雄（请参见Solomon 1983: 548，"安提戈涅代表了反抗最基本的、'自然的'伦理生活［*Sittlichkeit*］之瓦解和'市民社会'之霸权的必败之战"）。现在，与该剧的许多评论者比起来，黑格尔对克瑞翁看起来当然就不是那么批判性的了，那些评论者认为，（用理查德·杰布的话说）毫无疑问，索福克勒斯是打算"让我们感到，在这场争执中，【安提戈涅】是完全正确的，【克瑞翁】对她的判决是完全错误的"（Jebb 1902：§ 4, p.xix）。那些敌视黑格尔的人期望他以这种另类的方式响应该剧。因为（对这些批评者来说）很显然，黑格尔会更赞成克瑞翁的威权主义，而不是安提戈涅所代表的个体主义，因而"我们很容易看出，黑格尔是如何怀着对国家的半神秘崇拜而把克瑞翁视为代表着'真正的伦理情志'的"（Vickers 1973：535）。

不过，我认为，这第二种解释和第一种解释同样都是错误的。第一，它忽略了（正如我们已经看到的）黑格尔从正面的角度展示安提戈涅的方式。第二，尽管黑格尔对安提戈涅的喜爱没有超过对克瑞翁的喜爱——该剧的许多评论者都假设我们应该更喜欢安提戈涅——但由此并不能推出，他相信克瑞翁的立场是正确的，或者是高于安提戈涅的立场的。第三，有些人认为黑格尔推崇克瑞翁，因为黑格尔自己的政治哲学是威权主义的，这些人是误入歧途了，因为，没有任何一种对黑格尔的恰切解读可以支持"黑格尔陷入了一种'对国家的半神秘崇拜'"这个主张，也没有任何一种对黑格尔的恰切解读可以把克瑞翁视为一个纯然的暴君。（关于对黑格尔政治观点的一个有益讨论，请见 Houlgate 1991：77-125。）

事实上，在我看来，这两种解释都犯了一个错误，它们都试图寻找黑格尔想要"站在某一方"的证据，想要表明，安提戈涅和克瑞翁其中的某一方代表了"现代性的力量"，这种力量是希腊世界所无法容纳的，因而它导致了该世界的瓦解。一种更好的解释

163

是，黑格尔运用该剧是要论说，这个悲剧表明，希腊世界里边的每一方（安提戈涅和克瑞翁）都固执地忠诚于各自的领域，因而当这些领域陷入冲突的时候（通过波吕尼刻斯这个人物——他显然既是一个男性政治人物，因而是城邦的一部分，又是一个死去的哥哥，因而是家庭的一部分），任何方式都不可能消解这个冲突。根据我的理解，在黑格尔看来，这个对立之所以不可避免的关键原因是这样一个事实，在希腊伦理生活中，每个个体（男人或女人，兄弟或姐妹）都有他们的"社会身份（station）"，他们都是根据这些"社会身份"来看待他们确定的义务的。黑格尔在提出以下主张时提到了希腊伦理生活的这个方面：

> 在这个伦理的领域……自我意识还没有得到它应得的东西，它还没有作为一个特殊的个体性。在这里，自我意识一方面仅仅具有普遍意志的价值【克瑞翁，作为一个男人】，另一方面仅仅具有家庭血缘的价值【安提戈涅，作为一个女人】。**这个特殊的个体只被看作是非现实的阴影。**
>
> （PS: § 464, p.279）

于是，就有了这样一种观点，希腊伦理世界之所以会瓦解，乃是因为它没有给予"个别东西"足够的空间。希腊世界之所以瓦解，不是因为安提戈涅代表了这种对国家的个体主义反抗，而是因为安提戈涅和克瑞翁都不能够超出他们的社会领域，看到对方立场中的价值。这种为社会所规定的自我构想的结果就是，安提戈涅在受到召唤的时候觉得，她别无选择，只能去埋葬她的哥哥，因为这是她在事情的框架里边所承担的角色；同样地，克瑞翁作为国家首脑，他同样觉得有责任去禁止埋葬，因而有责任由于安提戈涅的不服从而去惩罚她。黑格尔之所以把安提戈涅和克瑞翁之间的冲突刻画为悲剧性的，乃是因为两个个体都把自己的自我完全等同于一种高于一切的伦理命令。双方都不能够从他们在伦理秩序中被自然地规定了的位置所伴随的责任退后一步：

> 在【这个伦理的意识】那里，没有任意，同样也没有斗争，没有犹豫不决，因为立法和对法则的审核已被放弃；相反，对这个意识来说，伦理生活的本质是直接的、毫不动摇的、毫无矛盾的东西。因此，这里既没有在激情与义务的冲突中发生的糟糕场面，也没有在义务与义务的冲突中发生的可笑场面，……伦理的意识……知道它应该做什么，并且它已经决定了是隶属于神法还是隶属于人法。它的决定的这种直接的坚定性是一种隐含的东西，因而同时就具有了一种自然存在的含义，正如我们已经看到的那样。是自然，而不是偶然的情况或偶然的选择，把一种性别分配给了一种法则，把另一种性别分配给了另一种法则；或者反过来说，这两种伦理力量本身在这两种性别中赋予了它们自己一种个别的实存，并在这两种性别中实现了它们自己。

（PS：§465, pp.279-80）

因此，一旦出现了一个事情，在这个事情里边男人的义务和女人的义务背道而驰，则有关的个体就只可能发现他们陷入了冲突之中，因为任何一方都不能够看到，他们还能以别的什么方式行动：安提戈涅必须埋葬她的哥哥，克瑞翁必须支持国家的法律。因此双方都不可能为他们所做的事情而感到任何真正的愧疚，因为双方都相信，他们做了他们被要求做的事情，即便那么做的后果是灾难性的；双方都没有感到任何畏惧，没有感到对对方的任何个人仇怨：

> 行动着并感到愧疚的并不是这个特殊的个体；因为他作为**这个**自我，仅仅是非现实的阴影，或者说，他仅仅作为一个普遍的自我而实存，个体性纯粹是行动本身的**形式的**环节，行动的内容是法律和习俗，它们对于个体来说是他的阶层和身份的法律和习俗。……自我意识在民族内部只从普遍东西下降到了单纯的特殊性，而不是下降到个别的个体性（这个体性设立了一个排他性的自我，一个在其行为中是自否定的现实实存）。相反，自我意识的行为建基于对整体的可靠信赖，这种信赖中没有混杂任何异己的要素，既没有畏惧，也没有敌意。

（PS：§468, pp.282-83）

因此，根据这个图景，个体仅仅是根据他们的社会责任要求他们不得不做的方式来行动；当他们发现他们的行动导致了痛苦时，他们意识到，他们被号召去做的事情在伦理上要低于对方被号召去做的事情，但他们依然觉得，这要归因于命运，而不是归因于他们本可以预见到的伦理错判。

于是，这就解释了，为什么在"安提戈涅还是克瑞翁"这个

165

问题上，黑格尔常常采取一种平衡的观点。（请参见Kaufmann 1971: 202，"黑格尔对希腊悲剧的理解远远超越了他的绝大多数批评者。他意识到，在埃斯库罗斯和索福克勒斯的那些最伟大悲剧的核心，我们发现的不是一个悲剧的英雄，而是一场悲剧的冲突，这个冲突不是善与恶之间的冲突，而是片面立场之间的冲突，每一种立场都体现了某种善"。关于类似的观点，请见Shklar 1976: 82–83。）因此，黑格尔没有把任何一方视为代表了任何一种进步的现代立场（无论是安提戈涅情况中的个体良心，还是克瑞翁情况中的世俗国家），他把他们都视为希腊世界的典型，这个世界没有办法克服它根本的二元主义。因此，他没有谴责任何一方，而是把双方都视为他们有局限的社会和道德构想的牺牲品，在这里，是那种构想的局限性导致了希腊伦理世界的瓦解：

> 这两种最高道德力量之间的冲突在《安提戈涅》这部崇高的悲剧典范中得到了立体的呈现。在这个故事里，神圣的家庭之爱属于内在的生活和内在的情感，也由于此，它被称为地位较低的诸神的法则。家庭之爱陷入了与国家法律的冲突。克瑞翁不是一个暴君，他实际上是一种道德的力量；他没有错；他坚持认为，国家的法律，政府的权威，都该得到满怀敬意的遵守，触犯了法律就该受到惩罚。双方都只意识到了两种道德力量中的一种，都只把其中一种力量作为自己的内容；这是这里的片面性要素，永恒正义的含义在该要素中表明，正因为双方都是片面的，所以它们最终都陷入不正义，尽管与此同时双方也都达到了正义。双方在道德没有困

166

扰的时候都被承认为具有各自的价值。这里，它们都具有它
们自己的有效性，但双方的有效性势均力敌。正义要反对的
仅仅是它们主张里边的片面性。

（LPR: II, pp.264-65）

因此，正如有个评论者已经观察到的，"对黑格尔来说，人类
必须要离开和谐的伊甸园——他们在它里边是在世界之中即在家园
之中的——这不是一个不幸的偶然事实；相反，这个直接性的环节
要被克服，这是概念上的必然性"（Stewart 2000: 309）。

现在，黑格尔按照他惯常的做法，没有真的在《精神现象学》
里边告诉我们，对我们来说，以一种希腊人无法具有的方式来超越
这种"片面性"，这是如何可能的。这个正面的任务很大程度上留
给了《法哲学原理》，在那里，家庭与国家、人法与神法之间的张
力得到了充分讨论，据信也得到了解决。因此，举个例子，尽管对
希腊世界里的人来说，家庭与国家之间存在着一个尖锐的划分，但
根据黑格尔对现代国家的观点，就人既是家庭的一部分，也是国家
的一部分来说，家庭与国家之间并不存在这样的尖锐划分，例如在
这里，他可以作为家庭的户主而在国家里边代表家庭。黑格尔在多
大程度上成功地克服了他在讨论希腊伦理生活时诊断它具有的那些
另外的二元主义，这是个有趣的问题，但我们在此无法更深入地加
以考察；黑格尔的这些克服在多大程度上是可取的，这也是个有趣
的问题，我们在此也无法详述了（请参见 Nussbaum 1986: 68）。

黑格尔在《精神现象学》里边讨论完《安提戈涅》之后，接
着再次把目光转向了希腊社会世界，他表明了，一旦男人和女人之

间的伦理差异使得他们的领域——国家和家庭——陷入冲突，则国家和家庭之间的潜在张力是如何变得明显起来的。一方面，国家试图破坏女人的"分离主义"以及她们对家庭的特殊主义的忠贞，而另一方面，"女性——对共同体（生活）的永恒反讽"（PS：§ 475, p.288）——则成为国家生活中的阴谋和堕落的源泉，女性鼓励年轻人挑战他们长辈的权威，这些长辈于是只能通过把年轻人派往战场来重申自己的地位。在与城邦国家的这场持续不断的战争中，对希腊伦理生活里边的意识来说，一切的满足都消失了；个体的社会身份被动摇了，因为城邦"活的统一体""破碎成了众多孤立的原子"（PS：§ 476, 289）。

罗马世界

接下来的一个小节题为"法权状态"，黑格尔在其中论说了，罗马帝国建立起来的社会世界是为城邦的这一"破碎"所塑造的，结果，个体现在把他们自己构想为人格，而不是城邦公民（请参见"基督宗教的实定性 [positivity]"，载于 ETW: 156–57）。对黑格尔来说，"人格"是一个典型现代社会的范畴，个体凭借它而把他们自己视为具有着私人的领域以及他们自己的关切，它们得到法律的保护，不受他者的侵犯。希腊伦理生活的自我构想很"厚实（ thick ）"，个体在这种生活里边被视为普遍伦理实体的一部分，相比之下，作为"人格"的个体则用一种抽象的方式看待他自己，而不是把自己等同于任何特殊的角色或社会身份（因此，黑格尔主张，这个时期斯多葛派所鼓吹的那种自我弃绝 [self-renunciation] 产生了很大的吸引力）。由于人格性仅仅包含着"作为一般自我意识的一"（PS:§479, p.291），人格所采取的行动是要为他们自己确保财产，因为，尽管私人的所有权迫使其他个体承认财产所有者的法律地位，但没有哪个个体是被他们的财产定义的（以安提戈涅和克瑞翁被其社会角色定义的方式），因为财产始终可能被转移或在法律上"被让与"。因此，人格从没有真地与世界本身打交道，因此黑格尔把这种观点与怀疑主义联系了起来。

168　　　现在，黑格尔在《法哲学原理》里边开始用这种人格性概念来解释合理性的国家，他清楚地表明，他想要以一种希腊人无法采取的方式来把这个概念整合进他的最终图景（请参见 PR:§185）。不过，黑格尔同样清楚地表明，合理性的国家不能够单独围绕这个社会范畴来构造，人格性概念必须与一种不那么抽象、不那么法律主义的自我构想保持平衡，后者为意识在希腊伦理生活的"快乐状态"中感受到的某种政治共同体感觉留下了空间。黑格尔在《精神现象学》的讨论中也力图揭示罗马帝国所代表的那种社会结构的片面性。他辨析出来它的困境似乎是这样的：一方面，构成了罗马国家的法权人格能够感受到相互之间的某种社会统一性的唯一方式就是通过皇帝这个人物，他体现了那个国家的主权；另一方面，政治共同体分解成了一大批自私自利的个体，皇帝只能够通过镇压那些个体来维护国家，他就变成了暴君，因而也就损害了社会凝聚的任何可能性。一旦罗马公民屈从于皇帝的任性权利，他很快就会看到，他对法权的诉诸是多么空洞，因而他感觉自己孤零零地身处一个道德上任意的宇宙，在这个宇宙里，"强权即正当"。就像不幸的意识曾经所做那样，意识现在挣扎着要使自己在一个它感到根本上异己的、疏离的世界里边感觉是"在家园之中"的。

自我异化的精神：教化

在前面一节，黑格尔已经展示了一幅希腊伦理生活的"快乐状态"的画卷，并且解释了它是如何瓦解的。在这一节，他探究了那个瓦解对现代世界的影响，在现代世界，我们面临一系列在现代性之前从未经验过的对立，国家与个体之间的对立，神与人的对立，义务与个体良心的对立。黑格尔把这个转变刻画为从"真实的精神"到"自我异化的精神"的过渡：

这个【自我异化的】精神为它自己构造出的不只是**一个**世界，而是一个双重的、分离的和自我对立的世界。伦理精神的世界【真实的精神】是它自己**当下的**世界；因此，它的每一种力量都实存于这个共同体之中，并且由于它们相互之间各不相同，因而它们就与整体保持着平衡……然而，这里【自我异化的精神】……没有任何东西具有奠基于自身之内、居于自身之内的精神，每个东西都是在某个外在于自己、异于自己的东西之中有其存在的。整体的平衡不是保持于自身的统一，也不是这种统一返回其自身的安宁，而是基于对立面的异化。因此，整体正如每个单独的环节一样，乃是一种自我异化的现实性。

（PS: § 486, pp.295–96）

因此，黑格尔在这一节力图表明，现代意识在它对世界的构想中是如何采用一系列根本的二分法的，还有，这是如何使处于这种现代形式之中的意识不可能感觉到"在家园之中"的。

教化

黑格尔的讨论首先聚焦于"教化及其现实性王国"。这里的"教化"译自德语的"*Bildung*"，这个词既具有教育的含义，也具有有教养的社会和习俗的含义。黑格尔把几种重要的二分法和这种形式的意识联系起来，第一种是它区分"自然的"自我和"文明化了的"或有教养的自我的方式。在希腊和罗马世界，自然在决定个体的社会身份时扮演了一个根本的角色（例如，作为"男人"和"女人"），而在这里，个体则把社会视为要求对他或她的纯粹自然存在进行转变："尽管在这里自我知道它自己是这个自我，但它的现实性却仅仅在于把它自然的自我抛在一边。"（PS: § 489, p.298）这是一种卢梭所抱怨的社会与自然的对立，在这里，人开始努力违反自然地转变它自己。

现代意识不仅看到了自然和教化之间的一种对立，它还把自己的个别目的与国家的目的区别开来，因而把自我的关切和普遍的关切对立起来，在这里它把前者视为"恶的"，把后者视为"善

170

的"。于是，它把社会领域划分为"福祉（wealth）"和"国家权力（state power）"，它把前者视为"恶的"，因为这包含了对特殊关切的追求，而把后者视为"善的"，因为这是普遍关切的领域。不过，它接着看到，它作为一个个体与这些普遍关切是疏离的，因而它最后发现，国家是异己的、压迫性的："于是，自在自为的意识在国家权力中发现了它的单纯本质和一般持存，但没有发现它的个体性本身；它的确在那里发现了它的固有的存在，但它还不是明确地自为的东西。毋宁说，它发现，国家权力不承认行为是个体的行为，这行为是国家压迫个体服从而做出的。"（PS：§497, p.303）与此同时，个体把福祉视为在致力于他作为个别东西的关切、致力于他的特殊需要，在此过程中他也以同样的方式有利于别的个体；因此，他把福祉视为"善的"，而把国家权力视为"恶的"。但意识也可能会再次颠转这个评价，把服务于国家视为伦理上高于单纯个别的自我享受。

面对这个矛盾，意识现在试图通过稍有不同地划分事物来解决它，意识或者把国家权力和福祉都视为"善的"，或者把它们都视为"恶的"。黑格尔把它们分别称为高贵意识和卑贱意识，在此，前者快乐地服务于国家，对国家的繁荣具有一个正面的评价，而后者则怨恨它对统治者的屈从，蔑视它尽管如此依旧孜孜追求的福祉。黑格尔论说到，正如意识无法坚持"善的"国家权力与"恶的"福祉之间的简单二分法那样，它也无法坚持高贵意识和卑贱意识之间的简单二分法，因为高贵意识发现，它不可能使自己真诚地投身于服务国家，因而高贵意识就表明了，它自己比卑贱意识好不到哪里去。黑格尔的讨论推进如下。

首先，高贵意识在一种自我牺牲的精神中把自己等同于国家，高贵意识是"服务的英雄主义，是这样一种德行，它为普遍的东西而牺牲单个的个体，从而使普遍的东西成为实存——它是人格，它自愿地放弃占有和享受，并为了统治权力的关切而行动，有效地行动"（PS：§ 503, p.306）。然而，由于高贵意识觉察到，国家依赖于它的自我牺牲，由于它并不是真的相信，国家处于对它发号施令的地位，因此它仅仅是"高傲的受封者"（PS：§ 505, p.307），当它意识到了这一点的时候，它就不会真的愿意抛弃它的生命或特殊的关切了：

> 这意味着，它在面对国家的权力时事实上保留了它自己的意见和它自己的特殊意志。因此，它的举动与国家的关切相冲突，是典型的、总是准备起来反叛的卑贱意识。
>
> （PS：§ 506, p.307）

为了保持高贵/卑贱的区别，意识必须达到一种比它迄今为止所做的更加有意义的自我牺牲：因此，我们就从"服务的英雄主义"推进到了"阿谀的英雄主义"，在后者这里，国家的权力被确立于个别君主的形式之中，这另一个意志被置于其臣属的意志之上，臣属们发誓效忠于他的权力（请参见PS：§ 511, pp.310-11）。不过，统治者现在开始偏离了普遍的关切，他自己变成了一个自私自利的暴君。结果，高贵意识发现，自己蔑视君主，就像卑贱意识所做的那样。于是，尽管高贵意识最初把君主的角色肯定性地视为福祉的施予者，并为他的慷慨而对他满怀感激，然而，一旦君主现在变成了一个暴君，高贵意识就把他对君主惠赐的需求视为可耻的事情，因而福祉就变成了只不过是奴役的印记：

> 它发现它外在于它自己，属于他者，它发现它的人格性非常依赖于他者偶然的人格性，依赖于某个瞬间的偶然，依赖于一个任意，或某种其他完全不重要的情形。……因此，感恩的精神既是对最深的沮丧的感受，也是对最极端的反叛的感受。

（PS: §517, pp.313-14）

再一次地，高贵意识的观点已经成为卑贱意识的观点。与此 172 同时，君主则变得更加堕落，因为，伴随着福祉的权力使他蔑视他统治的那些人：

> 这种傲慢之气幻想，它通过一顿饭就获得了他者之"我"的自我，并由此为它自己获得了他者最内心存在的折服；它在这种傲慢之气中忽视了他者的内心反叛；它忽视了这样一个事实，即一切束缚都已经被摆脱了，它忽视了这样一种纯粹内在的分裂状态，在这种分裂状态中，自为存在的自身同一性已经变得与它自身相分裂，一切的同一性、一切的实存都被打破了，在这种分裂状态中，行善者的情感和观点都经受着最大的撕裂。

（PS: §519, p.315）

在这个社会异化的世界（基于路易十四的宫廷文化）里边，意识已经发现，它不可能克服社会与个体的区分，没有什么东西保留了它似乎具有的价值，因为所有东西都已经转变成了它的对立面：

> 它就是现实世界和思想的这种绝对而普遍的颠倒和异化；它就是**纯粹的教化**。在这种纯粹教化世界里所明了的是：无论是权力和福祉的现实性，还是它们特定的**概念**，"善"与"恶"，还是"善"的意识和"恶"的意识（高贵意识与卑贱意识），全都没有真理性；相反，所有这些环节都发生了颠倒，每个环节都变成了另一个环节，每个环节都是它自己的对方。……因此，我们在这里所具有的乃是，一切环节彼此都在行使着某种普遍的正义，每个环节都不但异化它自己的自我，同样也使它自己成为自己的对方，并以这种方式颠倒对方。

> （PS: §521, pp.316–17）

在觉察到它的诸范畴的这种相互转变时，黑格尔称作的"分裂意识"对这些概念开始具有了一种更加辩证的理解，它与黑格尔称作的"诚实的个体"的严格思维形成了鲜明对照：

> 诚实的个体把每个环节都当成一种持久不变的本质性，它是未受教化的无思想性，它不知道它同样也在做着颠倒的事。但分裂意识则是颠倒的意识，此外，分裂意识乃是绝对

173

颠倒的意识。在分裂意识那里占统治地位的是概念，概念把那些在诚实性看来彼此相距很远的思想都聚拢在一起，因而这种分裂意识的语言是聪明的、机智的。

（PS: §521, p.317）

在这里，黑格尔把狄德罗的《拉摩的侄儿》（狄德罗死后，该著于1805年被歌德翻译出版）用作他的典型，黑格尔把这个侄儿的"分裂意识"的虚无主义机智与"诚实的"讲述者的拙于辞令做了对照，后者试图平抑前者颠覆一切价值的尝试。在面对侄儿的深入自我认知和深刻社会批判时，"诚实的个体"被塑造成了看起来幼稚和愚蠢的模样，特别是当他建议个体把自己移出堕落的世界、返回自然的时候。不过，事实上，黑格尔提出，尽管"诚实的个体"无力改变反讽的侄儿，但这个"分裂的意识"将改变它自己，因为，在它的机智中已经存在着一种更高的严肃性，因为它对教化世界的空洞性的感觉使这种意识超越了教化的世界。

信仰与启蒙

对黑格尔来说，超越教化的异化世界的运动可能朝向两个方向，或者走向"信仰"，或者走向"纯粹明见"，在此，前者在外在于个别主体的一个"超越者"中寻求调和，而后者则通过向内转向，转向可以历经社会世界的浮华而依然保持清白的自我来寻求调和：

信仰的本质……成为一个超感官世界，这世界本质上是自我意识的一个"**他者**"。另一方面，在纯粹明见中，纯粹思想向意识的这个过渡具有相反的规定；对象性具有的含义是指一种纯然否定性的内容，该内容被归约为一个环节，被归约为返回自我，也就是说，只有自我才真正是自我的对象，或者说，对象只有在具有自我的形式时才具有真理。

（PS: §529, p.324）

174 黑格尔继而依据信仰和纯粹明见如何回应教化的意识来对比了它们。一方面，信仰接受拉摩的侄儿的主张，即"真实的世界是一个没有灵魂的实存"（PS: §534, p.326）；但它通过确立另一个世界而超越了侄儿的绝望，在这个世界里可以找到真实的满足。另一方面，纯粹明见承认了侄儿的如下反讽式主张，即天才和天资没有任何真正的含义或意义，但它由此学会了一种自由的平等主义，在此，所有人都被视为同样有能力使用他们的理性，从而他们同样都是有价值的："【个体性】仅仅被算作某种得到了普遍承认的东西，也就是一种有教养的个体性。"（PS: §536, p.327）随着这一朝向理性主义的人本主义的转向，黑格尔把我们带向了本节的下一个部分，他在这个部分对启蒙运动的讨论力图显明，"信仰"和"纯粹明见"是如何相互对立的，因而它们之中任何一个又是如何不可能带给意识满足的。

  这个讨论吸引了很多人的关切，因为黑格尔是否应该被解释为一个反启蒙运动的人物，或者，（反过来说）他是否代表了启蒙运动（*Aufklärer*）的理想和雄心的最高表达，对此争议不断。在我看来，克罗齐最接近真相，他评论说，"黑格尔并没有简单地拒斥启蒙运动——他也是从启蒙运动里边成长起来的——而是把它解决为一种更加深远、更加复杂的理性主义"（Croce 1941: 71；译文有改动）；也就是说，黑格尔对启蒙运动本身的矛盾心理是通过他的如下确信而得到解释的，他确信启蒙运动没有达成它所承诺的东西，因此，必须以一种令人满意的方式"重新完成"启蒙。黑格尔在其早期作品《信仰与知识》中已经清楚地表明，理性和信仰的关系尤其是这个情况。启蒙运动远没有以一种恰切的方式把理性放在高于信仰的位置，而只是成功地重新引入了一种新的形式的非理性主义，因为它构想宗教思想提出的那些问题的方式过于简单了："哲学已经使它自己再次成为信仰的侍女"（FK: 56），因为启蒙运动的肤浅批判一点也没有触及信仰，从而哲学所返回的乃是信仰，而不是启蒙运动。正是为了避免返回一种反理性主义，启蒙运动早先攻击信仰的那种把"绝对"置于"超越了理性"的做法才必须重新得到考虑，才必须"解决为"某种更加令人满意的东西。因此，尽管黑格尔对待信仰在某种意义上要比启蒙运动思想家们更加严肃，他把它看作意识的一个根本的、深入的方面，但他之所以这么做，乃是因为他认为，倘若不这么做，理性主义自身就将被贬低，就将变得片面，很容易重新受到信仰的攻击。

黑格尔在《精神现象学》中的讨论一开头就刻画了启蒙运动对信仰肤浅的、纯然否定性的看法：

> 【纯粹明见】知道信仰是与它自己相对立的，是与理性和真理相对立的。……它把信仰一般地视为迷信、偏见和谬误的大杂烩……那个普遍聚合体是这样一个**教士阶层**欺骗的牺

牲品，这个教士阶层所满足的是自己永远独占明见的虚浮的嫉妒心及其他私心……从民众的愚蠢和混乱中，凭借教士们的欺骗手段，以蔑视对方的态度坐收渔人之利，进行太平无事的统治，并满足自己的快乐和任意，但同时它也是同样对明见的壅塞，同样的迷信和谬误。

（PS：§ 542, pp.329-30）

面对这个"迷信的大杂烩"，启蒙运动着手解放民众这个"普遍聚合体"，他们的"幼稚意识"已经变得堕落了，但他们可以被带入"纯粹明见"。因此，启蒙运动发现，推翻信仰的偶像是一件出人意料地容易的事情，这对启蒙运动来说就进一步证实了，宗教仪式是多么脆弱和空洞："新抬上来供人崇拜的智慧之蛇，就以这样的方式毫无痛苦地仅仅蜕去了一层干枯的皮。"（PS：§ 545, p.332）与此同时，启蒙运动把它自己视为给人类带来了"新的曙光"，因而必须在理智革命的号角齐鸣中"作为一场彻底的骚动和一场与对立东西的暴力斗争"而登上舞台（PS：§ 546, p.332）。

176　　　在《信仰与知识》里边，黑格尔令人印象深刻地称启蒙运动为"一场没有坚定核心的浮华骚动"（FK: 56）；现在，他在《精神现象学》里边探究了这场骚动的空洞性，他论说到，它由于没有看到它如此轻蔑地攻击的那种观点的真正意义，因而失去了所有的正确性和正直性：

因此我们得要看看，纯粹明见和纯粹意图是如何以否定的态度来对付它所遇到的与自己相对抗的对方的。抱有否定

态度的纯粹明见和纯粹意图，由于其概念就是一切本质性，
在概念之外没有任何东西，所以只能是对自己本身的否定。
因此，它作为明见，就成为对纯粹明见的否定，成为非真理
和非理性，而它作为意图，就成为对纯粹意图的否定，成为
谎言和目的不纯。

（PS: §547, p.332）

黑格尔论说了，从启蒙运动据说对宗教意识的毁灭性批评的
方式可以看出启蒙运动的浅陋，这种批评的方式使启蒙运动在信仰
的眼里显得极其肤浅。

因此，针对"信仰的对象并不实存于信仰者自己的意识之
外"这个主张，信仰者可以回应说，这丝毫不是"新的智慧"，而
是它在把神与它自己视为一体的时候一直持有的看法（PS: §549,
p.334）。第二，这第一个指控与如下主张存在冲突，即宗教信念乃
是教士和暴君们带来的一种欺骗。因为，如果信仰的对象是意识创
造出来的某种东西，那这东西如何可能对它来说是"异己的"？"在
意识在它的真理性中直接地拥有对它自己的确定性之处，当它在它
的对象中占有它自己的自我之时，由于它在其中既发现了自己又产
生出了自己，那么在这里，幻觉和欺骗如何发生呢？"（PS: §550,
pp.335-36）事实上，黑格尔主张，启蒙运动对宗教的阴谋论观点
对信徒来说完全是不可信的："幻觉的观念是毫无可能的。"（PS:
§550, p.336）第三，启蒙运动谴责信仰崇拜的只不过是诸如石头、
木头或面饼之类的对象；但信仰所敬畏的当然并不是任何这样的纯
然物质东西。第四，启蒙运动攻击《圣经》乃是一个历史文献；但 177

信仰并没有这样依赖于外在的证据，启蒙运动能够构想的原本只是一种堕落的宗教意识（请见PS：§554, p.338）。最后，启蒙运动概念指责信仰是一种愚蠢的苦行主义（asceticism），忘我地忽视了物质的福祉。但信仰很容易表明，纯粹明见的世俗性缺乏真正的价值——纯粹明见坚持认为，"一顿饭菜或占有此类的事物……都是一种自在的目的"（PS：§556, p.339）——同时，纯粹明见也是虚伪的：

> 【纯粹明见】作为纯粹意图，主张提升到超出自然生存以及对这种自然实存手段的贪欲之上的必要性；只是它发现，**若要通过事迹**来证明这种提升，乃是愚蠢和错误的；换言之，这个纯粹明见真正说来就是个欺骗，它标榜和倡导一种**内心的**提升，但却宣称，**认真地**这样做、把这种提升付诸**现实的实践并证明其真理性**，乃是多余的、愚蠢的，甚至是错误的。……这样，启蒙运动就让它自己被信仰理解了。
>
> （PS：§§556-57, pp.339-40）

接着，黑格尔从对启蒙运动的批判性考察转到了对它的正面考察，这个考察是再次通过信仰的眼睛所看到的东西来展开的："如果一切的偏见和迷信都已经被排除了，问题就来了，接下来是什么？启蒙不传播偏见和迷信，那什么是它传播的真理？"（PS：§557, p.340）。这里，黑格尔再次提出，信仰可以正当地无动于衷。因为，第一，就启蒙运动终究为上帝留下了一个位置来说，这个上帝将会是自然神论的空洞上帝，一个纯然的"真空，没有任何规定、没有任何谓词可以被赋予它"（PS：§ 557, p.340）。第二，启蒙运动使我们返回了观察的理性过于简化的经验主义。第三，启蒙运动采用了效用性价值系统，采用了一种对世界和他者的工具主义观点："正如一切东西对人来说都是有用的，人也是有用的，他的使命就是使他自己成为大伙儿中对公共福利有用的和普遍可用的一员。"（PS：§ 560, p.342）对于所有这些，黑格尔声称，信仰都将轻蔑地予以回应。

尽管如此，黑格尔还是论说了，启蒙运动还是充当了一个重要的角色，它迫使信仰深化它的自我理解，防止它变成独断论的非理性主义。因此，尽管启蒙运动对于一个怀有信仰的意识看起来完全充满了敌意，但它在事实上帮助信仰开拓了一条沟通和联结上帝与人、启示与理性、内在与外在的道路，从而阻止了信仰变得片面："因此，【启蒙运动】既不是对信仰来说异己的东西，也不是信仰可以否认的东西。"（PS：§ 564, p.344）与此同时，和信仰比起来，启蒙运动对它自己的立场还不够辩证，它没有看到自己和信仰具有许多共同的基础。因此，例如，尽管启蒙运动谈到上帝是"意识的产物"，这帮助了信仰，提醒了它，上帝不能是对信仰者来说异己的东西，但启蒙运动坚持以一种单纯否定的方式来把握这个说法，就好像它由此乃是在颠覆信仰，它没有看到，这是信仰可以吸收的说法。同样地，启蒙运动使信仰免于崇拜纯然有限的事物（石头、木头、面包）；但它在这么做的时候，自己却在以一种纯粹物质主义的方式思考事物。另外，启蒙运动也帮助提醒了信仰，历史证据对宗教理解来说没什么意义，但与此同时它又认为，这样的证据是信仰可能的唯一根据。最后，启蒙运动使信仰免于它的苦行主义的伪善，这种伪善包括了，以一种本质上无意义的方式装模作样地奉献物品；然而，再一次地，启蒙运动从这个有效的批评推进得太快了，它进而认为，一切控制对愉快的欲求的努力都是没有任何意义的。

尽管如此，尽管启蒙运动可以帮助信仰发展为一种更加精致的宗教立场（因而发展它的效力），但这一点对信仰本身来说并不会立刻就很明显，因为在信仰最初看来，启蒙运动完全破坏了一切旧的确定性：

> 于是，启蒙运动就对信仰有了一种不可抗拒的权威，这是因为，在信仰者自己的意识中就可以发现启蒙运动已经确立为有效的一些环节。更切近地考察这种权威的影响，这种权威对信仰的举动好像把**信赖**与直接**确定性**的完美统一撕裂了，好像把信仰的**精神性的**意识用**感性的**现实性的低级思想玷污了，好像把信仰在其服从中的**宁静**和**无虑**的灵魂用知性的、自我意志的和自我实现的虚浮破坏掉了。然而事实上，启蒙运动的结果毋宁说是对信仰中呈现出来的那种**无思想的**，或不如说**无概念的**分离状态的扬弃。

（PS:§572, p.348）

因此，对于宗教信仰者来说，最初的情况看起来是，尽管启蒙了的意识可以宣称已经找到了满足，但它已经抛弃了信仰。然而，黑格尔观察到，信仰关于这一点可能是错误的，因为，倘若启蒙了的意识以这种方式远离信仰，并仅仅坚持一种物质主义和效用

179

主义的现世哲学，则启蒙了的意识就可能要比它以为的更难达到满足："我们要来看看，启蒙运动是否能停留在满足之中；那哀悼它的精神世界丧失了的精神充满忧伤，它的渴望潜伏在它背后。"（PS:§573, p.349）

黑格尔主张，启蒙运动本质上分裂成了两个阵营，一方是自然神论，另一方是物质主义，但事实上对两个阵营来说，上帝、物质等范畴都是同样抽象和空洞的。不过，在两者之下都有一种本质上人本主义的基础，它们都致力于人类的幸福这一根本的价值——就是说，致力于效用性："有用的东西就是对象，因为自我意识看透了对象，并在对象中拥有了它的个别自我的确定性，拥有了它的享受（它的自为存在）。……两个世界得到了调和，天国降临到了人间"（PS:§581, p.355）。不过，黑格尔已经对我们提出了警告，这样的乐观主义太不成熟了：阴影投在了接下来题为"绝对自由与恐怖"的这一节里边，在此黑格尔提出了他对法国大革命的著名分析。

法国大革命

正如大多数人普遍而简单地理解的，黑格尔对法国大革命的处理围绕着对卢梭及其自由构想的批评；鉴于黑格尔在其他地方讨论法国大革命时大量间接地提及和直接地引用了卢梭，这一点看起来是很显然的（请参见 PR:§258, p.277, PH: 442-52/PW: 210-19）。然而，说到黑格尔在《精神现象学》里边对大革命的分析，确定黑格尔在这里批评的卢梭立场究竟是什么，从而表明在这个文本里处于核心地位的乃是卢梭的自由概念，事实上并不是一件容易的

180

事情。

　　根据有些解释，黑格尔的论证据信是建立在对卢梭契约主义的批评之上的，在此，随着按自己的喜好行事的自由被置换为依据一个人自己所创造的法律来生活的自由，社会中的自由就通过社会契约而得到了维护（请参见 Suter 1971: 55, Wokler 1998: 46, Franco 1999: 111-14）。支持这种解读的文本主要是《法哲学原理》，黑格尔在那里对卢梭的批评似乎是，卢梭的个体依然仅仅致力于他们自己的关切，这样的结果就是一切人反对一切人的派系战争（请见 PR: §29, p.58; §258, p.277）。不过，卢梭的捍卫者们已经指出，这个批评是误导人的，因为它似乎忽略了卢梭在"众意（the will of all）"和"公意（the general will）"之间作出的关键区分，在此，后者被视为对一个自由社会来说更加根本的东西，被视为不仅仅在于诸多个别关切的一个集合。（请见 Rousseau 1994: Bk II, chap.3, p.66。请参见 Wokler 1998: 46，"黑格尔追随他之前的费希特，他从没有注意到，卢梭对公意的解释特别适合于一种集体意志，它类似于【黑格尔】自己的普遍意志 [allgemeine Wille] 概念，而不是特殊意志的合成物，后者如卢梭所描述的，将会仅仅是众意"。也请参见 Franco 1999: 9-10, Riley 1995: 21-22，以及 Taylor 1975: 372。）因此，即便黑格尔把大革命和恐怖视为源自一种个体主义的狂暴，他的这个看法也是正确的，但当卢梭对"公意"的构想是自觉地、根本上集体性的时候（黑格尔自己也承认了这一点。请见 EL: §163Z, p.228），黑格尔把这种个体主义追溯到卢梭，这么做看起来就指错了矛头。

　　此外，即便黑格尔在这一点上可以得到辩护，这里还是存在一个解释的问题，因为至少在《精神现象学》里边，黑格尔对卢梭的批评似乎并不是聚焦于他所谓的个体主义的契约主义（虽然黑格尔关于"公意，一切个体的意志本身"的评论［PS: §584, p.357］或许可以被视为提到了它）。毋宁说，如果他表达了对卢梭的任何隐含的批评（他没有提到卢梭的名字），那情况也是相反的，就是说，成问题的乃是卢梭对公意的构想（"*allgemeine wille*"这个术语出现了几次，不过米勒有时候把它译为"general will"，有时候把它译为"universal will"，请见PS: §584, p.357 and §591, p.360）。根据这种解读，黑格尔的异议是，由于根据卢梭的看法，一切自主的个体都能够超越欲望、自我关切和社会地位的扭曲，因此该自主主体就被赋予了为所有人说话的权利，因为现在似乎没有任何东西妨碍他宣称觉察到了普遍的善："每个人所做的一切事永远都是与整体不可分的，而那看起来是由整体所做的事就是每个人直接而有意识的事迹。"（PS: §584, p.357）朱迪斯·施克拉把这视为黑格尔的异议，把黑格尔对由大革命所引起的问题的诊断表述如下：

181

> 每个个体都不仅为他自己决定什么是对他来说有用的，而且也为他自己决定什么是普遍地有用的。每个意志都把它自己视为普遍意志的一个完善的表达，这普遍意志单独地就是有效的，但它只能在所有意志的完善统一之中被发现。那种统一排除了妥协和屈服。实际上，两者现在似乎是同一的了。因为，每个人都为所有人说话，而不仅仅为他自己说话。于是，接受另一个人的决定，这就会背叛普遍的意志——一个人自己的意志乃是普遍意志不可分割的、必定完善的部分。

除非是所有人都同意，否则的话，就不存在普遍意志；因为，每个人都把他自己的意志视为正确的普遍意志。由于考虑到现实的意志的多样性，（所有人都）同意是不可能的，因此只有无政府才是可构想的。任何别的东西都是对一个人的意志的一种限制。

（Shklar 1976: 175-76）

根据施克拉的解读，黑格尔似乎是在论说，卢梭的自由学说鼓励个体相信，他们每个人都可以为普遍意志说话，从而代表所有人而行动，当出现了差异和分歧的时候，这就导致了灾难性的后果，任何妥协都是不可能的，因为没有谁愿意接受"他们可能是错误的"："剩下来的就是一种诸意志的无政府状态，黑格尔把它归咎于卢梭的学说。"（Shklar 1976: 175，也请参见 Nusser 1998: 296）

然而，再一次地，如果以这种方式来解读黑格尔，那么，把他对大革命的处理视为对卢梭的批评，这么做就没有什么说服力了。因为，似乎很显然，卢梭从没有认为，每个个体都可以宣称直接地、毫无问题地达到了普遍意志。实际上，在《社会契约论》的第二卷第三章，卢梭特地强调了，我们每个人作为个体都必须接受，我们在辨析普遍意志时是可错的，因此，只有当我们的特殊关切所引起的那些扭曲通过我们之间达成的一致而被"消除"了的时候，我们才能够认识到普遍意志是什么。同样地，在第四卷第二章，卢梭提出了一个著名的主张，当一个公民发现自己属于少数派的时候，这就表明他弄错了普遍意志，这样他就应该接受民主的决定。因此，卢梭自己似乎就警告过我们，不要把如下观念当真，即我们永远都能够说，我们作为个体，在任何类型的政治过程之前就知道什么是公共的关切："倘若没有各不相同的关切，我们就绝不会觉察到公共的关切，它绝不会遇到任何的阻碍；一切都将自己运行，政治里边也将不再会有任何的技巧存在。"（Rousseau 1994: Bk II, chap 3, p.66n.）因此，宣称卢梭的公意学说意味着个体应该把他们自己视为能够代表所有人来统治，继而把卢梭直接地与这样一个学说可能会导致的"诸意志的无政府状态"联系起来，这样的做法似乎是走入了歧途。

第三种意见是论说，黑格尔之所以反对卢梭的公意学说，不是因为它使个体太容易宣称是在代表公意说话，从而使个体把他们自己确立为至高无上的，而是因为它使个体太难这么做，因而没有哪个个体或个体的集合可以宣称，他们行动的政治权威是合法的。因为，现在的问题是，这些个体如何可能宣称是在为公意说话，当其他个体可能把他们视为仅仅代表着特殊的关切，而不是"普遍的意志"的时候：

> 一方面，【政府】把其他的个体排除在它的行动之外，另一方面，它由此就把自己构造为一个特定意志的政府，因而就站在了普遍意志的对立面；因此，它只可能把自己展示为一个**派别**。

183

（PS: § 591, p.360）

因此，根据这种解读，黑格尔对卢梭的批评是，卢梭并没有表明，从个体的视角看，国家的政权如何能够宣称代表了普遍意志，从而运行合法的政治权力，因为个体总是可以说，政权是立足于单纯个人主义的基础而行事，因而个体可以抵制并寻求推翻政权。（请参见 Hinchman 1984: 147，"因此，对黑格尔来说，'普遍意志如何能够具有一种确定的形式'这个问题就等于是在问，合法的政权能否得到实施。如果必须要对公共关切的事务开展行动、作出决定的始终是真实的、有血有肉的个体，那普遍意志如何能够指引国家的行动？"）然而，再一次地，我们可以论证，这个批评对卢梭是不公平的。因为卢梭花了很大的力气来克服这个问题，例如他解释了，公民们如何能够并且应该能够采取诸多特殊类型的民主程序来规定普遍的意志，从而普遍的意志就具有了一个被所有人接受的内容，一个可以合法地被遵从的内容。黑格尔并没有反对这些想法，因此这作为一种批判看起来就不太厚道，也没什么根据了。

第四种意见是论说，黑格尔是为了恐怖而谴责卢梭的，因为恐怖的原因正是卢梭所支持的那种宪政设置，特别是卢梭对政治代表这个观念的敌意，他在《社会契约论》第三卷里边最著名、最有力地表达的敌意：

> 政权不能被代表，其原因与它也不能被转让的原因是一样的；政权根本上在于普遍意志，而意志不能被代表；它要么是它自己，要么是别的东西，再无别的可能。因此，大众的代表不是它的代表，他们也不可能是它的代表，而只是它的代理人；他们不能作出权威性的决定。任何尚未得到大众个人批准的法律都是无效的；它不是法律。

（Rousseau 1994: Bk III, Chap.15, p.127）

现在，黑格尔在《精神现象学》里边多次提到了卢梭的这个 184
思想，即普遍意志不能够被代表，他说，对革命分子而言，"一个
真正普遍的意志""并不是那种建立在默许或被代表赞同之中的、
关于意志的空洞思想"（PS：§584, p.357），他还说，"自我意识
【并没有】让它自己上当受骗"，没有"通过在立法和做出普遍行
为时被代表而被偷换掉它的实在性"（PS：§588, p.359）。此外，在
《法哲学原理》里边，黑格尔特地捍卫了国家中的代表制的合法性，
拒斥了直接的民主（请见PR：§§308-11, pp.346-50）。

尽管如此，尽管黑格尔在此可以被证明是把卢梭理解成了对
代表制原则充满敌意的，尽管他所想的可能是，代表制结构的对立
面在大革命及其向恐怖的崩溃中扮演了一个重要的角色，但事实
上，黑格尔把这个对立面追溯到了一种看起来和卢梭没什么关系的
自由构想，因而再一次地，我们可以论证，卢梭在此并不像传统认
为的那么重要。要理解这种自由构想是什么，我们就必须首先看看
黑格尔在《法哲学原理》导言里边关于大革命所说的东西，这里并
没有提到卢梭（也请参见PH：442-43/PW：210-12）。

黑格尔在此对大革命的提及乃是他对意志的一般讨论的一个
部分，他在讨论意志的过程中力图解决我们对意愿着的主体的构想
里边存在的一个张力。一方面，他论说到，我们把主体视为"有
限的"和"特殊化了的"，也就是说，主体在行动的时候做的是一
件事而不是另一件事（选择红漆而不是绿漆，选择成为一个哲学
家而不是成为一个政治家），因此主体是通过它的行动和生活选择
而"有规定的"，不同于别的主体。另一方面，他论说到，我们也

把主体视为"无限的"和"普遍的",因为没有什么东西阻止主体采取不同的行动,阻止他选择另一个行动路线(我本来是可以选择绿漆的,我本来是可以选择成为一个政治家的)。现在,张力出现了,因为在主体看来,如果它事实上选择了做A而不是做B,那么这就违背了它的"普遍性",因为这个选择将会排除对它而言的各种各样的选择(一旦我已经决定了要成为一个哲学家,那么,成为一个政治家对我来说就算不是不可能的,也将会是极端困难的)。因此,黑格尔宣称,主体可能就会受到如下想法的诱惑,即最好根本不要做任何选择,这么做以"保持一切选项的开放性";然而,他指出,这也会排除掉某些选项。黑格尔论说到,相反,对主体来说克服这个张力的方式是,把它自己等同于它的选择,这样,即便选项A排除了选项B,这在主体看来也不是任何类型的限制,因为它在A里边看到了对它自己的根本性质的一种反映,它在B里边不会看到的反映。用黑格尔偏好的术语来说:"自由是去意愿某种有规定的东西,而又在这种规定性中依然与它自己在一起【bei sich】,并再次返回到普遍的东西那里。"(PR:§7Z, p.42)他在下面这段话里表达了同样的观点,没有那么正式,但要长得多:

> 一个不作任何决定的意志不是一个现实的意志;没有性格的人从来不可能做任何决定。踌躇不决的原因也可能在于过于细腻的情感,具有这种情感的人知道,它在决定某事的时候就进入了有限性的领域,给自己设定了界限,从而放弃了无限性;然而,它不想放弃它所祈求的整体性。这样一种性情【Gemüt】,就算它的抱负再怎么优美,都是僵死的。歌

德说，"有大抱负的人必须要能够限制自己"。人唯有通过作出决断，才能进入现实，不论这个过程可能有多么痛苦；因为惰性将会使人不愿意从内在的酝酿中走出来，它在这种内在酝酿中为自己保持了一种普遍的可能性。但可能性还不是现实性。对自己有确信的意志不会因此就在它所规定的东西里边丧失了自己。

（PR: §13Z, p.47）

当黑格尔提到"内在的酝酿"和"优美的……抱负"时，他在此部分地是在反对一种浪漫主义的、对"完人（whole man）"的渴望，这种完人尚未被现代实存日益的专门化而弄得"有局限"。但是，对黑格尔来说（正如他在《精神现象学》后文中讨论"优美灵魂"时将要表明的那样），这种渴望是错位的，因为他相信，只有通过某种限制，个体才会过上一种有意义的生活。正如他在《逻辑学》里边表达这个观点的时候所说："人，如果他想要是现实的人，就必须处于某时某地，而且为了达到这个目的，他必须限制自己。谁过分厌恶有限的东西，谁就根本达不到现实性，而只能在抽象中苟延消沉，日渐暗淡。"（EL: §92Z, p.136）（关于对此的进一步讨论，见Stern 1989。）

186

现在，黑格尔对法国大革命的评论要早于他对"普遍性"和特殊性之间张力的这个解决；毋宁说，他把法国大革命恰恰看作那种过于细腻的情感的典范，这种情感把任何"特殊的东西"或"有规定的东西"都视为对它的自由的一种限制，都视为它应该从其"退出"的东西：

这里所规定的只是意志的一个方面，即从一切规定——我在这规定中发现了我自己，或者我在自身中设立了这规定——中**抽离出来**这种**绝对的可能性**，是从一切作为某种限制的内容中的逃逸。如果意志以这种方式规定自己，……那么这就是**否定**的自由或知性的自由。——这是［被］提高到现实形态和激情的那种空虚的自由。如果它依然是纯粹理论上的，则它在宗教领域就变成了印度的纯粹沉思的狂热；但是，如果它转变成现实，则它在政治领域和宗教领域就都变成了破坏的狂热，破坏全部现存的社会秩序，铲除一切被某种秩序视为有嫌疑的个体，取消一切企图重整旗鼓的组织。只有在对某种东西的破坏中，这种否定的意志才感觉到它自己的实存【Dasein】。这种意志很可能相信，它意愿着某种肯定的状态，例如普遍平等或普遍宗教生活的状态，但它事实上并没有意愿这种状态的肯定的现实性，因为这立刻就会带来某种秩序，一种既是制度的也是个体的特殊化；但这种否定的自由的自我意识正是通过对特殊性和客观规定的取消才产生出来的。所以，这样的自由所意欲【meint】的东西本身【für sich】只可能是抽象的表象【Vorstellung】，而它的现实性则只可能是破坏的复仇。……在法国大革命的恐怖时期，……一切才能和权威的差别看来都被废除了【aufgehoben】。这是一个对任何特殊的东西都感到戒惧、发抖、决不容忍的时期。因为狂热所意愿的仅仅是抽象的东西，没有环节的东西，所以只要看到差别出现了，它就发现它们是与它自己的无规定性不相容的，它就把它们消除掉【*hebt sie auf*】。这就是法国大革命期间的民众一再摧毁他们自己建立起来的种种制度的原因，因为一切制度都是与平等这个抽象的自我意识不相容的。

（PR: §5 and §5Z, pp.38–39）

《法哲学原理》里边的这个简短讨论很有帮助，因为它以一种没有提及卢梭的方式表明了，对黑格尔来说，法国大革命时期意识的错误观点的基础是什么，这就是，这种立场坚持认为，只有当主体处于这样一种状态，在其中所有的"特殊性"（例如社会角色、阶级、宪政职能部门）都被废除了，主体才是自由的，然而对黑格尔来说，对自由的恰切构想则允许以下情况，即主体可以生活于这些结构之中，而又丝毫不是"受限制"的或被削弱的。根据黑格尔的看法，主体可以找到它在社会里边的位置，它完全不同于其他主体的位置，从而主体不会觉得它变得"不自由"了，因为主体"在此规定性之中"可以是"在自己身边的（*beisich*）"（也请参见PR: §207, pp.238–39）。因此，尽管卢梭在立法的层面反对政治代表制度这一思想，因为他把它视为包含着把主权从人民到其代表的一种不可接受的让渡，但根据黑格尔的解释，这个异议有一个非常不一样的根源。对黑格尔来说，它来自个体不愿意忍受任何的"特殊化"，从而不愿意忍受认同任何代议制政府所包含的任何种类的具体社会结构和区分。

正如我们现在通过考察《精神现象学》可以更详细地看到的，黑格尔想要把恐怖的"狂热"追溯到的正是这种对"普遍性"的构想，这种构想把"特殊性"视为主体必须摆脱或克服的某种东西。首先，黑格尔论说了，意识从把它自己视为一个欲求着的主体（a desiring subject）推进到了把它自己视为一个意愿着的主体（a willing subject），因为它放弃了效用性的意识形态，而中意于一种基于意志的自由学说；因此，个体不再希望满足它的特殊欲求，它现在把它们抛在一边，把它自己视为"普遍的主体"（PS: §583, p.356）：

> 对象和区别【的环节】在这里丧失了**效用性**的含义，这效用性曾是一切实在的存在的谓词；意识并不是在对象中开始它的运动的，就好像这些对象是它起初从其中返回它自身的**异己的东西**；相反，对它来说，对象就是意识自身。因此，对立面仅仅在于**个别**的意识和**普遍**的意识之间的区别；但是个别的意识自己在它眼里直接就是那曾经只具有对立**假象**的东西；它就是普遍的意识和意志。
>
> （PS: §586, pp.357-58）

黑格尔论说到，一旦个别的意志以这种方式把它自己思考为"普遍的"，它就不再承认，社会是围绕不同的社会群体而恰切地构建起来的，因为，它拒斥任何类型的"特殊化"，这一类的"特殊化"把主体看作是由它在社会秩序中的位置而确定的或固定的；相反，它认为，主体能够"提升超越"这种规定，采取一种纯粹普遍的立场：

> 每个个别的意识都从自己曾经被分配到的那个领域里把

自己提升起来，不再在这个特殊的领域中寻求自己的本质和自己的事业，而是把它自己把握为意志**概念**，把一切领域都把握为这个意志的本质，因而它只能在一种整体的劳动中实现自己。因此，在这种绝对自由中，由整体划分而成的那作为精神诸领域而存在的社会群体或等级就都被铲除了；曾隶属于某个这样的领域并且在其中意愿着和实现着它自己的那种个别的意识，就扬弃了它的局限：它的目的就是普遍的目的，它的语言就是普遍的法律，它的事业就是普遍的事业。

（PS：§585, p.357）

现在，黑格尔在此正如在后来的《法哲学原理》中那样论说了，对"普遍主体"的这种构想是成问题的，因为它似乎没有为"特殊化"留下任何空间。因为它发现，它作为主体，不愿意忍受任何确定的行动、制度或国家里的角色，因为这似乎限制了它的自由：189

当被置于**存在**的元素中时，人格性会具有一种特定的人格性的含义；它就会不再处于普遍自我意识的真理之中。……因此，普遍的自由既不产生任何肯定性的事业，也不做出任何事迹；留给它做的只是**否定性的**行为；它只是否定性的**复仇**。

（PS：§§588-89, p.359）

与此同时，主体也失去了对他者纯然的"个别性"的一切尊重，因为特殊的自我自己的生活是无意义的，这就滑入了恐怖：

　　　　所以，普遍自由的唯一事业和事迹就是**死亡**，而且是一
　　种没有任何内涵和内在充实性的死亡，因为凡是被否定的东
　　西【个体】都是绝对自由的自我空洞的点。因而它是最冷酷、
　　最平淡的死亡，并没有比劈开一棵菜头或吞下一口凉水具有
　　任何更多的意义。

（PS：§ 590, p.360）

　　然而，那些掌权者很快就发现，公民们把那些掌权者视为限
制了他们的自由，掌权者企图把某种社会结构强加给他们："政府
从一个单一的点出发意愿和实施着它的意志，与此同时它也意愿和
实施着一个特定的秩序【*Anordnung*】和行为。"（PS：§ 591, p.360）
因此，这些统治者看起来仅仅代表了派别的关切，因而要被罢免，
与此同时，统治者本身则怀疑每个人都在密谋推翻他们。出于对恐
怖带来的死亡的恐惧，诸个体最终达成了一个不那么片面的自我构
想，在这种构想里边他们现在承认，国家可以要求他们占据特定的
角色："这些个体在感觉到了对他们的绝对主人即死亡的恐惧的时
候，就重新忍受着这种否定和区别，使自己隶属于各种领域，并返
回到一种被分割、被限制的事业上来，但由此也就返回到了他们的
实体性的实在性。"（PS：§ 593, p.361）然而，黑格尔坚持认为，社
190　会秩序的这个恢复不是仅仅返回到以前的状况，因为，现在，支撑
着法国大革命的那种对自由的意识采取了一种新的形式，"道德精
神"的形式（PS：§ 595, p.363）。

　　因此，正如伊波利特所说，"黑格尔用他的辩证哲学语言解释
了恐怖时期"（Hyppolite 1974: 458）。对黑格尔来说，恐怖时期提

出了一个深刻的、极有价值的问题，这个问题就是，一旦现代个体已经发现了，他具有"这种赋予它自己以普遍性的力量，即消灭一切特殊性、一切规定性的力量"（PR：§5Z, p.38），则如何能够防止这个发现使个体觉得国家和社会造就的一切结构（它的社会角色，它的宪政制度，它的代表机制，它的决策程序）都是异己的？正如黑格尔对法国大革命的讨论所表明的，他认为，一旦这种异化出现了，那么无政府状态就随之而来了，包括直接民主的无政府状态。在黑格尔的陈述中，这种直接民主的无政府状态似乎不是来源于卢梭对主权转让的不安，而是来源于现代个体不愿意把他们自己等同于任何特殊的选民（constituency），如果代议制结构要具有其恰切的宪政意义，就必须要有选民。另一方面，黑格尔看到了，一旦自我已经认识到了，它有能力在作为特殊者的自我和作为普遍者的自我之间做出反思性的分别，则之前的各种调和个体与其社会地位的方式就都不再可行了。黑格尔需要表明，在现代社会里边这些角色和制度不需要违背主体对普遍性和平等性的强烈感觉，以此来表明，反思性的现代个体如何能够与"特殊性"相调和。黑格尔在《法哲学原理》中实现了这个计划，在《精神现象学》里的这个讨论通过他在《逻辑学》里对普遍性、特殊性和个别性等范畴的分析，会把我们引向这个计划。他力图表明，习俗、法律和社会制度不仅仅是约束，而且是人的自由得以可能的条件，因为它们既为人的发展提供了必要的资源，也使我们能够认同和达到我们可以为自己确立的各种各样的目的和目标。（关于这个计划如何能够在《法哲学原理》中生效的进一步讨论，请见 Hardimon 1994: 144–73 以及 K. R. Westphal 1993b。）

　　正如我们已经看到的，黑格尔对法国大革命的分析的核心乃是一种对它所体现的自由构想的片面性的分析，这种自由构想为了达成"普遍性"，要求主体"铲除一切的特殊性"（一切确定的欲望、特性和社会角色）；黑格尔论说到，这种"普遍的自由""既不产生任何肯定性的事业，也不做出任何事迹"（PS: §589, p.359）。现在，黑格尔力图表明，一种类似的片面性也存在于康德和费希特的伦理体系背后，在这些伦理体系里，根据他们对自由的解释，出于义务而行动的自主的道德主体不同于出于欲望和偏好而行动的自然主体；他再一次论说到，这把个体和具体的行为对立起来了，由此主体就感觉，如果他放弃努力做任何事情，这从道德的角度看或许是最好的，因为他做任何事情都不能实现纯粹的义务。（黑格尔看到了德国的哲学和法国的政治事件之间的密切关联，这个见识非常有名，他观察到，纯粹意志这个思想"在德国人这里还是平静的理论；但法国人则希望把它付诸实践"［PH: 443/PW: 212］。）黑格尔试图表明，对自由和道德善的这种构想如何使康德主义者致力于一个二元主义的图景，该图景以一种最终导致了不连贯的方式把自然的秩序和道德的秩序截然区别开来，把偏好和义务截然区别开来，把幸福和道德截然区别开来。

康德道德的诸悬设

为了揭示这种不连贯，黑格尔聚焦于我们在康德对实践理性的构想里边发现的一系列悬设（postulates），康德在这些悬设中力图表明，道德能动者必须对他的努力的功效怀有一些希望，而要使这些希望是合理的，他就必须把他自己托付给如下这些命题：

> 存在一个上帝；在世界的本质中存在一个原初的、尽管不可理解的与道德目的相一致的倾向；还有最后，在人的灵魂里存在一个使朝向这一道德目的无尽进程得以可能的倾向。

192

（Kant RP, 20: 300）

康德看到了一种对这些悬设的需要，因为倘若没有它们，我们就没有任何根据认为，我们的道德行动会成功，因为自然世界里的一切东西本身都不会给予我们任何理由，以使我们认为，尽管道德善的达成看起来在今生是不可能的，只有灵魂被思考为不朽的时候它才是可构想的，但各种各样的活动还是会带来幸福。康德把这些悬设作为理论上无法证明的，但又是我们必须认可的命题，如果我们的道德事业要有任何实践的意义的话。（关于进一步的讨论，请见 Wood 1970。）

现在，康德的诸悬设学说遭到了来自许多方面的攻击。一般而言，批评者们把诸悬设看作是与康德框架的其他部分不连贯的，因而违背了他的基本立场的完整性。对一些人来说，主要的不连贯乃是与他们眼里第一批判的反形而上学立场不连贯，他们主张，康德现在试图为对上帝和灵魂之实存的信仰给出某种合理的支撑，而此前他已经成功地表明了，这样的信念是根本得不到任何支撑的（请参见 Heine 1986: 119，"作为这个论证的结果，康德区分了理论理性和实践理性，并且他通过后者——就像是用一根魔杖——复活了理论理性已经杀死了的有神论"；也请参见 Nietzsche 1974: §335, p.264）。对另一些人来说，诸悬设所导致的不连贯是与康德的伦理理论的不连贯，特别是与他的反幸福主义的不连贯。因为，尽管康德已经把德行和幸福截然区分开来了，但他的至善观念违背了他自己的立场，在此，我们只有引入一个最高的、仁慈的上帝这个悬设，各种各样的行动才可能以一种可实现的方式（根据康德的看法）带来幸福，祂可以支配自然带来这样的幸福。（请参见 Schopenhauer 1965: §3, p.49，"康德的巨大功绩是，把一切的幸福主义从伦理学里边净化出去了……【但】当然，严格说来，实际上康德是在现象领域，而不是在实在领域把幸福主义从伦理学里驱逐出去了，因为他依然在其至善学说中为德行和最高的幸福之间保留了一个神秘的联系，在此它们在一个艰深晦涩的章节里走到了一起，尽管德行显然是非常不同于幸福的"。）

对康德立场的这些批评尽管具有某种修辞上的力量，但康德主义者还是可以成功应对它们。鉴于康德区分了理论理性和实践理性，因而我们就不清楚，拒斥对上帝和灵魂的理论论证，但捍卫对它们的实践论证，这么做有什么不连贯的；我们没有任何理由指责康德在这一点上不守信用。而坚持认为，至善学说与康德的反幸福主义存在冲突，这么做看起来也是不正确的。因为，尽管康德在此使幸福成了道德能动者的一个目标，但他的动机不是他的幸福，因此，康德并没有以任何方式把幸福作为能动者的德行的奖励（请参见 Guyer 2000: 343–45）。

现在，尽管黑格尔对诸悬设的批评常常被吸收进了这些标准的异议，但当我们更切近地审视的时候，这个批评乃是一种相当不同的批评。简单地说，他的异议是，康德立场基本的二元主义意味着，康德只能悬设自然与道德、偏好与义务、幸福与道德的连贯，但康德把它们联系起来的这种方式非常弱，使得二元主义还是没有得到解决，因而主体还是感觉，从一种道德的观点看，它开展的任何行动都是没有价值的。因此，根据黑格尔的看法，康德框架的困境在于，它不得不把至善和道德完善视为某种我们只能希望的东西，某种应当是的东西，因为康德在自然领域和道德领域之间确立起的划分迫使他把这个实现设定在了"彼岸"。因此，黑格尔对诸悬设的异议就呈现为一种所谓的对应当的批评（*sollenkritik*）的形式，就是说，他之所以拒斥它们，乃是因为它们依赖于事情是怎样的与事情应当是怎样的这两者之间的一种根本的区分，在这种区分里面，引入这个"应当（*sollen*）"是要克服在一开始预设的一种二元主义，因而不能够把它弃之一旁。黑格尔在《哲学史讲演录》里非常清楚地概括了这个异议：

【对康德来说】意志把整个世界、把全部感性的东西作为与它相对立的，但理性又坚持自然与道德律的统一，道德律 194

作为善的理念乃是世界的最终目的。然而，由于道德律是形式的，因而它本身没有任何内容，它就与一个主体的冲动和偏好对立起来，并与外在的独立自然对立起来。康德在至善这个思想中……调和两者的矛盾，在这个思想里，自然与合理性的意志是相一致的，幸福与德行是相一致的……【然而】刚才提到的统一本身因此就依然是一个彼岸的东西，一种并非现实地实存的思想，而是应当存在的东西……【上帝悬设】就像灵魂不朽悬设那样，认可了该矛盾什么时候都一直存在，它仅仅抽象地表达了，调和应当会产生。该悬设本身始终存在，因为善是一个在自然之外的东西；必然律和自由律各不相同，它们被置于这个二元主义之中。自然世界倘若成了契合善的概念的，则它就不再是自然；因而这两方面的一种彻底的对立就依然存在，因为它们不能够相统一。同样有必要确立起两者的统一；但这统一永远都不是现实的，因为它们的分隔恰恰是被预设的东西。

（LHP: III, pp.462–63）

因此，黑格尔在批评康德的诸悬设时就有两个目标。第一，他力图表明，康德的二元主义图景意味着，康德只能把至善和道德完善作为我们可以朝之而努力的目标；第二，他力图表明，在这个立场中关于道德行动存在着某种不连贯的东西，因而康德主义者应该放弃那使他陷入这种不连贯的二元主义。

在《精神现象学》里边，黑格尔在题为"道德世界观"的这一小节阐述了康德的诸悬设。黑格尔首先讨论了"在世界的本质中存在一个原初的、尽管不可理解的与道德目的相一致的倾向"这个悬设，也就是"善的事迹将会成功，而恶的事迹则会失败"这个悬设。之所以需要提出这个悬设，乃是因为道德学家把自然从道德意识里边割裂出去了，他把自然秩序视为被因果必然性支配，而把道德秩序视为被义务的命令支配："对象因而就成为……一种自然，这种自然的规律就像它的行为那样也属于它本身，而它本身作为一种存在，与道德自我意识漠不相干，正如道德自我意识与它漠不相干一样。"（PS：§599, p.365）另一方面，道德能动者必须把他的义务作为某种他在世界中能够现实地施行的东西，因而必须把自然视为适合于人的幸福这个目标的。导致了该悬设的东西正是这个克服最初的二元主义的需要：

> 道德与自然的和谐——或者说，由于只有当意识经验到了自己与自然的统一时，自然才被考虑进来——道德与幸福的和谐，是**被思考**为某种必然**存在**的东西，也就是说，它是**被悬设的**。

> （PS：§602, p.367）

因此，道德世界观在一个层面使道德与自然相分离，但在另一个层面又力图把自然道德化。

一个相关的二元主义存在于第二个悬设——不朽悬设之下作为其基础。这里的问题是，一方面，康德主义者把道德主体视为具有一种"纯粹意志"，它指引他们遵从道德律，尽管另一方面他们也是自然的存在者，"被需要和感性动机影响"（Kant CPrR, 5:

p.32），他们作为自然的存在者是不能够克服这些东西的；因此，他们缺乏"对义务的纯粹思想"（PS: §603, p.368）。因此，尽管道德世界观要求，我们作为道德能动者应当根据这个纯粹的意志来行动，应当把我们的自然存在"置于一旁"，但另一方面，它承认我们作为自然的主体是不可能这么做的，由此它就显然使得道德善成了无法企及的东西。所以，它试图通过引入不朽悬设来克服这个张力，这个悬设允诺了一个自我改善的无尽进程的可能性，因而我们在任何时候都无须承认，我们不可能达到这样的善。因此，对康德主义者来说，"这种统一同样也是一种被悬设的存在，它不是现实地实存着的；因为凡是实存着的东西都是意识，或者说，都是感性与纯粹意识的对立"（PS: §603, p.368）。

最后，黑格尔考虑了第三个悬设，即上帝悬设。在此，黑格尔的讨论与康德自己对该悬设的推导离得更远，它更像是一种"合理的重构"，而不是一种解释。黑格尔说明的核心是他在"纯粹义务"和"特定义务"之间作出的区分。他没有非常清楚地解释这个术语，但以下是理解它的一种方式。作为一个道德意识的个体发现，他在特殊的处境下必须有所行动，在此，对他来说正确的行动是为他的特定义务所规定的（例如，他对他家眷的义务，或对他朋友的义务，或对他同胞的义务）。然而，尽管道德意识可能会承认，这些特定的义务使得某个行动路线对在这个特殊处境下的他来说是正确的，但他也可能会觉得，这个行动路线依然不是他的"纯粹义务"，在此"纯粹义务"被理解为，倘若他不受他的特定义务的束缚，对他来说正确的做法（例如，他的特定义务使"他应当养家"是正确的，但他的纯粹义务则是"把他收入的更大一部分捐给慈善事业"）。道德意识因而可能会感到冲突：它可能会觉得，它的处境的特殊性"阻止了"它去履行它的纯粹义务，因此它可能会质疑由于它在那个处境中而适用于它的那些特定义务的有效性。与此同时，道德意识看到，那个处境是它身处其中的处境，因而它承认，它并没有独自履行它的"纯粹义务"的自由。用黑格尔的话说：

> 道德意识作为对纯粹义务的**单纯认知**和**单纯意愿**，在行动中跟那与它的单纯性相反的对象，亦即复杂情形的现实性发生了联系，从而具有了与它的一种复杂的**道德关系**。在这里，就内容而言产生出来的是**众多的**一般法则，而就形式而言产生出来的则是认知着的意识与无意识之间相互矛盾着的力量。
>
> 首先，从**众多的**义务方面来看，道德意识一般只留意其中的**纯粹义务**；至于众多义务，既然是众多的，就只是些**特定的**义务，因而作为这样的义务，它们对道德意识来说就不是什么神圣的东西。但与此同时，这些众多的义务也是**必要的**，因为"行动"这个概念包含了一种复杂的现实性，因而包含了一种与道德意识的复杂道德关系，这些众多的义务必须被视为本身具有一种固有的存在。

（PS: §605, pp.369-70）

现在，道德能动者在这个处境中显然是不舒服的。一方面，他看到，他作为一个特殊的个体具有特定的义务（例如，对他的眷属或朋友们的义务），但另一方面，他从一个更加普遍的立场看到，倘若他自由地去做他的纯粹义务所要求的事情（例如，把更多的钱拿来做慈善），这会更好。这里的问题是：当特定的义务显得是与纯粹义务的要求相冲突的时候，道德的世界观如何能够为特定义务的必要性提供基础？在此，黑格尔声称，道德学家引入了使这些特定义务"神圣化"的上帝，通过上帝对世界如此这般的安排，这些特定义务就可以有效地带来纯粹义务所要求的善：

> 于是，这就悬设了**另一种**意识，这另一种意识使它们【特定的义务】神圣化了，或者说，把它们当作义务加以认知和意愿了。第一种意识把纯粹义务保持在与一切**特定的**内容漠不相干的状态，而且这种义务就只是对特定内容的这种漠不相干性。但另一种意识则包含着对行为的同样本质性的联系，以及**特定**内容的必要性；由于义务对这另一种意识来说就意味着**特定的**义务，所以内容本身对这另一种意识来说也就像内容赖以成为义务的那种形式一样具有本质性了。因此，这另一种意识就是这样一种意识，在其中，普遍的东西与特殊的东西完全是一个东西，所以，它的概念就是作为道德与幸福相和谐的那同一个概念。……这另一种意识于是从现在起就是世界的一个主人和统治者，它使道德与幸福达成和谐，同时将众多的义务神圣化了。

（PS:§606, p.370）

一旦道德意识如此悬设了上帝，它就能够感到，它不再受着

"纯粹义务"之要求的束缚，因为它的角色可以限定于对特定义务的遵守。"所以，一般的义务就在它之外而落到了另一种存在中去了，这就是对纯粹义务的意识和纯粹义务的神圣立法者。"（PS：§607, p.371）于是这就使得康德主义者对幸福与德行之间的关系问题采取了一种模棱两可的立场。一方面，道德意识知道，它还没有履行它的纯粹义务，因而它感到幸福是没有价值的、不值得追求的；另一方面，它相信，上帝将会明白，这个不履行不是它的错，因为，它已经做了在那些情况下正当的事情，因此，它可以期待宽恕，从而可以期待某种程度上的好生活（PS：§608-9, p.371）。

因此，黑格尔没有按照康德自己的讨论就推导出了康德对上帝的道德论证的三个核心特征，这就是：道德意识把道德法则视为上帝颁定的（上帝使特定的义务神圣化）；道德意识把上帝视为在帮助着我们造就一个善的世界（上帝对事情的安排使得我们特定的义务可以导致至善的实现）；道德意识依赖于上帝的智慧来论证德行和幸福之间的关联（请参见 Kant CPrR, 5: p.131 n.，"【上帝】因而是神圣的立法者［和创造者］，仁慈的统治者［和维持者］，是公正的法官"）。

接着，黑格尔在题为"置换"的这一节转到了对道德世界观的具体批评；他评判康德的方式正是康德本人评判别人的方式，他宣称，"道德世界观是……'整个一窝'无思想的矛盾"（PS：§617, p.374）。特别地，他力图表明，我们在事实上具有一种更强的立场，而不只是具有康德主义者所提出的那种"希望"，康德的框架使他不可能承认这种更强的立场。黑格尔提出，结果就是，康德主义道德学家所具有的道德观点与具体行动需要相分离，从而这种观点（就像在此前章节讨论法国大革命的时候所采取的那种观点一样），"既不能造就任何正面的行为，也不能造成任何事迹"。

因此，就第一个悬设来说，康德主义者把"道德与自然的和谐"视为"一种暗含的和谐，而不是对现实的意识来说明显的和谐，不是当下在场的和谐；相反，当下在场的毋宁说仅仅是两者之间的矛盾"（PS: §618, p.375）。不过，黑格尔论说到，我们可以不仅仅悬设道德与自然的和谐：事实上，每次我们在世界中道德地行动的时候，我们都可以看到，自然符合我们的意志，因而表明它自己是与道德处于和谐之中的，这和谐不只是一个悬设，而是一个事实：

> 因此，行动在事实上所直接实行出来的，就是那种当初被设想为不能实行，而只应当是一种悬设、只应当存在于彼岸的东西。意识于是通过它的事迹而表明，它在作出悬设的时候并不是很认真，因为行动的意义实际上乃是，使本来不会是当下在场的实存成为当下在场的实在。

（PS: §618, p.375）

接着，黑格尔考虑了康德主义者的一种回应，即虽然我或许会发现，特殊的道德善可能会得到实现，但这并没有表明，至善这个终极的道德目标在自然中是可以得到实现的。不过，黑格尔论说到，康德主义者的这个回应揭示了一些东西，因为它表明，对于康德主义者来说，使至善无法得到实现的很大程度上不是自然，而是因为个体实现至善时的努力是有限的；但如果情况是这样，那么依

199

然不清楚的是，我们为什么不懒得道德地行动，就满怀希望地等着至善自己神秘地来临？

> 意识的出发点是，**对它来说**，道德与实在是不和谐的；但意识对这一点又并不是认真的，因为在事迹中，这种和谐的当下在场**对意识来说是明显的**。但意识对这种事迹也不是认真的，因为这种事迹是某种个别的东西；因为它拥有**至善**这样一个崇高目的。然而，这只不过是再一次对事实的置换，因为这样的置换会取消一切行动和一切道德。换言之，意识严格说来并没有认真地看待**道德**行动。它真正认真看待为最值得期望的东西、绝对的东西乃是至善要得到实行，而道德行动则是多余的。

（PS：§621, p.377）

于是，根本上说来，黑格尔对第一个悬设的异议非常简单：康德主义者从一种基本的道德-自然二元主义出发，这个出发点使他看不到如下事实，即我们足够多的道德目标都得到了达成，这就使持续不断的道德行动成了合理的；不过，一旦我们认可了这个事实，我们就不再不得不像康德努力做的那样，把"【世界】与道德意图的一致"视为一个单纯的悬设。不过，康德主义道德学家不能看到这一点，结果就是（黑格尔宣称），当谈到道德行动的价值的时候，他并没有"认真看待"它。

至于第二个悬设，黑格尔对康德主义者提出了一个两难困境。200 他论说到，一方面，康德主义者不能把道德上纯粹的意志视为没有任何欲望和偏好，因为否则的话，就不可能解释意志的行动能力。另一方面，康德主义者可以把道德上纯粹的意志视为具有欲望和偏好，只不过这些欲望和偏好是与道德的律令相符合的；不过这样一来，如果康德主义者把自然主体作为现象物（phenomenal），把道德主体作为思维物（noumenal），这个做法是正确的，则我们为什么认为，这种符合应该会出现？——因为不同的领域有着不同的结构啊！因此，尽管第二个悬设似乎在一个无限的超越者中保持了某种克服义务－偏好二元主义的希望，但康德实际上的立场会表明，这样的希望是误入歧途的："【道德与感性本性的】和谐处在意识的彼岸，在一个朦胧的远方，在那里，既不再能做任何精确区分，也不再能做任何概念把握；因为我们刚才试图对这种统一所做的概念把握并未伴随而来"（PS: §622, p.378）。现在，黑格尔论说到，这个结果不会真的搅扰到康德主义者，因为事实上他把道德视为恰恰在于这种在义务和偏好之间永无休止的斗争，他认为，若没有这种斗争，形形色色的个体就不能够表明，他能够抵制诱惑的永久威胁：

> 道德既是这种纯粹目的的**活动**，也是对感性本性之超越的意识，对混杂着感性本性并与之斗争的意识。这种意识并没有认真地看待道德完善，这一点为以下的事实所表明：意识自己把道德完善置换进了**无限**，也就是说，它断言道德完善是永远也完成不了的。

（PS: §622, p.378）

最后，对于第三个悬设，黑格尔提出了两个异议。第一，针对"上帝纯化我们特定的义务，从而使它们成为我们必须做的事情"这一点，黑格尔论说到，这与对康德主义者的立场来说根本性的道德自律是不相容的，并且与康德的如下坚持也是不相容的，康德坚持认为，"我们不应该把行动看作是义务性的，因为它们是上帝的命令；我们应该把它们看作神圣的命令，因为我们从内心感到有这些义务"（Kant CPR: A819/B847）。因此，康德主义者不能够 201 诉诸上帝来克服纯粹义务和特定义务之间的张力：

> 道德的自我意识……坚持认为这些**众多的**义务是非本质的；因为它仅仅关心唯一的纯粹义务，而众多的义务就其是**特定的义务而言，对唯一的纯粹义务而言是没有真理性的。**因此，它们只能在一个他者那里获得自己的真理性，它们在道德自我意识看来并不是这个他者，它们是由于一位神圣的立法者而是神圣的。然而，这本身再度不过是对事实的一种置换。因为道德自我意识自身是绝对的东西，而义务则完全只是它作为义务来认知的东西。可是它只把纯粹义务作为义务来认知；对它来说，凡是不神圣的东西，自在地就是不神圣的，而凡是自在地不神圣的东西，就不能通过神圣存在而被神圣化。

（PS: §626, p.380）

黑格尔的第二个异议关注于如下的可能性，有没有可能我们既把上帝构想为在纯粹义务的命令之下行动的一个道德能动者，与此同时我们又践行着我们特定的义务？黑格尔的主张是，这样"一个纯粹道德的存在者"是一种"不现实的抽象，在这种抽象中，道德作为对纯粹义务的思维、意愿和践行的概念，就会完全被扬弃"（PS: §628, p.381）。换言之，我们很难把一个作为缺乏任何特定属性、实存于世界之外的存在者的上帝构想为在其内部具有任何的道德能动性。上帝恰恰显得完全超越了道德的情况。因此，尽管康德主义道德学家认为，我们不能够具有完全发展了的道德能动性，因为我们"受到了感性本性和与道德能动性相对立的自然的影响"，但不清楚的是，上帝是否也能够具有道德能动性，因为"纯粹义务的实在性就在于它在自然和感性中的实现"；但上帝是"超越于对自然和感性的斗争之上的"（PS: §628, p.381），因而是处于道德行动所发生的领域之外的。因此，再一次地，黑格尔主张，康德主义者在把道德行动的实在性与他对道德意志的构想联系起来的时候，面临一个困难。

良心

黑格尔从对道德意识的这个批评推进到了对一种他称之为良心的伦理观的批评，该伦理观致力于摆脱困扰着道德的那些难题。良心因而抛弃了"那些导致了【道德的】虚伪的划分，自在与自我之间的划分，作为纯粹目的的纯粹义务与作为一种同纯粹目的相对立的自然和感性的实在之间的划分"（PS: §634, p.385）。良心因而没有任何困扰着道德的（虚伪的）自我怀疑（请参见 Fichte 2005: 165："良心永远都不会犯错，也不可能犯错……"）。它自己知道在特定的情况下如何行动，它没有感觉到纯粹的义务和特定的义务之间存在任何张力，"因为事实是，纯粹的义务在于对纯粹思想的空洞抽象，它只有在一个特定的义务中，在一种意识本身的实在性中才具有自己的实在性和内容，这意识也不是一种单纯的'思想的事情'，而是一个个体"（PS：§ 637，pp.386-87）；良心也没有感觉到自己的"自然的自我"是一种对这样的知识或道德行动的审查。同样地，它也不担心，自然的意志是否会阻挠它的目标，因为对它来说重要的是，他看到它至少已经努力做好了："因此，怀着对义务的确信而做出的事情立刻就是有地位的事情，就是一种真正的实存。因此在这里，再也谈不上什么善意未得实现或是好人不走运等。"（PS：§ 640，p.388）

尽管如此，黑格尔论说到，良心的情况并不像它宣称的那样坦率，它也包含着虚伪这个元素。因为，首先，良心坚持认为，它在特定的情况中能够通过考虑它行动可能的后果来规定什么是正确的。但考虑到其中包含的复杂性，它如何能够宣称对那些可能的后果具有一种完全的理解？因为，"它并不具备所需要的那种对一切伴随情形的完全熟知，并且……它在良心上对一切情形装模作样的权衡乃是徒劳的"（PS：§ 642，p.390）。类似地，良心只否定了，真实的情况包含着诸道德义务之间的冲突，因为它认为，它能够依赖于它的"直感（gut feeling）"来告诉它，它应当做什么。良心通过论说以下命题来捍卫这个立场，即依赖于一个人的观点，就可能把几乎任何事情看作道德上合法的行为，因此，最终只有这样的"直感"才可能是真正有价值的东西："【良心】把它取自自然个体性的内容放进作为【空洞的】普遍的自在存在的义务之中；因为这内容是它自身现成在手的内容。"（PS：§ 646，p. 393）然而，个

203

体不能够确定，其他个体也会具有他的道德直觉，因而他不能够确定，其他个体会如何评判他。因此，良心要求仅仅根据它的尽责（conscientiousness）而得到评判，就是说，只看他是否做了它自己的良心认为正确的事：

> 对出于义务的信念而行动的保证是不是**真的**？那被做出来的事是否现实地就是一个**义务**？——这些问题和怀疑对良心来说毫无意义。
>
> 提出"这保证是否是真实的"这个问题，就会预设内心的意图与表现出来的意图不同，就是说，个别自我所意愿的东西可能不同于义务……然而，普遍意识与个别自我的这个区别正好是一种已经被扬弃了的区别，而扬弃它的就**是**良心。自我对它自身确定的直接知识就是法律和义务。
>
> （PS：§654, pp.396-97）

起初，其他人似乎有可能认识不到这个能动者的"道德天赋"（PS：§655, p.397），这个时候良心的内在性带来了巨大的慰藉，因为他可以确信，至少他们承认了他的善良意图：

> 他们结合而成的那种精神和实体就是在他们的尽责和善良意图上的相互保证，就是为他们的道德纯洁性而高兴，就是在认知和表述的这种荣耀中、在对这种超凡脱俗加以坚守和维护的卓越状态中感到赏心悦目。
>
> （PS：§656, p.398）

然而，个体最终看到，确保他在别人眼里正直的名誉的最佳方式乃是，避免任何行动，因为行动有可能会导致别人误解他的动机；"道德天赋"因而就变成了"优美灵魂"：

> 它生活在担忧中，生怕被行动和实存玷污了自己内心存在的庄严妙境；并且为了保持自己本心的纯洁，它回避与现实世界相接触，它固执地认定自己无力舍弃它那被推到最终抽象顶点的自我。 204

（PS：§ 658, p.400）

（关于把黑格尔对优美灵魂的讨论置于其思想脉络中的一个有益的研究，请见 Norton 1995。）

面对优美灵魂的"空洞性"，良心意识到它必须行动；但它依然把它自己视为道德上权威性的，因此，诸个别意识之间、诸个别者与作为既定道德秩序的普遍者之间就不可避免地存在冲突。"结果，必然就会出现个别性与其他个别者以及与普遍者的对立，我们得要考察这种对立关系及其运动。"（PS：§ 659, p.400）结果，根据良心来行动的个体在遵循既定道德秩序的其他个体看来就会是邪恶的，因为他拒绝按照由那个秩序颁定的义务来行动；这个个体也会被指责为伪善，因为他宣称自己关注于道德地行动，但与此同时却又藐视道德规则：

> 因此，与【良心的】这个内在的规定相对立的，就有实

存的元素或普遍的意识，对于普遍的意识来说，本质的要素乃是普遍性和义务；而另一方面，那与普遍者对立的个体性乃是自为的，它只被看作一个已被扬弃了的环节。在这样坚持义务的意识看来，前一种意识是**恶**，因为这前一种意识的**内在存在**与普遍者是不一致的；并且，由于这前一种意识同时又把自己的行为说成是与它自己相一致的，说成是义务和尽责，它就被普遍的意识认作是**伪善**。

（PS：§ 660, p.401）

然而事实上，黑格尔论说到，我们很难在这两种意识形式之间做出选择。在谴责个体的良心时，遵从义务的多数人表明他们自己更感兴趣的是批评其他人，而不是自己行动，与此同时，他们对伪善的谴责泄露出了一种卑鄙的精神，他们无视道德个体主义者道德上的正直："仆人眼中无英雄；但这并不是英雄不是英雄，而是因为仆人就是仆人。"（PS：§ 665, p.404）因此，道德个体主义者看到，他的批评者和他自己在很多地方是一样的，双方都是同样容易犯错的。因此，他向别人"忏悔"，期望别人也向他忏悔。然而，起初别人并没有这么做，他们依旧是"铁石心肠"。于是，他自己变成了一个"优美灵魂"，采取了一种疯狂的道貌岸然（sanctimoniousness）的立场（PS：§ 668-69, pp.406-7）。

面对这个明显的失败，"铁石心肠"不得不与道德个体主义者和解，因为双方都认识到了自己立场的片面性，从而克服了自己的立场。在这个洞见（以及从铁石心肠到它导致的宽恕的运动）之中，黑格尔看到了一种相互承认的真正辩证的立场的到来，这是一个构成了精神之实现的"在家园之中"的环节：

> 在这种和解性的"**是的**"中，双方的"我"都在其中放弃了它们相互对立着的**实存**，这个"是的"就是那扩展为双重性了的"我"的**实存**，这个"我"在其中保持着自身同一性，并在它的完全外化和对立面中拥有对其自身的确定性：这个"我"，就是在把自己作为纯粹认知来认知的两个我中间所显现出来的上帝。

（PS: §671, p.409）

黑格尔用对上帝的这一突然提及结束了他在这章对精神的讨论，这也给了他一个桥梁，使他在下一章走向了对宗教的讨论，在那里，多个依然存在的辩证张力依然有待了结。

内容概要

真实的精神：伦理

§§438–443（pp.263–266）从理性过渡到精神，精神被视为伦理生活。

§§444–463（pp.266–278）伦理生活在希腊世界得到了呈现，因为它包含着神与人、男人与女人、家庭与国家之间的一种肯定性的和谐。

§§464–476（pp.278–289）通过对《安提戈涅》的讨论来考察希腊伦理生活的瓦解。

§§477–483（pp.290–294）基于人格性和法律来讨论罗马世界。

自我异化的精神：教化

§§484–486（pp.294–296）伦理生活之瓦解对现代世界的影响，我们在随后的对立中看到了这些影响，精神通过这些对立而自身异化。

206

§§487-490（pp.296-299）现代意识在社会与自然之间看到了一种对立，它寻求在社会中、在教化（*bildung*）的世界中发现它自己。

§§491-502（pp.299-306）教化所体现的价值是不稳固的，因为商业的价值（财富）和政治的价值（国家权力）都可能被视为善的或恶的。

§§503-516（pp.306-313）同样地，对财富的追求和对服务于国家的追求都可能被视为高贵的或卑贱的，利他主义的或自私自利的。

§§517-526（pp.313-321）这就导致了"分裂意识"（《拉摩的侄儿》），它质疑一切价值。

§§527-537（pp.321-328）个体离开社会世界的堕落，转而进入宗教信念（"信仰"），但它也就进入了合理性思想的更高理想（"纯粹明见"）。

§§538-573（pp.328-349）这导致了宗教与启蒙的冲突，启蒙把前者视为纯粹的迷信，而信仰则把启蒙视为还原主义的和虚无主义的。

§§574-582（pp.349-355）结果就是一种物质主义的和效用主义的观点，它宣称已经把现代世界带到了追求人类幸福的顶点。

§§583-595（pp.355-363）然而，自由现在显现为一个比效用更高的价值，但自由的形式还是抽象的，它在法国大革命及其所导致的恐怖中得到了展示。

对其自身有确定性的精神：道德

§§596-615（pp.364-374）一种同样抽象的自由观支撑着康德对与自然秩序相分离的道德主体的构想，它导致了偏好与义务、幸福与道德之间的区分，康德试图用他的诸悬设来缓和这种区分。

§§616-631（pp.374-383）黑格尔论说了，康德在此的策略不可能成功，鉴于康德根本的二元主义，他在此的诸多悬设被表明是无法维系的。

§§632-657（pp.383-399）讨论现在转到了作为一种伦理指引的良心，良心在个体为自己决定如何行动的能力中看到了自由；但这样的个体主义变得过于自负，因为它拒绝接受来自他者的批评，或者拒绝接受它可能做错事这个批评。

§658（pp.399-400）为了避免这样的批评，个体变成了一颗"优美灵魂"，它拒绝行动，因为它害怕在别人眼里它显得是在做错事。

§§659-671（pp.400-409）个体看到这个出路是不可接受的，于是个体行动着，并允许他者来评判它自己，在这里，每个个体都把他者视为同样地会犯错的，同样需要宽恕。

第六章

宗教的辩证法

(C. [CC.] 宗教)

自然宗教

正如我们已经看到的，现代意识有着黑格尔希望超越的许多二分，其中一个是信仰与理性的二分，它基于上帝与人、情感与理智、宗教与哲学的对立。黑格尔观察到，我们在《精神现象学》的好几个地方，当我们考虑不幸的意识、希腊伦理生活，以及启蒙运动时，都已经目睹了这个二分（PS: §§672-76, pp.410-11）。黑格尔在"精神"章中讨论启蒙运动及其对信仰的表面胜利时就明确地预示了我们在目前这一章向宗教的返回："我们应该看看启蒙是否能停留于满足之中；迷茫的精神为失掉了自己的精神世界而哀伤，它的渴望潜伏在它背后。"（PS: §573, p.349）启蒙世界观是不稳固的，它不能够给我们带来满足，这些已经得到了展示，并充斥于他讨论康德"道德"框架中上帝的不稳固地位的字里行间。因此，现在是该返回宗教，看看信仰如何能够被重建为一种不那么片面的哲学观点的时候了，在这种哲学观点中，完全超验的东西和纯然世俗的东西之间的对立得到了克服：

实际存在的乃是同一个精神的两个方面，但精神的意识并没有把两个方面一起包括进来，宗教显现为实存的一个部分，显现为操行和活动的部分，而精神的另一方面则是在它的现实世界中的生活。正如我们现在所知道的，在它自己的世界中的精神，和意识到自己是精神的精神或者在宗教中的精神，乃是同一个东西，宗教的完善就在于这两方面彼此成为同一的。

（PS：§678, p.412）

因此，黑格尔在这一章的目标是显明，这种"宗教的完善"可能是什么样子，它如何能够通过宗教思想来达致。这种宗教思想必须从根本上不同于启蒙运动所针对的那种宗教信念，在后一种宗教信念里边，信仰被设想为得到了经文的证明（而在启蒙运动的时候，这些经文被表明为在史实上是错误的），被设想为是围绕宗教文物和圣物而获得坚实基础的（而在启蒙运动的时候，这些东西被表明为仅仅是自然对象），被设想为包含着一个超验的神圣者（而在启蒙运动的时候，祂成为不可知的东西）。黑格尔认为，他自己已经证明了，启蒙运动把宗教意识抛在一边的尝试是灾难性的；现在，他着手表明，我们如何可以以一种使得这种否定的立场成为不必要的方式来构想宗教，这样，宗教信念就可以被整合进哲学，而不是被排除在哲学之外。因此，黑格尔在此提出了对宗教发展的一种重构或阐释，以表明宗教思维如何可以被视为融合了，而不是偏离了对现代世界的理性主义哲学意识来说至为核心的那些洞见。因此，这一章比前面的章节具有更加确切的文化-历史特征和时间先后特征。不过，应该说，黑格尔"把宗教意识转化为对人类生活之科学解释的完全支持"（Harris 1983: 302）的尝试已经被证明具有高度的争议性，因为有些人把它视为违背了原初的启蒙计划，而另一些人则把它视为对正统宗教观点的一种不可避免的曲解。这两种反应都包含着黑格尔会视之为对哲学与信仰的片面构想的东西，就此而言，它们的固执己见恰恰展示了，意识很容易就会如此这般地变得极端化。 210

黑格尔克服这种极端化（polarization）的策略是，考虑宗教意识从"自然宗教"到"艺术宗教"，再到"启示宗教"的发展，[1]他希望由此表明，宗教绝没有使我们与世界相疏离，绝不是与理性主义相对立的，当它得到了恰切发展的时候，它所表达的就是这种哲学的观点，尽管不是以哲学的形式表达的。因此，黑格尔力图表明，宗教意识如何最终必定会采取一种赞成，而不是否定理性世界观的信仰，这样，启蒙运动与宗教信念之间的斗争最终就不是一场双方必须要投入的战斗，因为，当双方都得到了恰切发展的时候，每一方都可以包含另一方。换言之，黑格尔希望表明的是，哲学导致的那种理性主义图景无须导致宗教的终结，因为这同一个图景在宗教意识本身之中已经得到了隐含的呈现。因此，他考察了宗教意

1　正如 Harris 1997: II, p.649 指出的，"revealed"作为对第三种形式的宗教意识的英译，在某种程度上是不准确的，因为黑格尔所使用的德语词不是"*geoffenbart*"，而是"*offenbar*"，后者的意思更近于"显明（manifest）"或者"使之明见（made evident）"，也就是说，在这种形式的宗教里，重要的是关于上帝的任何东西都不是被隐藏起来的，而不是这里的宗教意识是在启示中被发现的。我遵从了米勒的翻译，但当我们使用"启示宗教"这个术语的时候，得要时时记着这个提醒。

识的演变中潜在的目的（the underlying telos），以确立在宗教的最高形式中宗教可以与哲学相容，它并不像那些好斗的启蒙运动（特别是法国启蒙运动）思想家们所设想的那样，内在地就是与哲学相对立的。

在最初的"自然宗教"里边，黑格尔考察的是最简单或"最直接"形式的宗教，在此人与自然之间没有任何的分离，因而在此自然本身是被神圣化了的，首先是以光明的形式，后来是以植物和动物的形式。在光明宗教里边，光被视为一种创造性的力量，把世界带出黑暗，因而它成为个体崇拜的东西。然而，光的力量缺乏任何的规定性，与物质世界比起来显得是非实体性的东西。于是，宗教意识以植物和动物的形式理解神，在后一种形式里边，诸神具有自我性（selfhood）最粗糙的样子（请见早前从生命到欲望的过渡），祂们相互争斗，反映了不同部落群体争夺霸权的斗争。然而，随着社会从分裂的诸多部落走向帝国，随着由此出现的稳定，"精神进入了另一种形态"（PS: §690, p.421），在此，个体对上帝的构想反映了他们从战士（warriors）到农学家（agriculturalists）的过渡，他们现在把自己视为通过他们的劳作而与神圣者相关联的。

这个过程导致了"手艺人（artificer）"或工匠（master-craftsman）的出现，他们的任务是制造具有宗教意义的对象，这样一来，神于是就不再以一种纯然被给予的或自然的形式存在。最初，工匠仅仅创造具有某种几何形状的对象，但这些对象的抽象性使它们无法令宗教意识满意，因此工匠开始制作植物和动物形状的对象，直至最终采用人的形状。不过，在这个阶段，工匠创造的诸神雕像不能够以人的方式与我们交流；当这个局限被扬弃之后，当神圣者被视为具有着我们的语言的时候，手艺人就不再是工匠，而是艺术家（artist），因为他创造出来的诸神现在具有了一种表现的功能（an expressive function）。

艺术宗教

在从"自然宗教"到"艺术宗教"的推进中，黑格尔明确了，我们现在考察的是伦理精神的宗教观点，（正如我们已经看到的）黑格尔认为希腊人是这种观点的典型代表。一如从前，黑格尔向我们呈现了一幅图景，它既强调了这种伦理精神的吸引力，也强调了它的限度。黑格尔也明确了，在宗教意识的层面，它代表了一种比之前的任何东西都更高的成就，这一成就是由于城邦这一社会形式才得以可能的：

> 对他们来说，【精神】不是光明本质，自我意识的自为存在在光明本质的统一性里只是消极地，只是在消失中被包含着，它在其中凝视它的现实世界的主人；【精神】也不是那些互相仇恨的民族无休止的毁灭，也不是诸民族对一个等级制度的隶属臣服，这个等级制度给予了一个完整的有机整体的假象，但在这个整体里缺乏个体的普遍自由。相反，这精神乃是自由的民族，在这个民族中，神圣的习俗构成一切人的

212

> 实体，一切人和每个个别的人都知道，这实体的现实性和实
> 存乃是他们自己的意志和事迹。
>
> （PS: §700, p.425）

不过，黑格尔在此提醒我们，他将之与城邦关联起来的那种
和谐是不稳定的，它最终的瓦解在希腊悲剧这一"绝对的艺术"
中得到了反映，艺术宗教在它里边达到了顶点，后来，"精神超出
了这种艺术，以便获得对它自身的一种更高的呈现"（PS: §702,
p.426）。

正如我们已经看到的，黑格尔认为，从自然宗教到艺术宗教
的转折包含着从人与自然的关系到人与城邦国家的关系这一转折，
这样的转折之后，诸神现在所体现的就是国家（例如，就像女神雅
典娜所体现的那样），而不是自然现象：

> 这些古老的神灵，这些光明与黑暗相结合的最早产物，
> 天、地、海洋、太阳、大地狂暴的提丰之火等，就为如下这
> 些形态所替代，这些形态只是使我们朦胧地回想起那些泰坦[1]，

---

[1] 在古希腊神话里边，泰坦是大地之神盖亚（Gaea）与天空之神乌兰诺斯
（Uranus）的子女，这段话里提到的提丰（Typhon）乃是盖亚与地狱之神塔尔塔
洛斯（Tartarus）所生的泰坦之一，所过之处烈火燃烧。盖亚唆使她的泰坦子女
们打败乌兰诺斯，建立起了以克洛诺斯（Cronus）为首的泰坦诸神统治秩序。后
来，克洛诺斯的儿子宙斯率领其兄弟姐妹起而反抗克洛诺斯等泰坦神的统治，最
终取胜，建立起奥林匹斯诸神统治秩序。黑格尔把从泰坦诸神统治秩序到奥林匹
斯诸神统治秩序的转变解释为宗教意识形态的转型。——译者注

它们不再是自然的东西，而是自我意识到的诸民族清澈的伦理精灵。

（PS: §707, p.428）

不过，虽然诸神现在呈现为人的形式，祂们内在地与人的共同体相关联，但在最初，当宗教艺术采取雕刻的形式时，宗教艺术家很难用这些神把人们团结在一起。黑格尔论说到，在这个阶段，艺术家渴望仅仅成为诸神的载体或工具，他试图抛开他自己的创造性，简单地被祂们启发；但他也意识到，他在创造雕像的时候也付出了劳动，因而他在自己创造出来的东西里边也在场，他立于人和诸神之间。因此，尽管敬拜者们可能会觉得，艺术家雕凿出来的塑像已经使得诸神在他们中间在场了，但艺术家知道，他所创造出来的仅仅是一个表象，因为他不能够在雕像里边"忘记他自己"。

213　　因此，宗教共同体绝非把它的诸神视为沉默的，它需要使它的诸神言说，从而祂们可以不只是在雕刻的形式中得到崇拜，而是也通过赞美诗（hymns）而得到崇拜，在赞美诗里边，作者可以把他自己视为只是在抄录诸神的话语：

> 因此，艺术品要求它的实存有一种别的元素，神要求一种另外的来源，……这种更高的元素是语言——一种直接地自我意识到的实存的外在实在。……因此，以语言作为其形态要素的神，就是自身富有灵魂的艺术品，这艺术品在它的外在实存中直接地就拥有纯粹的能动性，这能动性在神曾经

作为物而实存的时候是与神相对立的。

（PS: §710, pp.429-30）

黑格尔对比了赞美诗的这一运用和宗教文化里神谕（oracle）所扮演的角色，在神谕中神说的是一种陌生的语言，这反映了如下事实，即神谕是被用来解决偶然的事情的（例如，旅行会不会是好事），这些事情没有被诸神的法则涵盖（诸神的法则是每个人无须请教神谕就知道的）。不过，尽管赞美诗标志着相对于神谕的巨大进步，但崇拜者最终还是觉得，赞美诗仅仅使神以一种暂时性的方式向他们呈现出来（不同于雕像的持久性）：因此，我们推进到了宗教生活的一种更进一步的形式，即祭拜（cult），它力图通过把语言和雕像相结合来克服上述缺点，崇拜者在雕像前唱赞美诗，以欢迎和接待他们的神。

为了让这事发生，崇拜者力图纯化他们自己，克服他们肉身的自我（因为他们还没有把恶视为就居于灵魂之中）。因此，他们牺牲他们的物质所有物，尽管悖谬的是，这一牺牲也是享受的前奏，它"从这个【牺牲的】行动中骗取了它的消极意义"（PS:§718, p.434）。祭拜试图通过把它自己奉献给对神圣建筑的建造来解决这一张力，在此，处于雕刻艺术层次的艺术家的创造性个体性不再是如此侵入性的："这一行动不是艺术家的个体劳动，它的这个特殊方面被消融进了普遍性之中。"（PS:§719, p.435）尽管如此，由此被创造出来的神庙现在最终所起的作用依然更多的还是城邦可以炫耀和展示其财富和权力。

在宗教发展的这个阶段，意识与神圣者具有一种快乐的、肯

214

定性的关系，这在崇拜者们的享乐之中得到了反映："于是，在这种享受之中，那个冉冉上升的光明之神已经揭示了它的所是；享受乃是它的存在的奥秘之所在。"（PS: §722, p.437）不过，祭拜仅仅与作为自然的神圣者有关："它的自我意识到的生命还只是红酒和面包的奥秘，只是刻瑞斯和巴克斯[1]的奥秘，而不是另一些真正意义上的上界之神的奥秘，这些上界之神的个体性是把自我意识本身当作一个根本环节包含在自己之中的。"（PS: §724, p.438）在竞赛和游行中诸神依旧是以人的形式而得到呈现的，运动冠军就是某种有生命的雕塑，与此同时他也是民族自豪的仓库。

不过，宗教意识最终感到，它以此方式根据英武的战士"有躯体的个体性"并不能够恰切地呈现它的诸神。因此，它从造型艺术转向了语言艺术：转向了史诗、悲剧和喜剧。

在史诗里，诸神被视为指引着故事里所描绘的那些英雄的行动和命运，被视为掌控着他们的能动性：

> 这些神灵与那些经受不住祂们力量的有死者的**个别自我**
> 相比，是普遍的东西和肯定性的东西；但由于这个原因，普
> 遍自我就是悬浮于诸神之上以及包含着全部内容的这整个表
> 象思维的世界之上的，它作为非理性的空洞必然性，乃是一
> 个单纯的事件，面对这个事件，祂们必定是无自我的、悲哀

1　刻瑞斯（Ceres）是罗马神话里边的谷物女神，对应希腊神话里的德墨忒耳（Demeter）；巴克斯（Bacchus）是罗马神话里边的酒神，对应希腊神话里的狄奥尼索斯（Dionysus）。——译者注

的，因为这些**特定的**自然物不能够在这种纯粹性里边找到祂们自己。

（PS: §731, p.443）

相比之下，在悲剧里边，个体在与诸神的关系中显得对他们的命运有着更多的掌控：他们是"自我意识到的人，他们知道自己的权利和目的，知道自己特定本性的力量和意志，并且知道如何把它们说出来"（PS: §733, p.444）。黑格尔论说到，以下事实反映了这个区别：在史诗里边，讲述者乃是站在故事之外的"游吟诗人（minstrel）"，而在悲剧里，男女英雄则为他们自己说话，因此，演员（actor）在戏剧中扮演了一个部分。尽管如此，合唱队（chorus）还是反映了在与诸神的关系中的一种无力感，合唱队"固守于对一种异己命运的意识，并产生了一种要求安宁的空洞愿望和软弱无力的安慰话语"（PS: §734, p.445）。不过，悲剧真正揭示的乃是伦理实体本身之中的分裂，家庭和国家、女人和男人之间的分裂，还有每一方对它的对方的无知，诸神误导悲剧英雄的方式就象征了这一点："行动在其开展中证明了在两种力量和两个自我意识到的性格之间的相互毁灭中它们的统一性。"（PS: §740, p.448）由于性格在悲剧中所扮演的角色，宗教意识不再把这些神视为指引着英雄们的生活的能动者；相反，神圣者被视为命运。黑格尔指出，"这种命运最终使得天界成员越来越少……当古希腊哲学家要求把这样一些无本质的表象排除掉的时候，这种排除工作一般讲来在悲剧里已经开始了"（PS: §741, p.449）。

这个排除的过程在喜剧里继续发生，因为，用面具来表现诸神，这可以被用来揭示，在表现的背后只不过是另一个演员。因此，诸神变成了纯然抽象的柏拉图式的普遍者，阿里斯托芬在《云》里边嘲笑了它们，因为宗教意识再也不把神圣者置于它自己之外：

　　这是一切普遍东西向自身确定性的返回，因此这种确定性就是对一切异己东西的完全无所畏惧，是这些东西的完全无本质性。这种自身确定性是一种健康的状态并安于这种状态，这个情况是在这部喜剧之外再也找不到的。

（PS: §747, pp.452-53）

启示宗教

　　黑格尔现在开始表明，意识如何不能够满足地停留于我们已经抵达的那种纯粹世俗的观点，它现在返回到了一种明显更加宗教性的观点，它对神圣者的构想代表了对我们迄今为止所见到的观点的一种推进。他用以下的术语表达了这个意思：到目前为止，我们已经从"绝对存在是实体"这个学说（它把优先性赋予了作为一种自存的和独立的实在的上帝）推进到了"自我作为绝对存在"这个学说（它把优先性赋予了具有上帝被视为所缺乏的那种主体性的人）；现在，我们必须推进到宗教的最终阶段，在这个阶段，"绝对存在是主体"（在此，上帝将被视为通过人而获得了自我意识，这样，哪一方对于另一方都不具有非辩证的优先性）。

　　黑格尔从希腊喜剧的快乐的意识过渡到了罗马斯多葛主义和怀疑主义的不幸的意识，他聚焦于前者在其觉醒中带来的对世界不可避免的"幻灭（disenchantment）"，因为意识最终感到，它要说的是"上帝死了"：

216

对诸神的永恒法则的信赖已经消逝了，那些对特殊事情曾提供认知的神谕也沉寂了。雕像现在只是些石头，生动的灵魂已经从其中远遁，正如赞美诗现在只是些言词，其中的信仰已经消失。诸神的供桌上没有了精神性的饮食，人在他的游戏和庆典里也不再重获对他与神圣者的统一性的愉快意识。缪斯的作品现在缺乏精神的力量，因为那精神已经从诸神和人的毁灭中获得了对它自己本身的确定性。

（PS：§753, p.455）

黑格尔论说到，一旦抵达了这个立场，宗教意识就再也不可能在向自然宗教或艺术宗教的"回归"中发现它自己，因此，宗教信念必须采取另一种形式。宗教意识只有通过遭遇人的形态的上帝，才能恢复它自己，从而带领我们超越先前的其他各种宗教经验：

结果，实存的精神的自我具有完全直接性的形式；它既不是被设立为某种被思维或被想象的东西，也不是被设立为某种被创造出来的东西，如同在自然宗教和艺术宗教的情况里边那样直接的自我；相反，这个上帝是在感性中直接被把握为一个自我的，祂被把握为一个现实的个体性的人；只有这样，上帝才是自我意识。

（PS：§758, p.459）

217 在采取这种形式的时候，宗教意识已经最终把神圣者作为某种启示的（revealed）或显明的（manifest）东西了；上帝现在已经变成了另一个主体，祂作为共有着我们的本性的东西，对我们来说是可知的："神的本性与人的本性是一样的，得到把握的就是这种统一性。"（PS:§759, p.460）与此同时，上帝依然是一个实体，因为祂在变成人的时候依然是无条件的和绝对的；实际上，祂只有通过变成人，才能够是无条件的和绝对的，因为否则的话，祂就会被设置于与我们相对立的一个纯粹超验的领域："作为一个现实的自我意识而实存的绝对存在似乎从它的永恒的单纯性里降低了，但它通过如此的降低，在事实上也首次获得了它自己的最高本质。"（PS:§760, p.460）因此，黑格尔论说到，只有在启示的形式中，我们才能真正地构想作为绝对者的神圣者。这就是基督教构成了宗教意识的最高形式的原因："在此之前的世界的那些希望和期望都唯一地涌向了这样一种启示，即把握到绝对存在的所是，并在这绝对存在中发现它自己。"（PS:§761, p.461）正如我们将会看到的，黑格尔把这视为与他自己的哲学观点相一致的，根据他自己的哲学观点，这样的"希望和期望"差不多是以同样的方式而得到实现的，所以，宗教与哲学之间的张力在此最终在原则上被克服了。（关于对黑格尔最终立场的一个有益的一般讨论，请见Houlgate 1991: 176-232。）

不过，在抵达这一观点之前，启示宗教必须处理以下的疑难：上帝在肉身化为一个特殊的个体时，如何依然能够与作为不同个体的我们所有人分享祂的本质？——"也就是说，精神作为一个个别的自我，还不等于是普遍的自我，一切人的自我。"（PS:§762, p.462）要解决这个问题，神圣者必须放弃它直接的肉身化，必须被重构，从而宗教共同体可以看到，它的实存不只是"这个对象性的个体"（PS: §763, p.462）；于是，上帝现在被构想为神圣的精神/圣灵。尽管如此，黑格尔论说到，宗教意识很难不会想起肉身化，很难不把它视为自己的真理的独有基础（the exclusive basis）；不过，黑格尔提出，这将使它"依然带有陷入此岸和彼岸不可调节的分裂"（PS: §765, p.463），因为它意识到，它不可能完全地回复到道成肉身的时刻。不过，宗教意识忘记了，复活的真正训教是要表明，道成肉身本身是没有意义的，因为当上帝如下这般地被认知的时候，祂在信众共同体的生活中就始终是在场的：

> 通过对精神的这种贫乏化，通过清除掉共同体的表象以及共同体对自己的表象所采取的行为，所产生出来的并不是概念，而只是单纯的外在性和个别性，是对其直接性的显明的历史方式和对一个据信个别的形象及其过往的无精神的回忆而已。

（PS: §766, p.463）

因此，黑格尔表明了，当宗教意识牵扯进了有关基督生平的纯粹历史性问题时，它是如何走入歧途的，启蒙运动就是这种错误的典型。

接着，黑格尔转向了三位一体教义本身，以看看它在多大程度上也反映了一种与他的哲学立场相容的观点。他论说到，这个教义表明，这种形式的宗教思想如何成功地超越了本质与现象、理性与世界之间的分别，如果这个教义要与思辨哲学相适合的话，它就得采取这种形式；不过，它还没有根据严格概念的方式，而只是在其特有的"表象思维"中以一种外在的"表象性的"方式作出这一推进。因此，它使用"圣父""圣子""上帝创世""堕落"等术语来言说。黑格尔论说到，信仰倾向于根据字面的含义来理解这些学说，这就造成了不可避免的困难。事实上，它们真正的含义乃是根本上哲学的，它们隐含地反映了一种对理性在这个世界中得以实现的方式的洞见。因此，对于创世的观念，黑格尔评论说，"这种'创世'就是表象思维对概念本身及其绝对运动的表述"（PS: §774, p.467）。因此，黑格尔看到了他的哲学主张（实在是由理性形成的）与基督教创世观念（上帝把祂自己肉身化于世界之中）之间的一种类似。同样地，"堕落"的故事表达了一种方式，在此方式中，思维着的主体一旦试图反思世界，忘记了他对自然的直接专注，就会开始感到与世界相疏离：

219

> 直接的实存突然翻转为思想，或者说，单纯的自我意识翻转为对思想的意识；此外，由于这种思想是来源于直接性的，或者是**有条件的**思想，因而它就不是纯粹的认知，而是充满了他者性的思想，因而是对善与恶的自身对立的思想。人被描绘为这样，即**发生了**的事情是没有任何必然性的，人由于摘食了善与恶的知识之树的果子而失掉了自我等同性的形式，并且从天真的状态、从无须辛劳就奉献在面前的自然、从天堂、从动物乐园中被驱逐出来了。……此外，诸如"堕落""圣子"等这样一些表达形式仅仅属于表象思维，而不属于概念，它们把概念的环节降低为表象思维，或者说，把表

象思维带进了思想的领域。

（PS: §775, p.468）

因此，通过把宗教的"合理内容"从它的"表象形式"中分离出来（请参见LHP: I, p.79/ILHP: 141），黑格尔希望表明，宗教的启蒙运动批评者们所致力的许多问题（例如，有关创世机制的问题，有关上帝与他的儿子之间关系的问题）都不是真正的问题，而仅仅是在面对遮蔽了其根本的思辨观念的那种形式的宗教时所产生的问题，这些思辨的观念在哲学的思想中可以获得一种不那么神秘化的表达。

黑格尔再一次转到了耶稣受难和复活的故事，他论说到，基督教应该是这样一种宗教，在这种宗教里，神圣者被视为活在精神性的共同体里边，因而被视为没有任何完全超验的元素："中保/中介者之死并不只是他的自然的方面或他的特殊的自为存在之死，死去的不只是脱离了其本质性存在的已死的躯壳，而且也是神圣存在的抽象性。"（PS: §785, p.476）不过，黑格尔论说到，基督教共同体在其宗教思想中很难去除超验性的所有方面，因此，它依然坚持认为，完全合理的洞见——黑格尔把这洞见视为宗教意识背后至关重要的东西——只有在"彼岸"才能获得。因此，哲学依然要表明，这洞见可以在此时此地被获得：

> 这个世界实际上是**自在地**与神圣存在相调和的；而关于神圣存在所认知的当然是，这神圣存在不再把对象认作与它相疏离的，而是认作在它的爱中与它相同一的。不过，对自

我意识来说，这个直接的当下在场还不具有精神的形态。这样，那共同体的精神在它的直接意识里就是与它的宗教意识相分离的，这宗教意识虽然宣称，两者**自在地**并不是相分离的，但这只是**隐含的**统一，而不是实现了的统一，或者说还没有成为一种同样绝对的自为存在。

（PS: §787, p.478）

内容概要

自然宗教

§ § 672-683（pp.410-416）回顾此前（在不幸的意识、希腊伦理生活等地方）讨论宗教的方式，需要在作为精神之一部分的现代思想中为宗教找到一个充分的位置。

§ § 684-698（pp.416-424）宗教生活最简单、最直接的形式是自然宗教，在此，神圣者在自然现象和过程中被看到；但随着社会的发展，诸神通过创造了诸神形象的工匠的作品，被赋予了一种更加人化的形式，这就导致了"艺术宗教"。

艺术宗教

§ § 699-713（pp.424-432）从以雕刻的形式表现诸神出发，诸神被赋予了语言的能力，人通过赞美诗和神谕而与诸神沟通。

§ § 714-726（pp.433-439）这就导致了祭拜这种形式的宗教崇拜，但与诸神的沟通依然是不透明的。

§§727-747（pp.439-453）通过戏剧的运用，达到了一种更大的透明性，戏剧最初采取的是史诗的形式，继而采取的是悲剧的形式，后来采取的是喜剧的形式，在最后这种形式中，诸神不是受到崇敬，而是被嘲讽，这就威胁到了宗教。

启示宗教

§§748-787（pp.453-478）不过，神圣者并没有死亡，祂现在在一个新的、更富哲学智慧的形态中得到了构想，因为祂能够呈现为人形，能够向我们启示或显明出来，而不是不可知的东西或超验者。

第七章

哲学作为辩证法

(C.［DD.］绝对认知)

绝对认知

我们在前面的章节已经看到，对黑格尔来说，宗教与哲学在各自的最高形式中（作为基督教和黑格尔主义）都会使我们在世界之中得到满足，使我们"在家园之中"，就此而言，"宗教与哲学可能有着共同的基础"这个主张是有道理的。不过，在基督教里边，这种满足在故事和神话等宗教表象之中得到了表现，而在哲学里边，一旦阻止我们以理性的方式来理解世界的那些困惑被消除了，则这种满足就会具有一种更加真切的含义。黑格尔称这种理性的洞见为"绝对认知"，称达到了"绝对认知"的那种意识形态为"绝对精神"：

> 这【宗教层面的】表象思维的**内容**是绝对精神；现在还必须扬弃这种单纯的形式，或者毋宁说，由于这种形式属于**意识本身**，因而它的真理必定已经在意识的形态中产生出来了。

223

（PS：§788, p.479）

在《精神现象学》的结尾，意识现在清楚了，这种绝对认知是如何达致的。因为它现在明白了，它之所以没有在世界之中得到满足，乃是因为它以往在以错误的方式构想世界，它所采用的那些有限的构想必须要变得更加完整：因此，绝对认知与对世界的一种完整的或完好的合理构想这个观念相关，而不是与对某种非世界的东西（"绝对者"）的知识相关。因此，黑格尔简洁地勾勒了意识必须学会把这些有限的构想整合起来的诸多方式，他概述了辩证法已经走过的各个阶段。他从意识开始，他论说到，意识（感性确定性、知觉和知性）所采取的各个立场是片面的，而真理乃在于看出，它们都没有公正地对待个别性、特殊性和普遍性在对象里边相关联的方式，这现在对作为现象学观察者的我们来说应该是显而易见的了：

> 因此，对象有的是**直接的**存在或与直接意识相符合的一般事物；有的是自己成为他者，是它的关系或**为他存在**和**自为存在**，也就是与知觉相符合的规定性；有的是**本质**或作为与知性相符合的普遍的东西。对象作为整体，是普遍的东西通过规定到个别性的推论或运动，正如反过来，从个别性通过它被扬弃了的个别性或规定到普遍的东西的运动一样。因此，意识按照这三个规定，必然会把对象作为它自身来认识。
>
> （PS: §789, p.480）

现在，从《精神现象学》来看，并不立刻就很清楚的是，对被运用于我们对对象的思考之中的这种个别性、特殊性和普遍性构想包含着什么。但根据我的解读，这并不令人惊讶，因为，我们应该期待这个正面的说明在别的地方，在《逻辑学》里边得到展开（实际上也是如此。请见EL：§§160-212, pp.223-74。关于进一步的讨论，请见Stern 1990: 54-76，和Winfield 1991: 51-58）。《精神现象学》对意识来说因而是一条否定之路（*via negativa*），它表明了比这种复杂构想简单的任何构想都会如何失败，它揭示了导致这一失败的那些辩证局限。因此，它根本上起到的是教育法的（pedagogical）作用和动机性的（motivational）作用，它把我们带向《逻辑学》，在后者那里，正面的学说依照纯粹范畴和思想的形式得到了系统阐述。

同样地，黑格尔讨论了自我意识、理性和精神的各种立场，他提醒我们，每一种立场本身是如何被证明为不完整的，现在需要的是，找到一个途径来把它们统一为一个更加复杂的整体：

> 这些就是由以组成精神与它自己的意识的调和的环节；这些环节单独看都是单独的、孤立的，唯有它们的精神的统一体才是构成这种调和之力的东西。但是，这些环节的最后一个环节必然是这个统一体本身，并且很明显，这个统一体把一切环节都结合在自身之内了。

（PS：§793, p.482）

正如黑格尔所显明的，《精神现象学》的任务乃是把这些"单独的、孤立的"环节依次摆出，以表明每一个自身都是不充分的："在此我们自己的行动仅仅是把各个孤立的环节收集起来，这些环节的每一个在原则上都展示了整个精神的生命。"（PS：§797，p.485）

接着，黑格尔考察了使《精神现象学》结尾处的意识立场与众不同的东西，因为它准备从事科学了，也就是说，它要尝试着反思性地检验它的范畴，以克服我们刚刚仔细探究过的那些类型的片面立场了。这样一门科学要得以可能，意识就必须已经看到，通过一个自我检查的过程，它可以抵达这样一种世界观，这种世界观将使世界成为完全地可理解的，而在此前，世界对意识来说始终显得是异己的。因此，科学通过带领我们遍历在《精神现象学》里边所刻画的与意识的诸有限形式相对应的那些范畴，可以帮助我们抵达绝对认知所要求的那种辩证的观点。因此，《精神现象学》通过向我们表明这些范畴当例现于（instantiated）各种世界观之中时是如何得到运用的，就构成了"诸现象的领域中的认知科学（Science of Knowing）"（PS：§808，p.493）；它的准备性任务已经完成了，我们现在准备要推进到更加抽象的《逻辑学》层面，在那里，这些范畴本身可以得到考察：

> 因此，由于精神已经获得了概念，它就在其生命的这种以太中展示自己的实存和运动，它就是**科学**。精神运动的各环节在这门科学中不再呈现为各种特定的**意识形态**，而是由于意识的区别已经返回到了自我，这些环节就呈现为各种**特定概念**，以及这些概念的有机的、以自身为根据的运动。
>
> （PS：§805，p.491）

这样，黑格尔就为我们准备好了在这个体系里边从《精神现象学》的"意识诸形态"向《逻辑学》的"特定诸概念"（范畴）的过渡，因而就为我们准备好了处于纯粹的或抽象的形式中的科学，"在其生命的这种以太中的"科学。

内容概要

绝对认知

§§788-797（pp.479-485）概述之前经历的东西，这些东西把我们带到这里。

§§798-808（pp.485-493）意识现在已经达到了绝对认知的观点，意识的发展在精神的历史中得到了反映，随着意识已经被引领到这个绝对的观点，从这个绝对的观点出发，哲学作为科学就可以最终得到阐明。

结论

黑格尔自己是一个历史主义者，他相信，"每个人都是……他的时代的产儿；因此哲学也是在思想中得到把握的它的时代"（PR: Preface, p.21），或许正由于这个原因，评论者们通常最后会问，他的思想在它自己的历史语境中有多大意义，它又在多大程度上对我们还有意义。有人已经提出，尽管我们可以钦佩黑格尔的许多作品（包括《精神现象学》），但我们现在不能够以黑格尔自己意图的方式来看待它们，因为我们的视角（后达尔文、后马克思、后奥斯维辛、后现代等）已经在根本上不同于他的视角了：因此，我们必须清楚地区分"合理的内核"与"神秘的外壳"（K. Marx 1906: 25），清楚地区分黑格尔思想中"活的"东西和"死的"东西（Croce 1915）。那么，以此方式来总结《精神现象学》，它还会给我们剩下多少东西？

有些人会主张，我们现在不能认真地对待作为一个整体的《精神现象学》，其确切的原因是，黑格尔这本书围绕之而建构起来的那些核心观念——例如"精神""绝对理念论""绝对认

226

知"——太过特别了，以至于在现代的哲学意识里很难被合理地接受。这些概念被视为植根于黑格尔【思想】背景中对我们来说至少无法接受的部分（他的浪漫主义、基督教神秘主义或者理性主义的柏拉图主义），它们使黑格尔在《精神现象学》及其他作品里采取的立场在现代的语境中成为令人难以置信的立场（请参见Taylor 1975: 537–46）。根据这种观点，尽管我们依然可以从《精神现象学》里边学到一些东西——例如，它对其他思想家的批评，或者，它对现代性的文化和哲学起源的分析——但它在根本上包含了这些成问题的概念，就此而言，我们不能够指望把它的基本论证重新用作一种肯定性的学说。

不过情况可能是，这样一种历史主义的进路给黑格尔帮了一个倒忙，它没能恰切地解释黑格尔对这些关键概念的理解，而是使它们显得比它们实际上的情况更加特别。诚然，当代的许多评论者现在都对诸如"精神""理念"这样的术语作出了所谓"非形而上学的"解读，这些解读使这些术语更加接近当代的视角（在此，例如，精神是根据交互主体性而得到理解的，请见Williams 1987）。即便这些解读被打发成仅仅是经典重温或者重构，我们也可以论说，这些概念在黑格尔的思维中并不像它们最初看起来的那么核心。因此，例如，在我上文提出的这种对《精神现象学》的解释中，我希望自己已经表明了，我们可以无须对"精神"作出任何丰富的构想就可以遵从黑格尔的文本，即便这种丰富的构想乃是黑格尔实际上持有的。我们可以从黑格尔那里学习很多东西，即便其中的有些东西并不是他实际上教导的。

不过，即便承认《精神现象学》作为一个独立的文本并不是我们从历史的角度不可走进的，但常常还是有人主张，黑格尔的体系作为一个整体对我们来说依然是陌生的，因而至少当我们（正如我所做的）试图把它整合进这个一般的体系，特别是整合进《逻辑学》的时候，我们就会无法理解《精神现象学》。所以，很多人都主张，《精神现象学》要想依然是"活的"，它就必须脱离《哲学全书》的第一部分，后者被确信是"死的"。拒斥《逻辑学》的原因各式各样，但有两个理由很常见：第一个是，它是本质主义形而上学的产物，它试图从本质演绎出存在，从思想演绎出世界；第二个是，它所运用的辩证方法令它从现代逻辑理论所依赖的那些逻辑学原则（例如不矛盾律）看来很怪异（请参见Wood 1990: 1-6）。考虑到对《逻辑学》的这些定罪书，《精神现象学》的评论者们似乎面临着一个严峻的选择：要么认真对待黑格尔的原话，努力把这两个文本整合在一起，但剥夺后者的活力；要么努力避免这个做法，把《精神现象学》从其表面上的原理和组织架构中剥离出来。

现在，这里不是努力对《逻辑学》进行正面阐释的地方，但很显然，这会是消除刚才提出的那个两难选择的一个途径。因为，再一次地，许多评论者会坚持认为，《逻辑学》本身既没有像上面说的那么"形而上学"和本质主义，它在方法上也没有像上面说的那么离奇。在这种情况下，即便我们认真地对待《精神现象学》与《逻辑学》的关系，《精神现象学》也不必然就是奄奄一息的。正如我希望我已经表明了的，把《精神现象学》当作《逻辑学》——它被构想为对诸范畴的一种辩证研究——的导论，这个做法表明了，它不只是对哲学史、对政治和社会理论或对现代性诸问题的诸多观228

察的一个集合。因为我看不出有任何理由，得到如此解释的《逻辑学》会是对我们来说"死了的"，我无惧于把这两个文本直接地联系起来。

需要考虑的第三个历史化的观点所涉及的不是黑格尔在《精神现象学》里边所运用的那些概念的陌生性质，也不是《精神现象学》可能与之关联的那个体系其他部分的陌生性质，而是他整个计划的目标，以及那个目标所表达的根本观点和抱负。可能会把我们与黑格尔分隔开来的或许正是这个东西，而不是别的任何东西。黑格尔宣称，"对于理性地看待世界的人来说，世界反过来也会看起来是合乎理性的"，他渴望使我们感到"在家园之中"，他的这个宣称和渴望可能看起来并不会打动当代读者。（Geuss 1999有益地、生动地解释了，诸如叔本华、尼采、阿多诺等思想家是如何拒斥这一观点的。）对我们来说，这个目标本身表面上是寂静主义和保守主义，它可能看起来会引起很多麻烦，而"这个目标是可以达致的"这个黑格尔的希望则看起来是幼稚的、愚蠢的或者是相当地自欺欺人的；并且，即便我们接受这个目标和希望，"哲学（而不是科学、艺术、宗教或政治等本身）可以达成这样的目标"这个黑格尔的提议或许也显得是荒唐的，它无非是黑格尔自己选择的"体系"哲学家职业的自吹自擂。

这个异议很大，或许要比它最初显得的更难评价。因为，再一次地，我们可以以一种回避这些关切中的某一些的方式来呈现黑格尔的立场（请参见Hardimon 1994: 15-41），我们也可以论说，我们并没有完全丧失黑格尔的计划据说所体现的那种对理性和进步的信念（虽然我们可能丧失了他对哲学的那种宏大构想。请见 Stern 1999）。幸运的是，这些问题无须在这里得到解决，因为，尽管黑格尔的目标作为一个整体可能是"调和"，而这一调和对我们来说或许是不可能实现的，甚至我们或许根本就没有这样的欲望，但在我看来，这并没有影响《精神现象学》的价值，这部作品的消极任务是要表明，这一调和有多么难以达成，又有哪些障碍横在我们的路上。因此，我们可以从黑格尔对他视为片面的那些主张——《精神现象学》考察的那些主张渴望为意识提供满足——的批评中学到很多东西，与此同时又不去判定，他自己在这条进路上建构的恰切体系中所提出正面方案是否能够避免这些缺点。（在这方面，阿多诺的话对黑格尔的计划提出了一个持久的挑战："辩证法是调和的终点……但【黑格尔的】绝对理念论所主张的任何调和——以及任何其他类型的保持一致——都没有站得住脚，无论是逻辑学、政治学还是历史学里的调和。"［Adorno 1973: 6-7］）

当然，这不是要否认，《精神现象学》的某些方面使它在很大程度上是其时代的作品，因而它的有些部分仅仅具有历史兴趣的价值；但是，对于这样一部内容密集、在许多方面很另类的作品来说，这样的部分令人惊讶的少（即便在"观察的理性"这一节，黑格尔在此的焦点显然是他那个时代的科学观点，对于他所关心的问题，我们依然能够认真地对待，用我们自己的术语重新解释）。当然，对一部作品作出历史的批评，这么做也有着它自己的危险。因为，正如在黑格尔这里常常发生的，尽管人们（例如，马克思主义的唯物主义者、后现代主义者或者分析哲学家们）一再地提出，他的时代已经无可挽回地过去了，但他以一种先前没有想到的方式而一再地返回，一再地对我们言说。因此，看起来情况很可能是，只要黑格尔的那些问题依然是我们的问题，《精神现象学》就会一直是属于活的当下，而不是属于死的过去。

第八章

《精神现象学》接受史

我已经说明了我对《精神现象学》的解释，现在我要简短地说明一下，它是如何被其他人接受的，还有，它造成了哪些影响。这同样是个迷人的故事，该故事不仅揭示了这部作品在黑格尔全部作品中不寻常的地位，也揭示了这部作品本身不寻常的结构和风格。因为，正如我们已经看到的，核心的解释问题之一是，《精神现象学》与黑格尔体系的其他部分是如何相关联的，在多个时期，人们都把《精神现象学》解读为独立的作品，因而它要么被解读为很大程度上无关紧要的作品，要么被解读为黑格尔最重要的作品，这取决于人们对黑格尔体系其他部分的好恶；另一种解读则把《精神现象学》视为黑格尔体系的其他部分不可或缺的东西。同样地，有些人把《精神现象学》本身看作一个统一的文本，另一些人则把它看作一个不均衡的、杂乱脱节的作品，这样，有些部分可以得到严肃的对待，而其他部分则可以被忽略。与此同时，许多解释者都忍不住去寻找某个章节，把它作为打开整本书，以至黑格尔全部哲学计划的可能的"钥匙"——例如主/奴辩证法，或者他对不幸的意识的处理，或者他对法国大革命的分析。最后，《精神现象学》的接受史当然与更一般的黑格尔接受史关系密切，后者本身就是一个复杂的问题。黑格尔的名声起起落落了好几回，而对他哲学的总体描绘也经历了巨大的变化。正如我们前面已讨论到的，如此多样化的解读可以被解释为是由于黑格尔思想本身的辩证本性，当然，这也与他的众多解释者们各不相同的政治、历史、哲学语境有关。

正如本书开头所提到的，读者们对《精神现象学》最初的反应在某种程度上是沉默的、缺乏热情的，因为，他们既得要努力理

231

解这本书，又得要努力发现它如何不同于黑格尔早先明显更加谢林式的那些作品——谢林自己（被这本书的"序言"激怒了）希望有个记者和未来的评论者凑巧可以理顺它（请见Pinkard 2000a：257）。这本书当然并没有马上就给黑格尔带来他那个时候急需的职业生涯上的好处；实际上，这本书的第一版都没有卖完。真正确立起他的名声的乃是《逻辑学》——这部分是因为，该书最后一卷的出版与他前往海德堡接受他的第一个教授席位这两件事都发生于1816年——还有随后出版的各个版本的《哲学全书》，其间黑格尔于1818年移居柏林。这就不令人惊讶了，人们在黑格尔活着和死后的一段时间里吸收他的思想时，更喜欢他在《精神现象学》之后的那些作品，《精神现象学》在很大程度上要相对失色——特别是正如我们已经看到的，《精神现象学》似乎部分地被整合进了《哲学全书》的第三部分《精神哲学》，而黑格尔自己似乎也质疑《精神现象学》作为"导论"的地位。因此，例如，当黑格尔的一个追随者格奥尔格·安德里亚斯·加布勒迈出了不同寻常的一步，在1827年写了一部与《精神现象学》有关的作品时，他关注的是与《精神哲学》重合的那些部分，对其他部分则未作讨论（请参见Gabler 1827）。同样地，黑格尔的官方传记作者卡尔·罗森克朗茨在1840年出版了一个文集，里面那些对黑格尔充满同情的文章反映了当时的许多争论，但他没有专门讨论《精神现象学》，而只专注于逻辑－自然－精神这个体系三件套（请见Rosenkranz 1840）。在此期间，"黑格尔派"许多人的关注点在其他地方，例如伦理学、政治学、法学、宗教、哲学史；尽管这些东西正如我们已经看到的，对《精神现象学》来说诚然是核心性的，但它们在上述体系的后面部分或者有关的讲演录里边也得到了讨论，有时后两者的讨论篇幅还要更长，论证还要更清晰——因此，毫不令人惊讶地，其他这些作品成了黑格尔亲炙的学生和门徒们讨论与解释的焦点（关于对此的一个概述，请见 Bonsiepen 1979）。

尽管，用同一种方式来对"黑格尔派"的所有成员进行归类，这么做是错误的，因为他们在他们关注的那些话题上观点各不相同，但我们还是可以公允地说，他们在致力于黑格尔的体系雄心以及他成熟哲学的诺言这个事情上是一致的，而这些东西在很大程度上所依赖的乃是《精神现象学》之后的那些作品。只有当黑格尔的体系雄心受到被称作"左翼黑格尔派"的青年一代攻击时，《精神现象学》才得到了更加严肃的对待，它被视为或许提供了黑格尔《哲学全书》和《法哲学》——这两本书被视为不可救药地唯心主义的、神学的、保守的——的一个替代品；这样的情况一再发生，真是够讽刺的。尽管诸如大卫·施特劳斯和布鲁诺·鲍威尔等左翼黑格尔派主要关注于宗教和政治问题（施特劳斯称《精神现象学》是"黑格尔作品的开端和终结"［Strauss 1851: 53］），但像路德维希·费尔巴哈、卡尔·马克思和弗里德里希·恩格斯这样的左翼黑格尔派所关注的东西则要更加广泛；在此，他们部分地呼应着晚期谢林——他在黑格尔死后浮现为黑格尔的一个主要对手——对黑格尔的批评，尽管谢林的批评是从他们痛恨的宗教保守主义角度做出的。这里的一个关键话题与《逻辑学》的著名开端以及纯存在这个据说"无预设的"起点有关（请参见 White 1983: 15-41; Bowie 1993: 127-77; Houlgate1999）；当这个开端被认为是不令人满意的时候，就出现了如下问题：鉴于《精神现象学》的方法是内在的批判，那它是否可能反过来为《逻辑学》提供了某种更好的无预设的"奠基"？费尔巴哈想到了这个问题，他最终在1839年的"走向对黑格尔哲学的一种批判"一文中考虑了《精神现象学》，他反过来考察了这部作品的开头，特别是黑格尔对感性确定性的处理。不过，费尔巴哈论说了，这将无助于黑格尔的事业，因为（他主张）黑格尔在反对其对手时所采取的绝不是一种不乞题的内在批判的形式，事实上，黑格尔把他想要证明的理念论当成了理所当然的，这就使得《精神现象学》的开端并不比《逻辑学》的开端好多少，《精神现象学》事实上预设了《逻辑学》（请见 Feuerbach 1839: 116-18）。不过，尽管这是一个对《精神现象学》的负面评价，但很明显，《精神现象学》对费尔巴哈自己的思考具有一个正面的影响，特别是对《基督教的本质》这本书，在这本书里费尔巴哈对宗教的处理部分地呼应了黑格尔在《精神现象学》里边对宗教的处理。

在马克思死后出版的1844年《经济学哲学手稿》里边，我们可以发现一种类似的正面要素和负面要素的混合。因此，马克思也像费尔巴哈那样怀疑《精神现象学》的体系性角色，以及它与《逻辑学》的关系；尽管如此，马克思还是承认了，它的批判性内容是对现代世界的困境的一种分析：

> 因此，《精神现象学》是一种隐蔽的、神秘化的批判，这种批判还没有达到自身明晰；但它抓住了人的**疏离**（estrangement）——尽管人只是以精神的形式出现的——就此而言，批判的**一切**要素都隐藏在它里边了，而且这些要素往往已经以一种远超黑格尔自己的观点的方式被**准备好**和**加过**

工了。关于"不幸的意识""诚实的意识"，关于"高尚的意识和卑鄙的意识"的斗争等，这些不同的章节包含了——不过依然是以疏离的形式——对宗教、国家、市民社会等整个领域的**批判**的要素。

（K. Marx 1975: 385/Stern（ed.）1993c: I, 168）

马克思的观察也非常重要，因为他看起来理解了主/奴辩证法，理解了异化的主题和劳动的主题——尽管他从自己的唯物主义立场批评了黑格尔，他说，"黑格尔所知道和承认的唯一一种劳动就是抽象的心智劳动"（K. Marx 1975: 386/Stern（ed.）1993c: 169；234对此的进一步讨论，请见Arthur 1986）。这些私人笔记在它们被写下的那个时候当然没什么影响，但当它们在1932年被出版的时候，影响了整整一代马克思主义者和黑格尔的左翼读者，不论他们是从正面还是从负面来评价黑格尔（请参见O'Neill［ed.］［1996］）。从马克思以及恩格斯的作品可以看得很清楚，他们赞赏黑格尔揭示《精神现象学》讨论的各种立场里边的那些辩证困境（例如，对康德伦理学的分析，对效用主义的分析）的努力，也赞赏这本书的原型–历史结构（proto-historicalstructure）——与此同时，他们出于他们自己的意图也想改造它的基本目标和观点。

这些关于《精神现象学》，关于《逻辑学》，更一般地关于黑格尔体系的早期争论也触及了我们在前面章节讨论过的那些问题的核心，特别是黑格尔克服普遍性和个别性之间辩证张力的努力。这些早期的批评者们（包括索伦·克尔凯郭尔，他也受到了谢林的影响）提出的问题是，黑格尔在把这两个范畴联系起来的时候，能否避免把个别性归约为普遍性，从而摆脱如下这种理念论，在该理念论里边，特殊的东西被一般的东西压倒了，个人被社会整体压倒了，质料被形式压倒了，存在被思想压倒了，如此等等。这个关切就像是一条线索，从这个时期一直贯穿到诸如雅克·德里达和吉尔·德勒兹这样后来的对手（请见 Stern 2009: 345–70）。要最终评价黑格尔关于这个问题的观点，评价他能否免受这些怀疑，我们必须不仅要考察《精神现象学》，还要考察他的其他作品；不过，正如我们已经看到的，《精神现象学》对于确定这些问题的答案来说是至关重要的，人们觉得，即便这部作品的处理方式也值得关注：例如，费尔巴哈在"走向对黑格尔哲学的一种批判"一文中论说到，黑格尔对感性确定性的处理偏好一般的概念，而不是个别东西的特殊性，因而这些个别的东西在黑格尔的体系里从没有得到充分的对待。

部分地通过谢林、费尔巴哈和其他人发起的对黑格尔的批评，部分地由于其他学派和人物（例如唯物主义、实证主义、新康德主义以及解释学）的崛起，正统的黑格尔主义到1860年代和1870年代已经在德国式微了。不过，就在这个时期，黑格尔的运势在欧洲其他地方和美洲则日益旺盛，在这些地方，对他的思想和《精神现象学》的接受史在一个不同的语境中得到了延续。尽管如此，我们在德国发现的那种模式也再次出现了，在这些地方，黑格尔更加忠实的追随者们很大程度上转向《哲学全书》体系，特别是《逻辑学》，而不是《精神现象学》来寻找启发。因此，例如，当意大利人奥古斯都·维拉试图用他写于1855年的《黑格尔哲学导论》来使黑格尔的思想在法国流行起来的时候，他并没有提到《精神现象学》，而在普法战争结束后，当吕西安·赫尔和乔治·诺尔在1890年代返回黑格尔的时候，他们强调的主要也是《逻辑学》（请见Vera 1855; Herr 1894; Noël 1897）。英国的情况也一样，《精神现象学》在詹姆士·哈奇森·斯特林的《黑格尔的秘密》一书中基本上没有被提到，这本书是英语世界对黑格尔思想的第一本可观的研究（请见Stirling 1865）；麦克塔加特写了一些与黑格尔《逻辑学》有关的评论，但对《精神现象学》却没有任何评论。

同样的模式也出现在了美洲黑格尔接受史的最初篇章里边；但在1906年，约西亚·鲁伊士做了个"后康德理念论面面观（Aspectsof Post-KantianIdealism）"的系列讲座，它们在他死后得以出版，这些讲座开辟了一片新天地，它们更加强调的是《精神现象学》，而不是《逻辑学》，并且，它们运用《精神现象学》论说了对黑格尔的一种不那么保守的解读。鲁伊士的作品值得多引用一点，因为它揭示了这个时期对这本书相对忽略的情况，还有鲁伊士希望这本书如何可以被用来改变当时人们对黑格尔和他的思想的感受：

由于现代的哲学史家们已经习惯于通过黑格尔后来的作品来评价他，由于黑格尔柏林时期的政治保守主义和他那个时候表现出的专横举止使他在德国自由主义一代——这些人的影响在1848年达到了顶峰——当中不再流行，《精神现象学》一直被过分地忽视了。有几本哲学史教材对它做了个敷衍了事的概述。海姆在《黑格尔与他的时代》（*Hegel und seine Zeit*, 1857）里讨论了这部作品，但他对这本书最有特色的东西过于严苛，缺乏同情。文德尔班在《现代哲学史》（1892；英译本1893）更加同情地谈到了这本书，但他把它刻画为哲学史上最艰深的作品，这个说法倒也不是全然不公。……在哲学史里边对这本书的各种概述中，我觉得策勒在《自莱布尼茨以来的德国哲学史》（1873, 2nd edn 1875）中的概述是最好的。罗森克朗茨在《黑格尔生平》（1844）中对这本书的说明无疑是很有价值的，尽管我觉得，从这本书与黑格尔后来体系的关系这个角度说，罗森克朗茨自己对这本书的评价有点高了。

（Royce 1919: 137‑38/Stern（ed.）1993c: II, 182‑83）

正如这最后一句话所暗示的，鲁伊士激进地认为，作为后来体系的导论，《精神现象学》"无疑必须被称作一个失败的导论"；他改而把它解读为"对人性的研究，这种人性表现在各种各样的个人和社会类型之中"，他还把它解读为"对辩证方法的运用，对理念论思想的诸多问题的一系列重要反思"（请见Royce 1919: 138‑40/Stern［ed.］1993c）。他没有考虑这样一种提议，即这可能正是黑格尔所想的那种导论。因此，鲁伊士赋予了《精神现象学》一种此前很少有人赋予的重要性和优先性，他把它视以《威廉·迈斯特》——歌德著名的成长小说（*Bildungsroman*）或教育历程——的方式提供了"世界精神的一种传记"（Royce 1919: 147‑49/Stern［ed.］1993c: II, 189‑90）。

在二三十年后的法国，随着1929年让·瓦尔《黑格尔哲学中的不幸的意识》（2nd edn Walh 1951）的出版，出现了对这本书的优点的一个同样大胆的重估，不过这个评估的方式具有一种更加持久的影响。在这部作品里，瓦尔试图揭示黑格尔思想中比以往人们已经注意到的更加阴暗的、更加浪漫的、不那么理性主义的一面，从而重新理解黑格尔哲学的总体取向。他的这个重新解读受到了赫尔曼·诺尔于1907年出版的黑格尔早期作品（它们被翻译为ETW）的推动，当时这些作品的出版在德国已经导致了对黑格尔思想的重新评估；这些材料意味着，《精神现象学》不仅仅是通向 237《哲学全书》体系的梯子，它还可以被视为青年黑格尔的诸多洞见的高潮，这些洞见后来在他详细阐明"体系"的时候某种程度上变得僵化和更加学术化了。这些早期的作品向瓦尔揭露了，黑格尔真正关注的东西与像克尔凯郭尔这样一个基督教存在主义者关心的东西非常接近，但这个事实被后来《哲学全书》的思辨进路遮蔽了。因此，瓦尔对《精神现象学》作了重新打量，他把它看作不仅是《逻辑学》的绪论，还是黑格尔不安所见的最高表达（the highest expression of Hegel's troubled vision）。瓦尔把黑格尔对不幸的意识的处理摆在了自己解读的中心，（他论说了）黑格尔的这个处理是这种失落感（this sense of loss）的缩影。因此，虽然瓦尔自己不打算称黑格尔为一位生存主义者，但他对《精神现象学》的这个有影响的研究表明了，如何可以从黑格尔的思想里边——特别是从这本书里边——揭示出生存主义的主题。黑格尔耶拿时期与《精神现象学》有关的那些作品的重要性也得到了亚历山大·科依雷的强调（请见Koyré 1934），他把这些作品的一部分翻译成了法语。

紧接着瓦尔的研究，亚历山大·科耶夫和让·伊波利特的作品进一步更有力地推动了黑格尔在法国的复兴。科耶夫于1933-

1939年期间在高等研究实践学院（École Pratique des Hautes Études）开设了一系列讨论《精神现象学》的研讨班，参加研讨班的许多人后来都成了法国知识界的领袖人物，并凭着他们自己的实力而成了有影响的黑格尔解释者，包括莫里斯·梅洛-庞蒂、埃里克·韦伊、乔治·巴塔耶、雅克·拉康。这些讨论班的文本出版于1947年（对此的一个节译本请见 Kojève 1969），它一直是对黑格尔思想最有挑战性的解读之一。伊波利特的努力同样重要，他在1939年出版了《精神现象学》权威法译本的第一卷，1941年出版了该译本的第二卷，并在1946年完成了他对《精神现象学》文本的很有影响的评论（英译本请见 Hyppolite 1974）。

科耶夫把主/奴辩证法作为他的处理的关键，他把海德格尔和马克思的主题都编织进其中。他用来自马克思《经济学哲学手稿》的一个评论作为自己讲座的题词，马克思的那个评论与黑格尔赋予劳动的意义有关，科耶夫把奴隶的劳动作为自我对象化（self-objectification）的本质环节，他认为自己的这个做法遵从了马克思。同时，他也像海德格尔那样强调了奴隶的死亡经验以及奴隶对有限性的承认，奴隶从这些东西里边也感到从自然世界解放出来了。（受到科耶夫的启发，巴塔耶在1955年的论文里也表达了相似的主题，英译本请见 Bataille 1990。）此外，科耶夫运用海德格尔和马克思论说了，对黑格尔而言，历史始于一种他者感（a sense of otherness），并且可能在对承认的欲望（the desire for recognition）——这种欲望塑造了主/奴辩证法——的一种普遍满足之中终结，我们不再竭力去否定和克服一切的外在性了。对欲望和承认主题的这种强调自此就被看作是《精神现象学》的主要贡献之一，而这个主题又一次地或许与早期黑格尔，而不是与他后来的体系方案有关；例如，这个主题构成了让－保罗·萨特和西蒙娜·德·波伏娃作品里边对"他者问题"讨论的背景，也构成了拉康的欲望着的主体（the desiring subject）这个精神分析理论的背景（请见 Sartre 1958: 221–302, Beauvoir 1974: 64–65, Lacan 2007: 75–81）。科耶夫的进路继续影响着最近的一些评论者，例如福山（Fukuyama 1992）和詹姆逊（Jameson 2010）。

不过，对于黑格尔的许多读者来说，科耶夫的解释看起来太另类了，很难被接受为一种合理的解读，无论它作为一种哲学思想本身有着什么优点，让·瓦尔把这些人的态度总结为，"它是完全错误的，不过很有趣"（请见 Wahl 1975: 383；也请参见 Wahl 1955: 93）。伊波利特的进路更加明智，更接近于文本，不过他在自己的解读中也受到了生存主义和马克思的影响。与瓦尔一样，伊波利特也把不幸的意识作为《精神现象学》的一个基本主题，并且他考虑到了与克尔凯郭尔的对应。同时，伊波利特强调，黑格尔预示了马克思对异化的解释，他赞成科耶夫的以下主张，即承认可以克服自我与他者之间的张力；不过，他更多关注的是"精神"篇最后论宽恕与和解的那一节，而不是主/奴辩证法。在后来的作品中，伊波利特比以前更加看重《逻辑学》；不过他认为，向《逻辑学》与形而上学的回归与他认为的《精神现象学》更加人本主义的、人类学的方法之间存在着一个张力，他把这个张力视为对黑格尔思想来说根本性的东西。

在法国之外，大概同一个时期，匈牙利知识分子卢卡奇也对《精神现象学》的地位做出了重新考察。与瓦尔一样，卢卡奇也是

239

根据黑格尔早期作品的面世来进行重新考察的；与科耶夫一样，卢卡奇也受到了马克思《经济学哲学手稿》的出版的影响。甚至在马克思的这部作品为人所知之前，卢卡奇就已经在1923年的经典著作《历史与阶级意识》（英译本为 Lukács 1968）中评论了"《精神现象学》的方法和体系的方法之间的矛盾"（Lukács 1968: xlv）；因此，正如已经被指出的，尽管卢卡奇在这本书里"没有特别地论说《精神现象学》相对于黑格尔其他作品的首要地位"，但"也可以说他已经这么做了"（Pinkard 2010: 122）。卢卡奇对此的立场在他后来的《青年黑格尔》（初版于1948年，英译本 Lukács 1975）中变得更加清楚和明确。在这部作品里，《精神现象学》得到了广泛讨论，特别是异化和劳动这两个主题，它们被视为黑格尔理念论观点中没有得到充分发展的唯物主义要素。在后来的批判理论传统中，尽管没有哪个主要的人物写过关于《精神现象学》的评论或深入研究作品，但诸如阿多诺、哈贝马斯和霍耐特这些人都受到了这本书里边出现的辩证法、异化、承认、劳动、社会性、启蒙运动、现代性的影响。与此同时，黑格尔"极权主义的"思想受到了诸如德里达和德勒兹等法国学者的批评，在这种情况下，《精神现象学》一直被视为或许可以避免这样的问题，它写于体系本身被提出之前。此外，海德格尔早期把《精神现象学》分析为一个根本上笛卡尔式的文本，用以使存在"主体化"（"subjectivize" being），受到海德格尔这个分析影响，《精神现象学》于是就成了这个传统里边的学者们批评的焦点（请见 Heidegger 1970，它讨论了《精神现象学》的"导论"，初版于1950年；还有 Heidegger 1994，它是1930/31年的一个讲座，初版于1980年）。

240

与《精神现象学》有关的这些问题和话题中有许多依然在被学者们争论着；但当代的《精神现象学》接受史中也出现了一些值得提及的独特方面，其中三个方面特别在当前的英语文献中尤其明显。第一，与该文本有关的一个相对较新的主题是强调它的知识论向度，还有黑格尔的内在方法和辩证方法如何可以被用以解决各种怀疑论的挑战，特别是来自古代怀疑论者的挑战，尤其是所谓的"标准问题（problem of the criterion）"和"均势问题（problem of equipollence）"：就是说，我们如何能够为知识提出一个标准，而没有已经理所当然地以为我们具有了这样的知识；我们如何能够回应这样的怀疑主义者，该怀疑主义者声称，两种相反的信念可以得到等程度的证明，这使得我们不可能合理地持有这两种信念里的任何一种（请见 K. R. Westphal 1989 and 2003, Forster 1989 and 1998: 126–92, Heidemann 2008）。更一般地，知识论话题也处于如下这些学者对黑格尔的各种解释的中心位置，这些人把黑格尔视为提供了理念论的一种形式，它可以使黑格尔克服心灵与世界之间的任何怀疑主义鸿沟，由于康德的先验理念论依然使我们对事物自身的样子一无所知，因而这种鸿沟似乎依然存在于康德的先验理念论之中（请参见 Pippin 1989: 91–171, Rockmore 1997）。第二，人们现在不再只是把黑格尔与诸如马克思和克尔凯郭尔这样的人物联系起来加以解读，而是常常根据塞拉斯以及诸如杜威和皮尔士这样的实用主义者的作品来解读他。因此，例如，黑格尔对感性确定性的处理可以被视为类似于塞拉斯对"所予神话（myth of the given）"的攻击；与此同时，黑格尔从"我"转向"我们"，继而转向精神的做法则被视为预示了塞拉斯对"理性空间"和规范空间的关注，塞拉斯认为理性与规范包含着一种根本上社会的维度，完全植根于我们的各种历史性的实践，它们由于其与之前实践的、发展的和辩证的关系，不会陷入相对主义（请见 Pinkard 1994, Brandom 2002: 178-234, Redding 2007, Pippin 2008, esp. 210-38）。相似的主题可以说也²⁴¹ 把黑格尔与实用主义联系在了一起，不但是黑格尔的反笛卡尔主义、反二元主义、反还原主义，《精神现象学》许多非常重要的方面现在都在实用主义的视角下得到了考察（请见 Rorty 1998, K. R. Westphal 2003, Pinkard 2007, Stern 2009: 209-326）。第三,《精神现象学》里边的许多话题，包括欲望、承认、异化，特别是黑格尔对《安提戈涅》的讨论，都使得这部作品成了女性主义哲学家们争论的对象，这些人从与性别有关的诸多话题的角度聚焦于黑格尔关注的这些东西，而此前只有西蒙娜·德·波伏娃以这些方式来探究它（请见 Mills［ed.］1996, and Hutchings 2003）。

因此，正如黑格尔比所有其他哲学家无疑都更期待和赞成的，在不同的时期,《精神现象学》一直都常读常新，也激起了一系列最重要的争论，这部最神秘和多面的哲学杰作在未来肯定还会依然如此。

出于篇幅和易获取性的考虑，对每章进一步阅读的具体建议只包括有英语文本的作品。最后一节简短地指明了一些德语和法语文献。关于研究《精神现象学》的作品的扩展书单，请见 Harris 1997: II, pp. 795–868, Stewart（ed.）（1998），479–503, and Stewart 2000: 527–52。

语境中的《精神现象学》

讨论黑格尔生平及其作品的文献

最好的也是最新的黑格尔思想传记是 Pinkard 2000a。关于黑格尔《精神现象学》出版之前其思想发展的详尽、权威研究，请见 Harris 1972 和 Harris 1983；关于黑格尔思想发展的概览，请见 Harris 1993。Lukács 1975 依然是一部经典文献。关于对塑造了黑格尔那个时代的哲学争议的那些理智和文化问题的讨论，请见 Beiser 1987。

对黑格尔体系的一般性研究

以下的作品对作为一个整体的黑格尔思想，以及《精神现象学》在其中的地位提供了解释，它们对初学者很有帮助：Beiser 2005, Houlgate 1991, Houlgate 2001, Redding 2010, Roberts 1988: 68–121, Rockmore 1993, Singer 1983, Soll 1969, Speight 2008, Stern 1998。关于黑格尔的术语，Inwood 1992 和 Magee 2010 都是很有帮助的资源。

关于更具体、更深入的研究，请见 Findlay 1958, Inwood 1983, Kaufmann 1965, Pinkard 1988, Pippin 1989, Redding 1996, Rosen 1974, Stern 1990, Taylor 1975。 247

对《精神现象学》的研究

以下作品对《精神现象学》作为一个整体进行了研究，它们对初学者很有帮助：Dudeck 1981, Franco 1999: 81–119, Harris 1995, Houlgate 2013, Krasnoff 2008, Norman 1981, Pinkard 1999, Pinkard 2000b, Pippin 1993, Pippin 2006, Rockmore 1997, Solomon

1993, Verene 2007。

关于更深入、更具体的研究，请见Findlay 1977, Flay 1984, Forster 1998, Harris 1997, Heidegger 1994, Hyppolite 1974, Kain 2005, Kainz 1976 and 1983, Kojève 1969, Lauer 1976, Loewenberg 1965, Pinkard 1994, Russon 2004, Simpson 1998, Solomon 1983, Stewart 1995, K. R. Westphal 1989 and 2003, and M. Westphal 1998b。

对"序言"和"导论"的研究

Dudeck 1981: 17–82, Harris 1997: I, pp. 30–207, Kainz 1976: 54–61, Lauer 1976: 23–40 and 270–300, Loewenberg 1965: 1–22, Rockmore 1997: 6–36, Solomon 1983: 237–318, Verene 2007: 1–24, and M. Westphal 1998b: 1–58等作品完整地讨论了"序言"和"导论"。Norman 1981: 9–28和Stewart 2000: 32–52这两部作品讨论了"导论"，但没有讨论"序言"。

关于专门的研究，请见Adelman 1984, Gillespie 1984: 63–84, Heidegger 1970, Kaufmann 1965: 363–459, Lamb 1980: 3–41, W. Marx 1975, Sallis 1977, Schacht 1972, Stepelevich 1990, and K. R. Westphal 1998b。

对象的辩证法

Dudeck 1981: 63–91, Flay 1984: 29–80, Harris 1995: 22–34, Harris 1997: I, pp. 208–315, Heidegger 1994: 45–128, Houlgate 2013: 31–82, Hyppolite 1974: 77–142, Kain 2005: 25–38, Kainz 1976: 61–82，Krasnoff 2008: 77–92, Lauer 1976: 46–89, Loewenberg 1965: 23–74, Norman 1981: 29–45, Pinkard 1994: 20–45, Pippin 1989: 116–42, Rockmore 1997: 37–58, Simpson 1998: 1–40, Solomon 1983: 319–424, Stewart 2000: 53–103, Verene 2007: 41–54, M. Westphal 1998b: 59–120等作品讨论了"意识"章。

关于对"意识"章作为一个整体的专门研究，请见Taylor 1972，K. R. Westphal 2009a。

关于对"感性确定性"这一节的专门研究，请见Craig 1987: 205–19, DeNys 1978, deVries 1988a and 2008, Dulckheit 1986, Lamb 1978, Soll 1976, Stewart 1996, and K. R. Westphal 2000。

关于对"知觉"这一节的专门研究，请见Stewart 1996, Vaught 1986, K. R. Westphal 1998a, and M. Westphal 1998a。

关于对"力和知性"这一节的专门研究，请见 De Nys 1982，Flay 1970, Gadamer 1976a, and Murray 1972。

主体的辩证法

Dudeck 1981: 93–119, Flay 1984: 81–112, Harris 1995: 35–46, Harris 1997: I, pp. 316–446, Heidegger 1994: 129–48, Houlgate 2013: 83–123, Hyppolite 1974: 143–215, Kain 2005: 39–68, Kainz 1976: 82–98, Krasnoff 2008: 93–112, Lauer 1976: 90–124, Loewenberg 1965: 75–112, Norman 1981: 46–66, Pinkard 1994: 46–78, Pippin 1989: 143–71, Rockmore 1997: 59–79, Rosen 1974: 151–82, Shklar 1976: 57–69, Simpson 1998: 40–74, Solomon 1983: 425–70, Stewart 2000: 104–64, Verene 2007: 55–70, M. Westphal 1998b: 121–38 等文献讨论了"自我意识"章。

关于对此章的专门研究，请见 Adelman 1980, Bernstein 1984, Burbidge 1978, Chiereghin 2009, Duquette 1994, Gadamer 1976b, Honneth 2008, G. A. Kelly 1965, Kojève 1969: 3–70, McDowell 2006, Neuhouser 1986 and 2009, Pippin 2011, Rauch and Sherman 1999: 55–160, Redding 2008, Stern 2012a, Wahl 1951, Williams 1992: 141–90。

理性的辩证法

Dudeck 1981: 121–84, Flay 1984: 113–61, Harris 1995: 47–60, Harris 1997: I, pp. 447–623 and II, pp. 1–146, Houlgate 2013: 123–45, Hyppolite 1974: 219–320, Kain 2005: 69–130, Kainz 1976: 98–133, Lauer 1976: 125–76, Loewenberg 1965: 113–84, Norman 1981: 67–85, Pinkard 1994: 79–134, Rockmore 1997: 80–110, Shklar 1976: 96–141, Solomon 1983: 401–13 and 480–534, Stewart 2000: 165–287, Verene 2007: 71–90 等文献讨论了"理性"章。

关于对黑格尔论理念论问题的专门研究，请见 Ameriks 1991, Stern 1990 and 2008, Wartenberg 1993, and K. R. Westphal 1989。

关于对"观察的理性"这一节的专门研究，请见 Dahlstrom 2007, Ferrini 2009, Lamb 1980: 98–164, and Quante 2008。

关于对黑格尔有关哲学与生理学的讨论的专门研究，请见 Acton 1971, MacIntyre 1972a, and von der Luft 1987。

关于对黑格尔有关"精神动物王国"的讨论的专门研究，请见Pinkard 2009 and Shapiro 1979。

关于对黑格尔有关康德伦理学的批评的专门研究，请见Ameriks 1987, D. C. Hoy 1989 and 2009, Korsgaard 1996, Lottenbach and Tenenbaum 1995, Sedgwick 1988a and 1988b, Shklar 1974, Stern 2012b, Walsh 1969, K. R. Westphal 1995, and Wood 1989, 1990: 127–43, and 1993。

精神的辩证法

Dudeck 1981: 185–244, Flay 1984: 163–226, Harris 1995: 61–79, Harris 1997: II, pp. 147–520, Houlgate 2013: 145–73, Hyppolite 1974: 320–528, Kain 2005: 131–212, Kainz 1983: 1–107, Lauer 1976: 177–229，Loewenberg 1965: 185–287, Norman 1981: 86–104, Pinkard 1994: 135–220, Rockmore 1997: 111–54, Shklar 1976: 142–208, Simpson 1998: 75–98, Solomon 1983: 534–79, Stewart 2000: 288–383, Verene 2007: 71–90, M. Westphal 1998b: 121–86等文献完整地讨论了"精神"章。

关于对黑格尔有关安提戈涅的讨论的专门研究，请见J. B.Hoy 2009, Hutchings 2003: 80–111, Mills 1986, Pietercil 1978, and Steiner 1984。

关于对黑格尔有关启蒙运动的讨论的专门研究，请见Hinchman 1984, Pinkard 1997, Rosen 1974: 183–228, Stern 1993a, Stolzenberg 2009, and Wokler 1997。

关于对黑格尔有关法国大革命的讨论的专门研究，请见Beck 1976, Comay 2010, Habermas 1973, Harris 1977, Honneth 1988, Hyppolite 1969, Nusser 1998, Ripstein 1994, Ritter 1982, Schmidt 1998, Smith 1989, Suter 1971, and Wokler 1998。

关于对"道德"这一节的专门讨论，请见Beiser 2009, Friedman 1986, Gram 1978, D. C. Hoy 1981, Jamros 1994: 82–127, Robinson 1977, and K. R. Westphal 1991。

宗教的辩证法

Dudeck 1981: 245–70, Flay 1984: 227–48, Harris 1995: 80–91, Harris 1997: II, pp. 521–707, Houlgate 2013: 173–85, Hyppolite 1974: 529–72, Kain 2005: 213–16, Kainz 1983: 125–71, Lauer 1976: 230–55, Loewenberg 1965: 292–353, Pinkard 1994: 221–68, Rockmore 1997: 155–78, Solomon 1983: 580–635, Stewart 2000: 384–454, M. Westphal

1998b: 187–210, Williams 1992: 221–52等文献完整地讨论了"宗教"章。

关于专门的研究，请见De Nys 1986, Devos 1989, di Giovanni 2009, Jamros 1994: 128–260, Lewis 2008, Schöndorf 1998, and Vieillard-Baron 1998。

哲学作为辩证法

Dudeck 1981: 271–84, Flay 1984: 249–68, Harris 1995: 92–97, Harris 1997: II, pp. 708–63, Houlgate 2013: 185–9, Hyppolite 1974: 573–606, Kain 2005: 217–33, Kainz 1983: 172–86, Lauer 1976: 256–69, Loewenberg 1965: 354–71, Rockmore 1997: 179–94, Solomon 1983: 635–41, Stewart 2000: 455–68, Verene 2007: 91–98, M. Westphal 1998b: 211–30, Williams 1992: 253–84等文献完整地讨论了"绝对认知"章。

关于专门的研究，请见Burbidge 1998, de Laurentiis 2009, De Vos 1989, Devos 1998, Flay 1998, Houlgate 1998, Kojève 1969: 150–68, Ludwig 1989, Lumsden 1998, Miller 1978, and Williams 1998。

《精神现象学》接受史

没有对《精神现象学》接受史的专门研究，不过有一些对黑格尔哲学一般接受史的研究，其中包括了对《精神现象学》的讨论，请见Pinkard 2010, Sinnerbrink 2007, and Stern and Walker 1998。也有一些更加专门的研究，它们考察了黑格尔在特定国家中的接受史。关于在德国的情况，请见Bubner 1981, Löwith 1964 and Toews 1980；关于在法国的情况，请见Baugh 2003, Butler 1999, Descombes 1980, Gutting 2011: 24–49, M. Kelly 1992, Poster 1975: 3–35, Rockmore 1995: 27–39, Roth 1988；关于在英国的情况，请见Bradley 1979 and Mander 2011: 17–19 and 40–51；关于在丹麦的情况，请见Stewart 2007；关于在意大利的情况，请见Jacobitti 1981 and Nuzzo 1998；关于在美国的情况，请见Easton 1966, Flower and Murphy 1977, and Watson 1980。

研究《精神现象学》的德语和法语文献

Rosenkranz 1844（关于此书的一个节译本，请见SEL: 254–65）是与《精神现象学》的起源和背景有关的重要传记性文献。Fulda 1965 and 1966, Haering 1929 and

1934, and Pöggeler 1961, 1966, and 1973等文献包含了对《精神现象学》，特别是它与黑格尔体系其他部分及后来思想之间关系的经典讨论。更加晚近的德语研究包括 Becker 1971, Claesges 1981, Fink 1977, Heinrichs 1974, Kähler and Marx 1992, Kimmerle 1978, W. Marx 1986, Scheier 1980, Siep 2000, and Vieweg and Welsch（eds）（2008）。关于法语研究文献的情况，请见 Labarrière 1968, and Labarrière and Jarczyk 1987 and 1989。

黑格尔和康德的作品

'Aphorisms from Hegel's Wastebook', translated by S. Klein, D. L. Roochnik, and G. E. Tucker, *Independent Journal of Philosophy*, 3, 1979: 1–6. (This is a partial translation: for the full text see 'Aphorismen aus Hegels Wastebook', in *Jenaer Schriften, Theorie Werkausgabe*, edited by E. Moldenhauer andK. M. Michel, 20 vols and index, Frankfurt am Main: Suhrkamp, 1969–71, II, pp. 540–67.)

The Berlin Phenomenology, edited and translated by M. J. Petry, Dordrecht: D. Reidel, 1981.

The Critical Journal of Philosophy, 'Introduction: On the Essence of Philosophical Criticism Generally, and Its Relationship to the Present State of Philosophy', translated by H. S. Harris, in *Between Kant and Hegel: Texts in the Development of Post-Kantian Idealism*, translated by G. di Giovanni and H. S. Harris, Albany: SUNY Press, 1985, pp. 272–91.

The Difference Between Fichte's and Schelling's System of Philosophy, translated by H. S. Harris and W. Cerf, Albany: SUNY Press, 1977.

Hegel's Logic: Part One of the Encyclopedia of the Philosophical Sciences, translated by W. Wallace, 3rd edn, Oxford: Oxford University Press, 1975.

Hegel's Philosophy of Nature: Part Two of the *Encyclopedia of the Philosophical Sciences*, edited and translated by M. J. Petry, 3 vols, George Allen &Unwin: London, 1970.

Hegel's Philosophy of Mind: Part Three of the Encyclopedia of the Philosophical Sciences, translated by W. Wallace and A. V. Miller, Oxford: Oxford University Press, 1971.

Early Theological Writings, translated by T. M. Knox, Chicago: University of Chicago Press, 1948.

Elements of the Philosophy of Right, edited by A. W. Wood, translated by H. B. Nisbet, 252 Cambridge: Cambridge University Press, 1991.

Faith and Knowledge, translated by W. Cerf and H. S. Harris, Albany: SUNY Press, 1977.

Hegel: The Letters, translated by C. Butler and C. Seiler, Bloomington: Indiana University Press, 1984.

Introduction to the Lectures on the History of Philosophy, translated by T. M. Knox and A. V. Miller, Oxford: Oxford University Press, 1985.

Lectures on the Philosophy of World History; Introduction: Reason in History, translated by H. B. Nisbet, Cambridge: Cambridge University Press, 1975.

Jenaer Systementwürfe I: Das System der speculativen Philosophie, edited by K. Düsing and H. Kimmerle, Hamburg: Felix Meiner Verlag, 1986; translated in SEL (see below).

Jenaer Systementwürfe II: Logik, Metaphysik, Naturphilosophie, edited by R.–P. Horstmann, Hamburg: Felix Meiner Verlag, 1982; partially translated in *The Jena System, 1804–1805*, translated by J. W. Burbidge and G. di Giovanni, Montreal: McGill-Queen's University Press, 1986.

Jenaer Systementwürfe III: Naturphilosophie und Philosophie des Geistes, edited by R.–P. Horstmann, Hamburg: Felix Meiner Verlag, 1987; partially translated in *Hegel and the Human Spirit: A Translation of the Jena Lectures on the Human Spirit 1805–6*, translated by L. Rauch, Detroit: Wayne State University Press, 1983.

Hegel's Aesthetics: Lectures on Fine Art, translated by T. M. Knox, 2 vols, Oxford: Oxford University Press, 1975.

Lectures on the History of Philosophy, translated by E. S. Haldane and F. H. Simson, 3 vols, London: K. Paul, Trench, Trübner, 1892–96; reprinted London: University of Nebraska Press, 1995.

Lectures on the Philosophy of Religion, translated by E. B. Speirs and J. B. Sanderson, New York: Humanities Press, 1962.

Natural Law: The Scientific Ways of Treating Natural Law, Its Place in Moral Philosophy, and Its Relation to the Positive Sciences of Law, translated by T. M. Knox, Philadelphia, PA: University of Pennsylvania Press, 1975.

'Notizen und Aphorismen 1818–31', in *Berliner Schriften 1818–1831, Theorie Werkausgabe*, edited by E. Moldenhauer and K. M. Michel, 20 vols and index, Frankfurt am Main: Suhrkamp, 1969–71, XI, pp. 556–74.

Phenomenology of Spirit, translated by A. V. Miller, Oxford: Oxford University Press, 1977.

The Philosophy of History, translated by J. Sibree, New York: Dover, 1956.

Political Writings, edited by L. Dickey and H. B. Nisbet, translated by H. B. Nisbet, Cambridge: Cambridge University Press, 1999.

Reason in History: A General Introduction to the Philosophy of History, translated by R. S. Hartman, Indianapolis: Bobbs-Merrill, 1953.

'The Relationship of Scepticism to Philosophy', translated by H. S. Harris, in *Between Kant and Hegel: Texts in the Development of Post-Kantian Idealism*, translated by G. di Giovanni and H. S. Harris, Albany: SUNY Press, 1985, pp. 311–62.

'System of Ethical Life' (1802/3) and 'First Philosophy of Spirit' (Part III of the System of Speculative Philosophy 1803/4), edited and translated by H. S. Harris and T. M. Knox, Albany: SUNY Press, 1979.   253

Science of Logic, translated by A. V. Miller, London: George Allen & Unwin, 1969.

对于包括了学生笔记资料的那些作品，如果所提到的文本是来自这些笔记，则在节号后面会加上"Z"来标明（例如EL：§158Z）。对于所涉文献来自同一个文本的两个不同译本的情况，则在两个译文之间用一个"/"来标明（例如ILPWH: 29/RH: 13）。

本书引用了康德的以下作品：

The Critique of Practical Reason

The Critique of Pure Reason

Groundwork of the Metaphysics of Morals

What Real Progress Has Metaphysics Made In Germany Since the Time of Leibniz and Wolff?

引文标注了柏林科学院版康德著作集的卷帙和页码（这些作品的绝大多数译文都有这些信息），但《纯粹理性批判》则没有这么标注，而是按照标准的做法标注了A（第一）版页码和B（第二）版页码。

其他作品

Acton, H. B. (1971), 'Hegel's Conception of the Study of Human Nature', in *Royal Institute of Philosophy Lectures, Vol. 4: 1969–70: The Proper Study* (Brighton: Harvester Press), 32–47; reprinted in Inwood (ed.) (1985): 137–52.

Adelman, H. (1980), 'Of Human Bondage: Labour, Bondage, and Freedom in the

Phenomenology', in Verene (ed.) (1980): 119–35; reprinted in O'Neill (ed.)(1996): 171–86; and in Stewart (ed.) (1998): 155–71.

——(1984), 'Hegel's *Phenomenology*: Facing the Preface', *Idealistic Studies*, 14: 159–70.

Adorno, T. W. (1973), *Negative Dialectics*, trans. E. B. Ashton, London: Routledge.

Ameriks, K. (1987), 'The Hegelian Critique of Kantian Morality', in B. den Ouden and M. Mouen (eds) (1987); reprinted in his (2000) *Kant and the Fate of Autonomy*, Cambridge: Cambridge University Press, 309–37.

——(1991), 'Hegel and Idealism', *The Monist*, 74: 386–402; reprinted in Stern (ed.)(1993c), III: 522–37.

——(2000a), 'Introduction: Interpreting German Idealism', in Ameriks (ed.)(2000b): 1–17.

——(ed.) (2000b), *The Cambridge Companion to German Idealism*, Cambridge: Cambridge University Press.

Arthur, C. J. (1986), *Dialectics of Labour: Marx and his Relation to Hegel*, Oxford: Blackwell.

Austin, J. L. (1962), *Sense and Sensibilia*, Oxford: Oxford University Press.

Bataille, G. (1990), 'Hegel, Death and Sacrifice', trans. J. Strauss, in A. Stoekl (ed.), *On Bataille*, Yale French Studies no. 78: 9–28; reprinted in Stern (ed.)(1993c): II, 383–99.

Baugh, B. (2003), *French Hegel: From Surrealism to Postmodernism*, New York: Routledge.

Baxter, D. (1996), 'Bradley on Substantive and Adjective: The Complex-Unity Problem', in Mander (ed.) (1996): 1–24.

Beauvoir, S. de (1974), *The Second Sex*, trans. and ed. H. M. Parshley, New York: Vintage.

Beck, L. W. (1976), 'The Reformation, the Revolution, and the Restoration in Hegel's Political Philosophy', *Journal of the History of Philosophy*, 14: 51–61.

Becker, W. (1971), *Hegels Phänomenologie des Geistes: Eine Interpretation*, Stuttgart: Kohlhammer.

Beiser, F. C. (1987), *The Fate of Reason: German Philosophy from Kant to Fichte*, Cambridge, MA and London: Harvard University Press.

——(2005), *Hegel*, London: Routledge.

——(2009), '"Morality" in Hegel's *Phenomenology of Spirit*', in K. R. Westphal (ed.)(2009b): 209–25.

——(ed.) (1993), *The Cambridge Companion to Hegel*, Cambridge: Cambridge University Press.

254

——(ed.) (2008), *Hegel and Nineteenth-Century Philosophy*, Cambridge: Cambridge University Press.

Bernstein, J. M. (1984), 'From Self-Consciousness to Community: Act and Recognition in the Master-Slave Relationship', in Pelczynski (ed.) (1984): 14–39.

Blanshard, B. (1984), 'Bradley on Relations', in Manser and Stock (eds) (1984): 211–26.

Bonsiepen, W. (1979), 'Erste zeitgenössiche Rezensionen der Phänomenologie des Geistes', *Hegel-Studien*, 14: 9–38.

Bowie, A. (1993), *Schelling and Modern European Philosophy*, London: Routledge.

Bradley, F. H. (1930), *Appearance and Reality*, ninth impression (corrected), Oxford: Oxford University Press.

Bradley, J. (1979), 'Hegel in Britain: A Brief Survey of British Commentary and Attitudes', *Heythrop Journal*, 20: 1–24 and 163–82.

Brandom, R. B. (2002), *Tales of the Mighty Dead: Historical Essays in the Metaphysics of Intentionality*, Cambridge, MA: Harvard University Press.

Brooks, T. (ed.) (2012), *Hegel's Philosophy of Right: Essays on Ethics, Politics and Law*, Oxford: Wiley-Blackwell.

Bubner, R. (1981), *Modern German Philosophy*, Cambridge: Cambridge University Press.

Burbidge, J. W. (1978), '"Unhappy Consciousness" in Hegel', *Mosaic* 11: 67–80;reprinted in his (1992) *Hegel on Logic and Religion: The Reasonableness of Christianity*, Albany: SUNY Press, 105–18; and in Stewart (ed.) (1998): 192–209.

——(1998), 'Absolute Acting', *The Owl of Minerva*, 30: 103–18.

Butler, J. (1999), *Subjects of Desire: Hegelian Reflections in Twentieth-Century France*, paperback edn, New York: Columbia University Press.

Chiereghin, F. (2009), 'Freedom and Thought: Stoicism, Skepticism, and Unhappy Consciousness', in K. R. Westphal (ed.) 2009b: 55–71.

Claesges, U. (1981), *Darstellung des erscheinenden Wissens: Systematische Einleitung in Hegels Phänomenologie des Geistes*, Bonn: Bouvier. 255

Comay, R. (2010), *Mourning Sickness: Hegel and the French Revolution*, Stanford: Stanford University Press.

Craig, E. J. (1987), *The Mind of God and theWorks of Man*, Oxford: Oxford University Press.

Croce, B. (1915), *What is Living and What is Dead of the Philosophy of Hegel*, trans.D. Ainslie,

London: Macmillan.

——(1941), *History as the Story of Liberty*, trans. S. Sprigge, London: George Allen & Unwin.

Dahlstrom, D. O. (2007), 'Challenges to the Rational Observation of Nature in the *Phenomenology of Spirit*', *The Owl of Minerva*, 38: 35–56.

de Laurentiis, A. (2009), 'Absolute Knowing', in K. R. Westphal (ed.) (2009b): 246–64.

Deligiorgi, K. (ed.) (2006), *Hegel: New Directions*, Chesham: Acumen.

den Ouden, B. and Mouen, M. (eds) (1987), *New Essays on Kant*, New York: Peter Lang.

De Nys, M. J. (1978), '"Sense-Certainty" and Universality: Hegel's Entrance into the *Phenomenology*', *International Philosophical Quarterly*, 18: 445–65; reprinted in Stern (ed.) (1993c), III: 108–30.

——(1982), 'Force and Understanding: The Unity of the Object of Consciousness', in M. Westphal (ed.) (1982): 57–70.

——(1986), 'Mediation and Negativity in Hegel's Phenomenology of Christian Consciousness', *Journal of Religion*, 66: 46–67; reprinted in Stewart (ed.)(1998): 401–23.

Descartes, R. (1985), 'Rules for the Direction of the Mind', in *The Philosophical Writings of Descartes*, trans. J. Cottingham, R. Stoothoff, and D. Murdoch, 2 vols, Cambridge: Cambridge University Press: I, 7–78.

Descombes, V. (1980), *Modern French Philosophy*, trans. L. Scott-Fox and J. M. Harding, Cambridge: Cambridge University Press.

De Vos, L. (1989), 'Absolute Knowing in the *Phenomenology*', in Wylleman (ed.)(1989): 231–70.

Devos, R. (1989), 'The Significance of Manifest Religion in the *Phenomenology*', in Wylleman (ed.) (1989): 195–229.

——(1998), 'How Absolute is Hegel's Absolute Knowing?', *The Owl of Minerva*, 30: 33–50.

deVries, W. A. (1988a), 'Hegel on Reference and Knowledge', *Journal of the History of Philosophy*, 26: 297–307.

——(1988b), *Hegel's Theory of Mental Activity*, Ithaca and London: Cornell University Press.

——(1991), 'The Dialectic of Teleology', *Philosophical Topics*, 19: 51–70.

——(2008), 'Sense-Certainty and the "This-Such"', in Moyar and Quante (eds)(2008): 63–75.

di Giovanni, G. (2009), 'Religion, History and Spirit in Hegel's *Phenomenology of Spirit*', in K. R. Westphal (ed.) (2009b): 226–45.

Donougho, M. (1989), 'The Woman in White: On the Reception of Hegel's Antigone', *The Owl of Minerva*, 21: 65–89.

Dudeck, C. V. (1981), *Hegel's 'Phenomenology of Mind': Analysis and Commentary*, Washington: University Press of America.

Dulckheit, K. (1986), 'Can Hegel Refer to Particulars?', *The Owl of Minerva*, 17: 181–94; 256 reprinted in Stewart (ed.) (1998): 105–21.

Duquette, D. (1994), 'The Political Significance of Hegel's Concept of Recognition', *Bulletin of the Hegel Society of Great Britain*, 29: 38–54.

Easton, L. (1966), *Hegel's First American Followers: The Ohio Hegelians*, Athens, OH: Ohio University Press.

Emmanuel, S. M. (ed.) (2001), *The Blackwell Guide to the Modern Philosophers: From Descartes to Nietzsche*, Oxford: Blackwell.

Ferrini, C. (2009), 'Reason Observing Nature', in K. R. Westphal (ed.) (2009b): 92–135.

Feuerbach, L. (1839), 'Towards a Critique of Hegelian Philosophy', trans. Z. Hanfi; reprinted in Stern (ed.) (1993c): I, 100–130.

Fichte, J. G. (2005), *The System of Ethics, According to the Principles of the Wissenschaftslehre*, trans. and ed. by Daniel Breazeale and Günter Zöller, Cambridge: Cambridge University Press.

Findlay, J. N. (1958), *Hegel: A Re-examination*, London: Allen and Unwin.

——(1977), 'Analysis of the Text', in *Hegel's Phenomenology of Spirit*, trans. A. V. Miller, Oxford: Oxford University Press, 495–592.

Fink, E. (1977), *Hegel: Phänomenologische Interpretationen der Phänomenologie des Geistes*, Frankfurt: Klostermann.

Flay, J. C. (1970), 'Hegel's "Inverted World"', *Review of Metaphysics*, 23: 662–78; reprinted in Stern (ed.) (1993c): III, 148–61; and in Stewart (ed.) (1998): 138–54.

——(1984), *Hegel's Quest For Certainty*, Albany: SUNY Press.

——(1998), 'Absolute Knowing and the Absolute Other', *The Owl of Minerva*, 30: 69–82.

Fleischmann, E. (1971), 'The Role of the Individual in Pre-revolutionary Society: Stirner, Marx, and Hegel', in Pelczynski (ed.) (1971): 220–29.

Flower, E. and Murphy, M. G. (1977), *A History of Philosophy in America*, New York: Capricorn and Putnam.

Forster, M. N. (1989), *Hegel and Skepticism*, Cambridge, MA: Harvard University Press.

——(1998), *Hegel's Idea of a 'Phenomenology of Spirit'*, Chicago: University of Chicago Press.

Franco, P. (1999), *Hegel's Philosophy of Freedom*, New Haven and London: Yale University Press.

Friedman, R. Z. (1986), 'Hypocrisy and the Highest Good: Hegel on Kant's Transition from Morality to Religion', *Journal of the History of Philosophy*, 24: 503–22.

Fukuyama, F. (1992), *The End of History and the Last Man*, London: Penguin.

Fulda, H.–F. (1965), *Das Problem einer Einleitung in Hegels Wissenschaft der Logik*, Frankfurt: Klostermann.

——(1966), 'Zur Logik der Phänomenologie von 1807', *Hegel-Studien*, Beiheft 3: 75–101; reprinted in Fulda and Henrich (eds) (1973): 391–422.

Fulda, H-F. and Henrich, D. (eds) (1973), *Materialen zu Hegels 'Phänomenologie des Geistes'*, Frankfurt: Suhrkamp.

Gabler, G. A. (1827), *Kritik des Bewusstseins: Eine Vorschule zu Hegel's Wissenschaft derLogik*, Leiden: A. H. Adriani.

Gadamer, H-G. (1976a), 'Hegel's "Inverted World"', in his *Hegel's Dialectic: Five Hermeneutical Studies*, trans. P. Christopher Smith, New Haven and London: Yale University Press, 35–53; reprinted in Stern (ed.) (1993c): III, 131–47.

——(1976b), 'Hegel's Dialectic of Self-Consciousness', in his *Hegel's Dialectic: Five Hermeneutical Studies*, trans. P. Christopher Smith, New Haven and London: Yale University Press, 54–74; reprinted in O'Neill (ed.) (1996): 149–70.

Geuss, R. (1999), 'Art and Theodicy', in his *Morality, Culture, and History: Essays on German Philosophy*, Cambridge: Cambridge University Press, 78–115.

Gillespie, M. A. (1984), *Hegel, Heidegger, and the Ground of History*, Chicago and London: University of Chicago Press.

Glendinning, S. (ed.) (1999), *The Edinburgh Encyclopedia of Continental Philosophy*, Edinburgh: Edinburgh University Press.

Gram, M. S. (1978), 'Moral and Literary Ideals in Hegel's Critique of "The Moral World-View"', *Clio*, 7: 375–402; reprinted in Stewart (ed.) (1998): 307–33.

Gutting, G. (2011), *Thinking the Impossible: French Philosophy since 1960*, Oxford: Oxford University Press.

257

Guyer, P. (2000), *Kant on Freedom, Law, and Happiness*, Cambridge: Cambridge University Press.

Habermas, J. (1973), 'Hegel's Critique of the French Revolution', in his *Theory and Practice*, trans. John Viertel, Boston: Beacon Press, 121–41.

Haering, T. L. (1929), *Hegel: Sein Wollen und Sein Werke*, Leipzig: Tuebner; reprinted Aalen: Scientia, 1963.

——(1934), 'Die Enstehungsgeschichte der Phänomenologie', in B. Wigersma (ed.)(1934): 118–38.

Hardimon, M. O. (1994), *Hegel's Social Philosophy: The Project of Reconciliation*, Cambridge: Cambridge University Press.

Harris, H. S. (1972), *Hegel's Development I: Toward the Sunlight (1770–1801)*, Oxford: Oxford University Press.

——(1977), 'Hegel and the French Revolution', *Clio*, 7: 5–18.

——(1983), *Hegel's Development II: Night Thoughts (Jena 1801–6)*, Oxford: Oxford University Press.

——(1993), 'Hegel's Intellectual Development', in Beiser (ed.) (1993): 25–51.

——(1995), *Hegel: Phenomenology and System*, Indianapolis: Hackett.

——(1997), *Hegel's Ladder*, 2 vols, Indianapolis: Hackett.

Haym, R. (1857), *Hegel und seine Zeit*, Berlin: Rudolf Gaertner; reprinted Darmstadt: Wissenschaftliche Buchgesellschaft, 1962.

Heidegger, M. (1970), *Hegel's Concept of Experience*, trans. J. G. Gray, New York: Harper& Row.

——(1994), *Hegel's 'Phenomenology of Spirit'*, trans. P. Emad and K. Maly, Bloomington: Indiana University Press.

Heidemann, D. (2008), 'Substance, Subject, System: The Justification of Science in Hegel's *Phenomenology of Spirit*', in D.Moyar and M. Quante (eds) 2008: 1–20.

Heine, H. (1986), *Religion and Philosophy in Germany*, trans. J. Snodgrass, Albany: SUNY Press.

Heinrichs, J. (1974), *Die Logik der Phänomenologie des Geistes*, Bonn: Bouvier.

Herman, B. (1993), *The Practice of Moral Judgment*, Cambridge, MA: Harvard University Press.

258

Herr, L. (1894), 'Hegel', *La Grande Encyclopédie*, 19: 997–1003; reprinted in his *Choix d'Écrits*, Paris: Les Éditions Ridier, 1932, vol. 2: 109–40.

Hinchman, L. P. (1984), *Hegel's Critique of the Enlightenment*, Gainesville: University Press of Florida.

Honneth, A. (1988), 'Atomism and Ethical Life: On Hegel's Critique of the French Revolution', *Philosophy and Social Criticism*, 14: 359–68.

——(1995), *The Struggle for Recognition: The Moral Grammar of Social Conflict*, trans.J. Anderson, Cambridge: Polity Press.

——(2008), 'From Desire to Recognition: Hegel's Account of Human Sociality', in Moyar and Quante (eds) (2008): 76–90.

Houlgate, S. (1991), *Freedom, Truth and History: An Introduction to Hegel's Philosophy*, London: Routledge.

——(1998), 'Absolute Knowing Revisited', *The Owl of Minerva*, 30: 51–68.

——(1999), 'Schelling's Critique of Hegel's Science of Logic', *Review of Metaphysics*, 53: 99–128.

——(2001), 'G. W. F. Hegel', in Emmanuel (ed.) (2001): 278–305.

——(2013), *Hegel's 'Phenomenology of Spirit'*, London: Bloomsbury.

Hoy, D. C. (1981), 'Hegel's Morals', *Dialogue*, 20: 84–102.

——(1989), 'Hegel's Critique of Kantian Morality', *History of Philosophy Quarterly*, 6: 207–32.

——(2009), 'The Ethics of Freedom: Hegel on Reason and Law-Giving and Law-Testing', in K. R. Westphal (ed.) (2009b): 153–71.

Hoy, J. B. (2009) 'Hegel, *Antigone*, and Feminist Critique: The Spirit of Ancient Greece', in K. R. Westphal (ed.) (2009b): 172–89.

Hume, D. (1978), *A Treatise of Human Nature*, 2nd edn, ed. L. A. Selby-Bigge and P. H. Nidditch, Oxford: Oxford University Press.

Hutchings, K. (2003), *Hegel and Feminist Philosophy*, Cambridge: Polity.

Hyppolite, J. (1969), 'The Significance of the French Revolution in Hegel's *Phenomenology*', in his *Studies on Marx and Hegel*, trans. J. O'Neill, London: Heinemann, 35–69.

——(1974), *Genesis and Structure of Hegel's 'Phenomenology of Spirit'*, trans.S. Cherniak and J. Heckman, Evanston: Northwestern University Press.

Inwood, M. (1983), *Hegel*, London: Routledge.

——(1992), *A Hegel Dictionary*, Oxford: Blackwell.

——(ed.) (1985), *Hegel*, Oxford: Oxford University Press.

Jacobitti, E. E. (1981), *Revolutionary Humanism and Historicism in Modern Italy*, New Haven: Yale University Press.

James, W. (1909), *A Pluralistic Universe*, London: Longmans, Green, & Co., 83–130;reprinted in Stern (ed.) (1993c): II, 208–24.

Jameson, F. (2010), *The Hegel Variations: On the 'Phenomenology of Spirit'*, London: Verso.

Jamros, D. P. (1994), *The Human Shape of God: Religion in Hegel's 'Phenomenology of Spirit'*, New York: Paragon House.

Jebb, R. C. (1902), 'Introduction', *The Antigone of Sophocles*, ed. R. C. Jebb, abridged by E. S. Shuckburgh, Cambridge: Cambridge University Press, xi–xxx. 259

Kähler, K. and Marx, W. (1992), *Die Vernunft in Hegels Phänomenologie des Geistes*, Frankfurt: Klostermann.

Kain, P. J. (2005), *Hegel and the Other: A Study of the 'Phenomenology of Spirit'*, Albany: SUNY Press.

Kainz, H. P. (1976), *Hegel's 'Phenomenology', Part I: Analysis and Commentary*, Tuscaloosa: University of Alabama Press; reprinted Athens, OH: Ohio University Press, 1988.

——(1983), *Hegel's 'Phenomenology', Part II*, Athens, OH: Ohio University Press.

Kaufmann, W. (1965), *Hegel: Reinterpretation, Texts, and Commentary*, London: Weidenfeld and Nicolson.

——(1971), 'Hegel's Ideas about Tragedy', in Steinkraus (ed.) (1971): 201–20.

Kelly, G. A. (1965), 'Notes on Hegel's "Lordship and Bondage"', *Review of Metaphysics*, 19: 780–802; reprinted in his (1978) *Retreat from Eleusis: Studies in Political Thought*, Princeton: Princeton University Press, 29–54; and in O'Neill (ed.) (1996), 253–72;and in Stern (ed.) (1993c): III, 162–79; and in Stewart (ed.) (1998): 172–91.

Kelly, M. (1992), *Hegel in France*, Birmingham: Birmingham Modern Languages Publications.

Kimmerle, G. (1978), *Sein und Selbst: Untersuchung zur kategorialen Einheit von Vernunft und Geist in Hegels Phänomenologie des Geistes*, Bonn: Bouvier.

Kojève, A. (1969), *Introduction to the Reading of Hegel*, abridged, trans. J. H. Nichols, New York: Basic Books.

Koyré, A (1934), 'Hegel à Iéna', *Revue d'histoire et de philosophie religieuse*, reprinted in his

Études d'histoire de la pensée philosophiques, Paris: Armand Colin, 1961, 135–73.

Korsgaard, C. M. (1996), 'Kant's Formula of the Universal Law', in her *Creating the Kingdom of Ends*, Cambridge: Cambridge University Press, 77–105; reprinted from *Pacific Philosophical Quarterly*, 1985, 66: 24–47.

Krasnoff, L. (2008), *Hegel's 'Phenomenology of Spirit': An Introduction*, Cambridge: Cambridge University Press.

Labarrière, P.–J. (1968), *Structures et mouvement dialectique dans la Phénoménologie del'Esprit de Hegel*, Paris: Aubier.

Labarrière, P.–J. and Jarczyk, G. (1987), *Hegel: Les premiers combats de la reconnaissance, maîtrise et servitude dans la Phénoménologie de Hegel*, Paris: Aubier.

——(1989), *Hegel: Le malheur de la conscience ou l'accès à la raison: Liberté de l'autoconscience: stoicisme, scepticisme et la conscience malheureuse: Texte et commentaire*, Paris: Aubier.

Lacan, J. (2007), *Écrits*, trans. B. Fink, New York: W. W. Norton.

Lamb, D. (1978), 'Hegel and Wittgenstein on Language and Sense-Certainty', *Clio*, 7: 285–301.

——(1980), Hegel: *From Foundation to System*, The Hague: Nijhoff.

Lauer, Q. J. (1976), *A Reading of Hegel's 'Phenomenology of Spirit'*, New York: Fordham University Press.

Lewis, T. A. (2008), *Religion and Demythologization in Hegel's 'Phenomenology of Spirit'*, in Moyar and Quante (eds) (2008): 192–209.

Locke, J. (1975), *An Essay Concerning Human Understanding*, ed. P. H. Nidditch, Oxford: Oxford University Press.

Loewenberg, J. (1965), *Hegel's 'Phenomenology': Dialogues on the Life of Mind*, La Salle, IL: Open Court.

Lottenbach, H. and Tenenbaum, S. (1995), 'Hegel's Critique of Kant in the Philosophy of Right', *Kant Studien*, 86: 211–30.

Löwith, K. (1964), *From Hegel to Nietzsche: The Revolution in Nineteenth-Century Thought*, trans. D. E. Green, New York: Columbia University Press.

——(1971), 'Mediation and Immediacy in Hegel, Marx and Feuerbach', in Steinkraus(ed.) (1971): 119–41.

Ludwig, W. D. (1989), 'Hegel's Conception of Absolute Knowing', *The Owl of Minerva*, 21:

5–19.

Lukács, G. (1968), *History and Class Consciousness*, trans. R. Livingstone, London: Merlin Press.

——(1975), *The Young Hegel*, trans. R. Livingstone, London: Merlin Press.

Lumsden, S. (1998), 'Absolute Knowing', *The Owl of Minerva*, 30: 3–32.

Lunteren, F. von (1993), 'Eighteenth-Century Conceptions of Gravitation', in Petry(ed.) (1993): 343–66.

McDowell, J. (2006), 'The Apperceptive I and the Empirical Self: Towards a Heterodox Reading of "Lordship and Bondage" in Hegel's *Phenomenology*', in Deligiorgi (ed.) (2006): 33–48.

McGinn, C. (1993), *Problems in Philosophy: The Limits of Inquiry*, Oxford: Blackwell.

MacIntyre, A. (1972a), 'Hegel on Faces and Skulls', in MacIntyre (ed.) (1972b): 219–36; reprinted in Stewart (ed.) (1998): 213–24.

——(ed.) (1972b), *Hegel: A Collection of Critical Essays*, New York: Anchor Books.

Magee, G. A. (2010), *The Hegel Dictionary*, London: Continuum.

Mander, W. J. (ed.) (1996), *Perspectives on the Logic and Metaphysics of F. H. Bradley*, Bristol: Thoemmes Press.

——(2011), *British Idealism: A History*, Oxford: Oxford University Press.

Manser, A. and Stock, G. (eds) (1984), *The Philosophy of F. H. Bradley*, Oxford: Oxford University Press.

Marcuse, H. (1955), *Reason and Revolution: Hegel and the Rise of Social Theory*, 2nd edn, London: Routledge & Kegan Paul.

Marx, K. (1906), *Capital*, vol. 1, trans. E. Aveling and S.Moore, New York: Modern Library.

——(1975), 'Economic and Philosophical Manuscripts', trans. R. Livingstone and G. Benton, in *Early Writings*, Harmondsworth: Penguin, 279–400.

Marx, W. (1975), *Hegel's 'Phenomenology of Spirit': A Commentary on the Preface and Introduction*, trans. P. Heath, New York: Harper and Row.

——(1986), *Das Selbstbewusstsein in Hegels Phänomenologie des Geistes*, Frankfurt: Klostermann.

Miller, M. H. (1978), 'The Attainment of the Absolute Standpoint in Hegel's *Phenomenology*', *Graduate Faculty Philosophy Journal*, 7: 195–219; reprinted in Stewart (ed.) (1998):

427–43.

Mills, P. J. (1986), 'Hegel's Antigone', *The Owl of Minerva*, 17: 131–52; reprinted in Mills (ed.) (1996): 59–88; and in Stewart (ed.) (1998): 243–71.

——(ed.) (1996), *Feminist Interpretations of G. W. F. Hegel*, University Park, PA: The Pennsylvania State University Press.

Moyar, D. and M. Quante (eds) (2008), *Hegel's 'Phenomenology of Spirit': A Critical Guide*, Cambridge: Cambridge University Press.

Murray, D. (1972), 'Hegel: Force and Understanding', in Vesey (ed.) (1972): 163–73.

Nagel, T. (1986), *The View from Nowhere*, Oxford: Oxford University Press.

Neuhouser, F. (1986), 'Deducing Desire and Recognition in the *Phenomenology of Spirit*', *Journal of the History of Philosophy*, 24: 243–62.

——(2000), *Foundations of Hegel's Social Theory: Actualizing Freedom*, Cambridge, MA and London: Harvard University Press.

——(2009), 'Desire, Recognition, and the Relation Between Bondsman and Lord', in K. R. Westphal (ed.) (2009b): 55–71.

Neuser, W. (1993), 'The Concept of Force in Eighteenth-Century Mechanics', in Petry(ed.) (1993): 383–98.

Nietzsche, F. (1974), *The Gay Science*, trans. W. Kaufmann, New York: Random House.

Noël, G. (1897), *La Logique de Hegel*, Paris: Germer Ballière et Cie.

Norman, R. (1981), *Hegel's 'Phenomenology': A Philosophical Introduction*, Brighton: Harvester Press.

Norton, R. E. (1995), *The Beautiful Soul: Aesthetic Morality in the Eighteenth Century*, Ithaca and London: Cornell University Press.

Nozick, R. (1981), *Philosophical Explanations*, Oxford: Oxford University Press.

Nussbaum, M. (1986), *The Fragility of Goodness*, Cambridge: Cambridge University Press.

Nusser, K. (1998), 'The French Revolution and Hegel's *Phenomenology of Spirit*', trans.J. Stewart, in Stewart (ed.) (1998): 282–306.

Nuzzo, A. (1998), 'An Outline of Italian Hegelianism (1832–1998)', *The Owl of Minerva*, 29: 165–205.

O'Neill, J. (ed.) (1996), *Hegel's Dialectic of Desire and Recognition*, Albany: SUNY Press.

Pelczynski, Z. A. (ed.) (1971), *Hegel's Political Philosophy*, Cambridge: Cambridge University

261

Press.

——(ed.) (1984), *The State and Civil Society*, Cambridge: Cambridge University Press.

Petry, M. J. (ed.) (1993), *Hegel and Newtonianism*, Dordrecht: Kluwer.

Pietercil, R. (1978), 'Antigone and Hegel', *International Philosophical Quarterly*, 18: 289–310.

Pinkard, T. (1988), *Hegel's Dialectic: The Explanation of Possibility*, Philadelphia, PA: Temple University Press.

——(1994), *Hegel's 'Phenomenology': The Sociality of Reason*, Cambridge: Cambridge University Press.

——(1997), 'Romanticized Enlightenment? Enlightened Romanticism? Universalism and Particularism in Hegel's Understanding of the Enlightenment', *Bulletin of the Hegel Society of Great Britain*, 35: 18–38.

——(1999), 'History and Philosophy: Hegel's *Phenomenology of Spirit*', in Glendinning(ed.) (1999): 57–68.

——(2000a), Hegel: *A Biography*, Cambridge: Cambridge University Press.   262

——(2000b), 'Hegel's *Phenomenology* and *Logic*: An Overview', in Ameriks (ed.)(2000b): 161–79.

——(2007), 'Was Pragmatism the Successor to Idealism?', in C. Misak (ed.), *The New Pragmatism*, Oxford: Oxford University Press, 142–68.

——(2009), 'Shapes of Active Reason: The Law of the Heart, Retrieved Virtue, and What Really Matters', in K. R. Westphal (ed.) (2009b): 136–52.

——(2010), 'Hegelianism in the Twentieth Century', in D. Moran (ed.), *The Routledge Companion to Twentieth Century Philosophy*, Abingdon: Routledge, 118–47.

Pippin, R. B. (1989), *Hegel's Idealism: The Satisfactions of Self-Consciousness*, Cambridge: Cambridge University Press.

——(1993), 'You Can't Get from Here to There: Transition Problems in Hegel's *Phenomenology of Spirit*', in Beiser (ed.) (1993): 52–85.

——(2006), 'Recognition and Reconciliation: Actualized Agency in Hegel's Jena *Phenomenology*', in Deligiorgi (ed.) (2006): 125–42.

——(2008), *Hegel's Practical Philosophy: Rational Agency as Ethical Life*, Cambridge: Cambridge University Press.

——(2011), *Hegel on Self-Consciousness: Desire and Death in the 'Phenomenology of Spirit'*,

Princeton: Princeton University Press.

Pöggeler, O. (1961), 'Zur Deutung der Phänomenologie des Geistes', *Hegel-Studien*, 1: 255–94; reprinted in Pöggeler (1973): 170–230.

——(1966), 'Die Komposition der Phänomenologie des Geistes', in *Hegel-Studien*, Beiheft 3: 27–74; reprinted in Fulda and Henrich (eds) (1973): 329–90.

——(1973), *Hegels Idee einer Phänomenologie des Geistes*, Freiburg and Munich: Karl Alber.

Poster, M. (1975), *Existential Marxism in Postwar France: From Sartre to Althusser*, Princeton: Princeton University Press.

Quante, M. (2008), '"Reason Apprehended Irrationally": Hegel's Critique of Observing Reason', in Moyar and Quante (eds) (2008): 91–111.

Rauch, L. and Sherman, D. (1999), *Hegel's Phenomenology of Self-Consciousness*, Albany: SUNY Press.

Redding, P. (1996), *Hegel's Hermeneutics*, Ithaca and London: Cornell University Press.

——(2007), *Analytic Philosophy and the Return of Hegelian Thought*, Cambridge: Cambridge University Press.

——(2008), 'The Independence and Dependence of Self-Consciousness: The Dialectic of Lord and Bondsman in Hegel's *Phenomenology of Spirit*', in Beiser(ed.) (2008): 94–110.

——(2010), 'Georg Wilhelm Friedrich Hegel', *The Stanford Encyclopedia of Philosophy*(*Fall 2010 Edition*), Edward N. Zalta (ed.), available online: http: //plato.stanford.edu/archives/ fall2010/entries/hegel/.

Riley, P. (1995), 'Rousseau's General Will: Freedom of a Particular Kind', in Wokler(ed.) (1995): 1–28.

Ripstein, A. (1994), 'Universal and General Wills: Hegel and Rousseau', *Political Theory*, 22: 444–67.

Ritter, J. (1982), *Hegel and the French Revolution*, trans. R. D. Winfield, Cambridge, MA and London: MIT Press.

Roberts, J. (1988), *German Philosophy: An Introduction*, Cambridge: Polity Press.

Robinson, J. (1977), *Duty and Hypocrisy in Hegel's 'Phenomenology of Mind'*, Toronto and Buffalo: University of Toronto Press.

Rockmore, T. (1993), *Before and After Hegel: A Historical Introduction to Hegel's Thought*, Berkeley: University of California Press.

263

——(1995), *Heidegger and French Philosophy: Humanism, Antihumanism and Being*, London: Routledge.

——(1997), *Cognition: An Introduction to Hegel's 'Phenomenology of Spirit'*, Berkeley: University of California Press.

Rorty, R. (1998), 'Dewy Between Hegel and Darwin', in his *Truth and Progress: Philosophical Papers volume 3*, Cambridge: Cambridge University Press, 290–306.

Rosen, S. (1974), *G. W. F. Hegel: An Introduction to the Science of Wisdom*, New Haven: Yale University Press.

Rosenkranz, K. (1840), *Kritische Erläuterungen des Hegelschen Systems*, Königsberg: Bornträger.

——(1844), *Georg Wilhelm Friedrich Hegels Leben*, Berlin: Duncker and Humblot; reprinted Darmstadt: Wissenschaftliche Buchgesellschaft, 1963.

Roth, M. (1988), *Knowing and History: Appropriations of Hegel in Twentieth Century France*, Ithaca: Cornell University Press.

Rousseau, J-J. (1991), *Émile*, trans. A. Bloom, London: Penguin.

——(1994), *The Social Contract*, trans. C. Betts, Oxford: Oxford University Press.

Royce, J. (1919), *Lectures on Modern Idealism*, ed. J. Loewenberg, New Haven and London: Yale University Press.

Russell, B. (1956), *Portraits from Memory and Other Essays*, London: George Allen & Unwin.

Russon, J. (2004), *Reading Hegel's 'Phenomenology'*, Bloomington: Indiana University Press.

Sallis, J. (1977), 'Hegel's Concept of Presentation: Its Determination in the Preface to the *Phenomenology of Spirit*', *Hegel-Studien* 12: 129–56; reprinted in his(1986), *Delimitations: Phenomenology and the End of Metaphysics*, Bloomington and Indianapolis: Indiana University Press, 40–62; and in Stewart (ed.)(1998): 25–51.

Sartre, J.-P. (1958), *Being and Nothingness*, trans. H. E. Barnes, London: Routledge.

Schacht, R. (1972), 'A Commentary on the Preface to Hegel's *Phenomenology*', *Philosophical Studies* 23: 1–31; reprinted in his (1975) *Hegel and After: Studies in Continental Philosophy Between Kant and Sartre*, Pittsburgh: University of Pittsburgh Press, 41–68.

Scheier, C.-A. (1980), *Analytischer Kommentar zu Hegels Phänomenologie des Geistes*, Freiberg and Munich: Alber.

Schiller, F. (1967), *On the Aesthetic Education of Man*, trans. E. M. Wilkinson and L. A. Willoughby, Oxford: Oxford University Press.

Schmidt, J. (1998), 'Cabbage Heads and Gulps of Water: Hegel on the Terror', *Political Theory*, 26: 4–32.

Schöndorf, H. (1998), 'The Othering (Becoming Other) and Reconciliation of God in Hegel's *Phenomenology of Spirit*', trans. J. Stewart, in Stewart (ed.) (1998): 375–400.

Schopenhauer, A. (1965), *On the Basis of Morality*, trans. E. F. J. Payne, Indianapolis: Bobbs-Merill.

Sedgwick, S. (1988a), 'Hegel's Critique of the Subjective Idealism of Kant's Ethics', *Journal of the History of Philosophy*, 26: 89–105.

——(1988b), 'On the Relation of Pure Reason to Content: A Reply to Hegel's Critique of Formalism in Kant's Ethics', *Philosophy and Phenomenological Research*, 49: 59–80.

Sellars, W. S. (1963), *Science, Perception and Reality*, London: Routledge & Kegan Paul.

Shapiro, G. (1979), 'Notes on the Animal Kingdom of the Spirit', *Clio* 8: 323–38;reprinted in Stewart (ed.) (1998): 225–39.

Shklar, J. N. (1974), 'The *Phenomenology*: Beyond Morality', *Western Philosophical Quarterly*, 27: 597–623; reprinted in Stern (ed.) (1993c): IV, 189–219.

——(1976), *Freedom and Independence: A Study of the Political Ideas of Hegel's 'Phenomenology of Mind'*, Cambridge: Cambridge University Press.

Siep, L. (1979), *Anerkennung als Prinzip der praktischen Philosophie. Untersuchungen zu Hegels Jenaer Philosophie des Geistes*, Freiburg: Alber.

——(2000), *Der Weg der Phänomenologie des Geistes: Ein einführender Kommentar zu Hegels 'Differenzschrift' und 'Phänomenologie des Geistes'*, Frankfurt: Suhrkamp.

Simpson, P. (1998), *Hegel's Transcendental Induction*, Albany: SUNY Press.

Singer, P. (1983), *Hegel*, Oxford: Oxford University Press.

Sinnerbrink, R. (2007), *Understanding Hegelianism*, Stocksfield: Acumen.

Smith, S. B. (1989), 'Hegel and the French Revolution: An Epitaph for Republicanism', *Social Research*, 56: 233–61.

Soll, I. (1969), *An Introduction to Hegel's Metaphysics*, Chicago: Chicago University Press.

——(1976), 'Charles Taylor's Hegel', *Journal of Philosophy*, 73: 697–710; reprinted in Inwood (ed.) (1985): 54–66.

Solomon, R. C. (1983), *In the Spirit of Hegel: A Study of G. W. F. Hegel's 'Phenomenology of Spirit'*, Oxford: Oxford University Press.

——(1993), 'Hegel's *Phenomenology of Spirit*', in Solomon and Higgins (eds) (1993): 181–215.

Solomon, R. C. and Higgins, K. M. (eds) (1993), *The Age of German Idealism* (Routledge History of Philosophy Vol. VI), London: Routledge.

Speight, A. (2008), *The Philosophy of Hegel*, Stocksfield: Acumen.

Steiner, G. (1984), *Antigones*, Oxford: Oxford University Press, 19–42; reprinted in Stern (ed.) (1993c): III, 180–99.

Steinkraus W. E. (ed.) (1971), *New Studies in Hegel's Philosophy*, New York: Holt, Rinhart & Winston.

Stepelevich, L. S. (ed.) (1990), *G. W. F. Hegel: Preface and Introduction to the 'Phenomenology of Mind'*, New York: Macmillan.

Stern, R. (1989), 'Unity and Difference in Hegel's Political Philosophy', *Ratio* (new series), 2: 75–88.

——(1990), *Hegel, Kant and the Structure of the Object*, London: Routledge.

——(1993a), 'General Introduction', in Stern (ed.) (1993c), I: 1–20.

——(1993b), 'James and Bradley on Understanding', *Philosophy*, 68: 193–209; reprinted in Stern 2009: 327–41.

——(1998), 'G. W. F. Hegel', in Teichman and White (eds) (1998), 18–37.

——(1999), 'Going Beyond the Kantian Philosophy: On McDowell's Hegelian Critique of Kant', *European Journal of Philosophy*, 7: 247–69.

——(2000), *Transcendental Arguments and Scepticism*, Oxford: Oxford University Press.

——(2008), 'Hegel's Idealism', in Beiser (ed.) (2008): 135–73; reprinted in Stern 2009: 45–76.

——(2009), *Hegelian Metaphysics*, Oxford: Oxford University Press.

——(2012a), 'Is Hegel's Master/Slave Dialectic a Refutation of Solipsism?', *British Journal for the History of Philosophy*, 20: 333–61.

——(2012b), 'On Hegel's Critique of Kant's Ethics: Beyond the "Empty Formalism" Objection', in Brooks (ed.) (2012): 73–99.

——(forthcoming), 'Taylor, Transcendental Arguments, and Hegel on Consciousness', *Bulletin of the Hegel Society of Great Britain*, 67.

——(ed.) (1993c), *G. W. F. Hegel: Critical Assessments*, 4 vols, London: Routledge.

265

Stern, R. and N. Walker (1998), 'Hegelianism', in E. Craig (ed.), *The Routledge Encyclopedia of Philosophy*, IV: 280–302.

Stewart, J. (1995), 'The Architectonic of Hegel's *Phenomenology of Spirit*', *Philosophy and Phenomenological Research*, 55: 747–76; reprinted in Stewart (ed.) (1998): 444–77.

——(1996), 'Hegel's Doctrine of Determinate Negation: An Example from "Sense-Certainty" and "Perception"', *Idealistic Studies* 26: 57–78.

——(2000), *The Unity of Hegel's 'Phenomenology of Spirit'*, Evanston: Northwestern University Press.

——(2007), *A History of Hegelianism in Golden Age Demark*, 3 vols, Copenhagen: Reitzel.

——(2008), 'Hegel's *Phenomenology* as a Systematic Fragment', in Beiser (ed.)(2008): 74–93

——(ed.) (1998), *The 'Phenomenology of Spirit' Reader*, Albany: SUNY Press.

Stillman, P. G. (ed.) (1987), *Hegel's Philosophy of Spirit*, Albany: SUNY Press.

Stirling, J. H. (1865), *The Secret of Hegel*, London: Longman, Roberts & Green, 2 vols; 2nd edn Edinburgh: Oliver & Boyd, 1898; reprinted Bristol: Thoemmes, 1990.

Stolzenberg, J. (2009), 'Hegel's Critique of the Enlightenment in "The Struggle of the Enlightenment with Superstition"', in K. R. Westphal 2009b: 190–208.

Strauss, D. F. (1851), *Christian Märklin: Ein Lebens-und Charakterbild aus der Gegenwart*, Manheim: Bassermann.

Suter, J.–F. (1971), 'Burke, Hegel, and the French Revolution', in Pelczynksi (ed.)(1971): 52–72.

Taylor, C. (1972), 'The Opening Arguments of the *Phenomenology*', in MacIntyre(ed.) (1972b): 157–87.

——(1975), *Hegel*, Cambridge: Cambridge University Press.

Teichman, J. and White, G. (eds) (1998), *An Introduction to Modern European Philosophy*, 2nd edn, Houndmills: Macmillan.

Toews, J. (1980), *Hegelianism: The Path Towards Dialectical Humanism*, 1805–1841, Cambridge: Cambridge University Press.

Valberg, J. J. (1992), *The Puzzle of Experience*, Oxford: Oxford University Press.

266   Vaught, C. G. (1986), 'Subject, Object, and Representation: A Critique of Hegel's Dialectic of Perception', *International Philosophical Quarterly*, 26: 117–29.

Vera, A. (1855), *Introduction à la Philosophie de Hegel*, Paris: A. Franck; 2nd edn Paris:

Ladrange, 1864.

Verene, D. P. (2007), *Hegel's Absolute: An Introduction to Reading Hegel's 'Phenomenology of Spirit'*, Albany: SUNY Press.

——(ed.) (1980), *Hegel's Social and Political Thought*, Atlantic Highlands, NJ: Humanities Press/Brighton: Harvester Press.

Vesey, G. N. A. (ed.) (1972), *Royal Institute of Philosophy Lectures, Vol. 5: 1970–71: Reason and Reality*, London and Basingstoke: Macmillan.

Vickers, B. (1973), *Towards Greek Tragedy: Drama, Myth, Society*, London: Longman.

Vieillard-Baron, J.-L. (1998), 'Natural Religion: An Investigation of Hegel's *Phenomenology of Spirit*', trans. J. Stewart, in Stewart (ed.) (1998): 351–74.

Vieweg, K. and Welsch, W. (eds) (2008), *Hegels Phänomenologie des Geistes: Ein kooperativer Kommentar*, Frankfurt: Suhrkamp.

von der Luft, E. (1987), 'The Birth of Spirit for Hegel out of the Travesty of Medicine', in Stillman (ed.) (1987): 25–42.

Wahl, J. (1951), *Le malheur de la conscience dans la philosophie de Hegel*, 2nd edn, Paris: Presses Universitaires de France: 119–47; trans. R. Northey in Stern(ed.) (1993c): II, 284–310.

——(1955), 'À propos de l'introduction à la Phénoménologie de Hegel par A. Kojève', *Deucalion*, 5: 77–99.

——(1975), 'Interview', in L. Pitkethly, 'Hegel in Modern France (1900–1950)', unpublished PhD dissertation, University of London: 382–86.

Walsh, W. H. (1969), *Hegelian Ethics*, London: Macmillan.

Wartenberg, T. E. (1993), 'Hegel's Idealism: The Logic of Conceptuality', in Beiser(ed.) (1993): 102–29.

Watson, D. (1980), 'The Neo-Hegelian Tradition in America', *Journal of American Studies*, 14: 219–34.

Westphal, K. R. (1989), *Hegel's Epistemological Realism: A Study of the Aim and Method of Hegel's 'Phenomenology of Spirit'*, Dordrecht: Kluwer.

——(1991), 'Hegel's Critique of Kant's Moral World View', *Philosophical Topics*, 19: 133–76.

——(1993a), 'Hegel, Idealism, and Robert Pippin', *International Philosophical Quarterly*, 33: 263–72.

——(1993b), 'The Basic Context and Structure of Hegel's *Philosophy of Right*', in Beiser (ed.)

(1993): 234–69.

——(1995), 'How "Full" is Kant's Categorical Imperative?', *Jahrbuch für Recht und Ethik/ Annual Review of Law and Ethics*, 3: 465–509.

——(1998a), 'Hegel and Hume on Perception and Concept-Empiricism', *Journal of the History of Philosophy*, 33: 99–123.

——(1998b), 'Hegel's Solution to the Dilemma of the Criterion', in Stewart (ed.)(1998): 76–91; earlier version in *History of Philosophy Quarterly*, 5 (1988): 173–88.

——(2000), 'Hegel's Internal Critique of Naive Realism', *Journal of Philosophical Research*, 25: 173–229.

267 ——(2003), *Hegel's Epistemology: A Philosophical Introduction to the 'Phenomenology of Spirit'*, Indianapolis: Hackett.

——(2009a), 'Hegel's Phenomenological Method and Analysis of Consciousness', in K. R. Westphal (ed.) (2009b): 1–36.

——(ed.) (2009b), *The Blackwell Guide to Hegel's 'Phenomenology of Spirit'*, Oxford: Wiley-Blackwell.

Westphal, M. (1998a), 'Hegel's Phenomenology of Perception', in Stewart (ed.)(1998): 122–37.

——(1998b), *History and Truth in Hegel's 'Phenomenology'*, 3rd edn, Bloomington: Indiana University Press.

——(ed.) (1982), *Method and Speculation in Hegel's 'Phenomenology'*, New Jersey: Humanities Press.

White, A. (1983), *Absolute Knowledge: Hegel and the Problem of Metaphysics*, Athens, OH: Ohio University Press.

Wigersma, B. (ed.) (1934), *Verhandlungen des dritten Hegelkongresses*, Tübingen: Mohr.

Williams, R. R. (1987), 'Hegel's Concept of Geist', in Stillman (ed.) (1987): 1–20; reprinted in Stern (ed.) (1993c): III, 538–54.

——(1992), *Recognition: Fichte, Hegel and the Other*, Albany: SUNY Press.

——(1998), 'Towards a Non-Foundational Absolute Knowing', *The Owl of Minerva*, 30: 83–102.

Winfield, R. D. (1991), *Freedom and Modernity*, Albany: SUNY Press.

Wittgenstein, L. (1968), *Philosophical Investigations*, 3rd edn, trans. G. E. M. Anscombe,

Oxford: Blackwell.

Wokler, R. (1997), 'The French Revolutionary Roots of Political Modernity in Hegel's Philosophy, or the Enlightenment at Dusk', *Bulletin of the Hegel Society of Great Britain*, 35: 71–89.

——(1998), 'Contextualizing Hegel's Phenomenology of the French Revolution and the Terror', *Political Theory*, 26: 33–55.

——(ed.) (1995), *Rousseau and Liberty*, Manchester: Manchester University Press.

Wood, A. W. (1970), *Kant's Moral Religion*, Ithaca and London: Cornell University Press.

——(1989), 'The Emptiness of the Moral Will', *The Monist*, 72: 454–83; reprinted in Stern (ed.) (1993c): IV, 160–88.

——(1990), *Hegel's Ethical Thought*, Cambridge: Cambridge University Press.

——(1993), 'Hegel's Ethics', in Beiser (ed.) (1993): 211–33.

Wylleman, A. (ed.) (1989), *Hegel on the Ethical Life, Religion and Philosophy(1793–1807)*, Leuven and Dordrecht: Leuven University Press and Kluwer.

索引

（词条中页码为原文页码，即本书边码）

272

译者后记

　　黑格尔的《精神现象学》是哲学史上最有影响的作品之一，也是最晦涩难解的文本之一。两百多年来，对它的解读和评论层出不穷，进路各异，本书第八章已对此有所介绍。

　　斯特恩在本书中呈现了一种特别的解读进路。首先，尽管有研究者基于《精神现象学》的实际创作过程，把该著视为一部主题驳杂的不连贯作品，但斯特恩从方法论的角度把它解释为一部统一的作品。具体来说，斯特恩认为，尽管黑格尔在该著中讨论了各种各样的问题，但它们都植根于同一种日常思维的错误思考模式，它涉及对个别性和普遍性的一种简单、因而谬误的构想，以为普遍东西和个别东西是截然二分、非此即彼的。因此，在斯特恩看来，黑格尔《精神现象学》中所展示的乃是，正是这个根本性的错误导致了我们在一系列问题上的迷思和困境。进而，斯特恩解释了黑格尔自己对《精神现象学》"梯子"的定位：只有我们遍历了上述错误思考模式所导致的种种困境之后，我们才会完全地准备好，放弃这种错误思考模式，转而采取思辨哲学的立场，进入"科学的"

体系。

无疑，斯特恩的这个解释作为一种"解释"，异常简明有力，它对我们解读《精神现象学》中的具体话题也提供了非常深刻的启发。不过，它也面临一些疑难。

最主要地，斯特恩把贯穿《精神现象学》始终的批判性线索归结为对个别性和普遍性错误的二分构想，然而，个别性、普遍性（以及特殊性）概念在黑格尔《逻辑学》中是在第三部分"关于概念的学说"开头才正式出场的。也就是说，斯特恩的解释进路所倚重的东西乃是黑格尔"哲学体系"中的局部性"真理"。因此，即便我们通过斯特恩眼中黑格尔的"梯子"，克服了上述错误的二分构想，似乎这也不足以让我们顺利地走向黑格尔整个的"哲学体系"。我们需要对黑格尔的这架"梯子"给出更具全局色彩的解释。

第二，斯特恩的解释进路赋予《精神现象学》的统一性在于，对为同一种错误的普遍性-特殊性二分法构想所支配的各种具体谬误和困境的分析。可是，这种统一性似乎太弱了。至少它不足以解释，《精神现象学》所讨论的诸意识形态为什么会呈现为实际那样的"进程"或"次序"？黑格尔自己在《精神现象学》的"导论"中就诸意识形态之进程的方式和必然性说了很多，例如："非实在的意识所具有的诸形式的完整性将通过一种**必然的进程和联系**体现出来"；"目标就像**进程的顺序**一样，都是**必然已经确定下来的**"；"但对认识而言，目标就像**进程的次序**一样，都是**必然地确定的**。"（*Werke*3, S.73-75，强调是我加的）

以上这些因素都是一个更好的《精神现象学》解释必须加以

考虑和处理的。

但无论如何，斯特恩的这本评论都值得阅读，因为它以一种简明的方式扫去了笼罩在黑格尔该著上的雾霭，启迪和激励着读者自己有勇气走进黑格尔的这部巨著。

本书的翻译始于2020年7月。我要感谢广西师范大学出版社慧眼识珠，我多年前尚在求学的时候就读过斯特恩该著的第一版，深受启发。所以，当梁鑫磊编辑和我联系译事时，我立刻就答应了。我也要感谢四川大学哲学系为我提供了便利的工作场所，使我能够专心译出本书初稿。我还要感谢郭延超、彭晓涛、周凯等细致地阅读译文初稿，指出了其中的不少错漏。

我也期待读者对本书的译文多多批评。我在书中写下了几条较长的译者注，简单地表述了我对一些哲学关键术语的汉译理解，期待得到读者的反馈！我的邮箱是：springbottle@hotmail.com。

丁三东

2021年3月

于长沙岳麓书院